Für Margrit und Carolin
und Werner und Franziska

JULIA BERGHOFER

Der neue Kalte Krieg

JULIA BERGHOFER

DER NEUE KALTE KRIEG

Atomwaffen, Cyberattacken, hybride Gefahren

Wie der Westen der neuen Bedrohung begegnen muss

QUADRIGA

Die Bastei Lübbe AG verfolgt eine nachhaltige Buchproduktion. Wir verwenden Papiere aus nachhaltiger Forstwirtschaft und verzichten darauf, Bücher einzeln in Folie zu verpacken. Wir stellen unsere Bücher in Deutschland und Europa (EU) her und arbeiten mit den Druckereien kontinuierlich an einer positiven Ökobilanz.

FSC www.fsc.org MIX Papier | Fördert gute Waldnutzung FSC® C014496

Originalausgabe

Textredaktion: Jan W. Haas, Berlin
Umschlaggestaltung: © SO YEAH Design, Gabi Braun
unter der Verwendung von Motiven von
© shutterstock.com: Adam Radosavljevic | helloRuby
Satz: hanseatenSatz-bremen, Bremen
Gesetzt aus der Minion Pro
Druck und Verarbeitung: GGP Media GmbH, Pößneck

Printed in Germany
ISBN 978-3-86995-138-6

5 4 3 2 1

Sie finden uns im Internet unter quadriga-verlag.de
Bitte beachten Sie auch: lesejury.de

Inhalt

Vorwort

Dieses Buch habe ich zwischen Mitte 2022 und Anfang 2023 geschrieben. Die Idee hierzu entstand kurz nach Beginn der russischen Invasion in der Ukraine – zu dieser Zeit wurde ich vermehrt von Medien als Interviewpartnerin, aber auch vom Deutschen Bundestag als Sachverständige zum Sondervermögen für die Bundeswehr und für diverse Formate als Sprecherin und Moderatorin angefragt. Der Bereich, in dem ich arbeite – nukleare Abschreckung, Rüstungskontrolle und Abrüstung –, war insbesondere im deutschen Kontext in den letzten Jahren ein Orchideenthema, mit dem sich nur eine Handvoll Expert:innen befassten. In der Öffentlichkeit kam der nuklearen Abschreckung, trotz der deutschen Rolle in der nuklearen Teilhabe der NATO – der Einbindung von Mitgliedstaaten ohne eigene Atomwaffen in die Abschreckungspolitik des Bündnisses –, wenig Beachtung zu. Es handelte sich um ein Thema, mit dem sich selbst Entscheidungsträger:innen nicht gern beschäftigten: zu technisch, zu komplex, zu wenig relevant oder zu ideologisch aufgeladen.

Mit dem brutalen Angriffskrieg des Kremls, der nicht nur die ukrainische territoriale Integrität infrage stellt, sondern auch westliche Werte attackiert, ist die Wahrnehmung nuklearer Gefahren zu einem allgemein präsenten Thema avanciert. Zum ersten Mal seit dem Zerfall der Sowjetunion herrscht in

Deutschland wieder Angst vor einem Atomkrieg. Von Tageszeitungen bis in die Talkshows diskutierten Kommentator:innen und Expert:innen, ob die westlichen Waffenlieferungen an die Ukraine Präsident Wladimir Putin zu einem Atomschlag bewegen könnten. Die Öffentlichkeit interessierte sich plötzlich für den Unterschied zwischen taktischen und strategischen Nuklearwaffen. Und Leute wie ich waren als Gesprächspartner:innen zunehmend gefragt.

Ich habe zunächst gezögert, als mir vorgeschlagen wurde, dieses Buch zu schreiben. Kann ich als Autorin, die den ersten Kalten Krieg nicht miterlebt hat, einen wertvollen Beitrag leisten, indem ich über den *neuen* Kalten Krieg schreibe? Derartige Zweifel sind in meinem Umfeld nicht unüblich – sowohl in der jüngeren als auch der erfahreneren Generation. Die meisten meiner Kolleg:innen, die im nuklearen Bereich arbeiten, legen eine große Bescheidenheit an den Tag, wenn es um die Beurteilung nuklearer Gefahren geht, um Aussagen über Abschreckung und Rüstungskontrolle. Denn das Thema steckt voller heikler moralischer und logischer Fragezeichen. Es ist keines, über das leicht allgemeingültige Aussagen getroffen werden können. Man gewöhnt sich beim »Fischen im Graubereich« eine gewisse Demut vor der Komplexität der Materie an.

Dennoch habe ich mich – glücklicherweise – überzeugen lassen, dass ich etwas Substanzielles zur Debatte beitragen kann. Nicht nur wegen meines fachlichen Hintergrundes, sondern auch aufgrund der Netzwerke, zu denen ich Zugang habe, sowie dank der Tatsache, dass mein Arbeitgeber, das European Leadership Network (ELN), ein paneuropäischer Thinktank mit Hauptsitz in London, auch nach Beginn des Krieges Gespräche mit ukrainischen, russischen und belarussischen Expert:innen initiierte. Ich habe in diesem Kontext seit dem 24. Februar 2022 wöchentliche Online-Formate mit jüngeren ukrainischen und russischen Teilnehmer:innen sowie drei Präsenztreffen organisiert. Diese Treffen waren frei von Propaganda, und die Teilnehmer:innen, die sich teilweise bereits seit Jahren kennen, diskutierten stets konstruktiv und respektvoll. Diese Erfahrungen sind insbesondere in Kapitel 8 eingeflossen.

Mir ist bewusst, dass diese Form des Austausches heute immer mehr zur Ausnahme geworden ist. Aus vollkommen nachvollziehbaren Gründen gibt es kaum noch Initiativen, die russische und ukrainische Expert:innen zusammenbringen. Dennoch sind diese Formate wertvoll und liefern aufschlussreiche Erkenntnisse darüber, wie jüngere Kreml-Gegner:innen in Russland und im Ausland denken und wie sie ihre Zukunft sehen.

Dieses Buch ist nicht zuletzt eine Kombination von teilweise sehr persönlichen Einblicken, Erkenntnissen aus Gesprächen mit ehemaligen hochrangigen Entscheidungsträger:innen und Diplomat:innen sowie theoretischen Gedanken zum neuen Kalten Krieg. Mehr noch als die ebenfalls sehr wichtige Frage, wie die euro-atlantische Region in eine Situation geraten konnte, in der die europäische Sicherheitsarchitektur bedroht ist, stehen Gedanken dazu im Mittelpunkt, wie sich Staaten in Europa – insbesondere Deutschland – außen- und sicherheitspolitisch neu aufstellen müssen.

In jedem Kapitel schwingen Erfahrungen mit, die ich in unterschiedlichen Formaten machen durfte – beispielsweise als zivilgesellschaftliche Vertreterin bei UN-Konferenzen wie den beiden Überprüfungskonferenzen zum Vertrag über die Nichtverbreitung von Kernwaffen (NVV), als Mitglied von Netzwerken wie dem französischen Netzwerk Réseau nucléaire et stratégie – nouvelle génération (RNS-NG), das sich an Nachwuchsexpert:innen im nuklearen Bereich richtet, dem Forum Neue Sicherheitspolitik der Heinrich-Böll-Stiftung und ganz besonders dem Younger Generation Leaders Network (YGLN), in dem ich seit 2017 Mitglied bin und das ich seit

2018 koordiniere. Es spielen aber auch Erlebnisse aus meiner Zeit als Aktivistin bei der Internationalen Kampagne zur Abschaffung von Atomwaffen (ICAN) und als Mitarbeiterin bei der Münchener Sicherheitskonferenz mit hinein. Die unterschiedlichen Gesprächsformate mit aktuellen und ehemaligen Entscheidungsträger:innen, Politiker:innen und Expert:innen aus der gesamten euro-atlantischen Region, die ELN organisiert, haben mich zu vielen meiner Gedanken inspiriert.

Natürlich sind alle Ansichten, die ich in diesem Buch formuliert habe, ausschließlich meine eigenen. Sie spiegeln nicht die Haltung des European Leadership Network oder eines anderen Netzwerkes, in dem ich aktiv bin, wider. Gleichzeitig hat mich der Austausch mit meinen Kolleg:innen aus Europa, den USA, der Ukraine und Russland maßgeblich dazu inspiriert, dieses Buch zu schreiben.

Kapitel 1 | *House on Fire*: Ein Kalter Krieg 2.0?

Ein neuer Kalter Krieg?

Steuern wir, steuert die euro-atlantische Gemeinschaft auf einen neuen Kalten Krieg zu? Und was bedeutet das? Inwiefern wird sich der neue Kalte Krieg, wenn es ihn gibt, vom »ersten« Kalten Krieg unterscheiden? Und was können die europäischen Staaten gemeinsam tun, um sich auf die neue Situation einzustellen und die europäische Verteidigung zu stärken? Vor welchen Aufgaben stehen die NATO und die EU? Und wie kann sich Deutschland – genauer gesagt: die deutsche Außen- und Sicherheitspolitik – besser aufstellen?

Mit diesen Fragen ringen die westlichen Staaten, und es kann keine einfachen Antworten geben. Sie ringen insbesondere deswegen, weil sich ein Großteil der westlichen Staatengemeinschaft lange Zeit damit schwergetan hat, Russland als echtes Sicherheitsproblem für die gesamte euro-atlantische Region wahrzunehmen. Deutschland war bei den Zögerern ganz vorne dabei. Dadurch sind die europäischen Staaten und ihr wichtigstes Verteidigungsbündnis, die NATO, in eine Situation geraten, in der sie seit Beginn des völkerrechtswidrigen russischen Angriffskrieges auf die Ukraine geradezu von den Geschehnissen getrieben werden, auch wenn Russland zum jetzigen Zeitpunkt (Stand April 2023) auf dem Schlachtfeld konventionell nicht überlegen ist. Die Lücken in der westlichen Verteidigungsfähigkeit sind offensichtlich geworden, insbesondere der Mangel an Ausrüstung, strategischem Denken und einem grundlegenden Verständnis der russischen Ziele in Europa.

Gleichzeitig hat Russlands Angriffskrieg die europäischen Staaten vehement aus einem sicherheits- und verteidigungspolitischen Dornröschenschlaf gerissen und für einen ungeahnten Zusammenhalt in der NATO gesorgt, von dem Moskau sicherlich überrascht wurde: Statt die Allianz zu spalten, hat der Kreml sie näher zusammenrücken lassen. Wie lange dieser Trend anhält, hängt von den Mitgliedstaaten selbst ab und von deren Bereitschaft, Russland und seine militärischen und nichtmilitärischen Aggressionen in den Nachfolgestaaten der Sowjetunion sowie in anderen europäischen Ländern langfristig ganz hoch auf ihre Agenda zu setzen.

Der russische Überfall auf ein souveränes Nachbarland stellt in jedem Fall eine Zäsur in den euro-atlantischen Beziehungen dar. Er geht einher mit einem Abgesang auf jegliche Form von Kooperation, Stabilität in Europa und Respekt gegenüber der territorialen Integrität derjenigen Staaten, die Russland als Bestandteil seiner Einflusssphäre betrachtet. Der Westen kann sich daher einer langfristigen Konfrontation mit Moskau nicht entziehen: Der Krieg in der Ukraine geht uns alle an – und das nicht erst durch die westlichen Waffenlieferungen, sondern weil Russland die europäische Sicherheit an sich zur Disposition gestellt hat. Die Führung im Kreml hat sich damit endgültig in die Position eines Außenseiters katapultiert, und es ist zum aktuellen Zeitpunkt nicht absehbar, wie sich das Verhältnis zwischen den europäischen Staaten und Russland mittel- und langfristig gestalten wird.

Der Krieg in der Ukraine: Ungewisser Ausgang

Vieles hängt vom Ausgang des Krieges in der Ukraine ab: Dass der Kreml eine Niederlage einräumt und seine Truppen zurückzieht, seine genozidalen Verbrechen eingesteht und in Verhandlungen mit Kiew neuen Sicherheitsgarantien für die Ukraine zustimmt, wäre ein begrüßenswertes Szenario, ist jedoch sehr unwahrscheinlich. Ein begrenzter Atomwaffeneinsatz vonseiten Moskaus würde die Bereitschaft der Ukraine, sich zu verteidigen, nicht schwächen, und auf dem Schlachtfeld lassen sich aufgrund der Streuung der ukrainischen Truppen keine signifikanten Ergebnisse erzielen. Zudem muss Moskau immer mit einer massiven Antwort seitens der NATO rechnen – und die Befürchtungen davor sind in Moskau groß. Nicht umsonst hat der Kreml nach dem Niedergang einer ukrainischen Rakete jenseits der polnischen Grenze sofort klargestellt, dass es sich nicht um einen russischen Angriff auf NATO-Territorium gehandelt habe.

Das wahrscheinlichste kurz- und mittelfristige Szenario ist vermutlich ein zäher Abnutzungskrieg. Der Kreml spielt auf Zeit und hofft auf die schwindende Bereitschaft der westlichen Staaten, Kiew weiterhin mit Waffen- und Munitionslieferungen zu unterstützen. Leider war und ist es ebenjenes Zögern, das einen Sieg der ukrainischen Truppen bisher verhindert hat. Mit dem Argument, dass man Moskau nicht provozieren wolle, wurden schwere Waffen zu spät geliefert und gab es immer wieder allzu langwierige Debatten unter anderem in der deutschen Politik, welche Kiew kostbare Zeit gekostet haben. Diskussionen wie jene, die prominent um mögliche Panzerlieferungen an die Ukraine in 2022 geführt wurden, wiederholen sich 2023 mit Blick auf Kampfjets. Man kann die Ukraine nur bewundern für den Humor, den sich das Verteidigungsministerium erhalten hat (und der natürlich auch eine taktische PR-Maßnahme ist). Mit einem satirischen Video auf seinem Twitter-Kanal »bewirbt« das Ministerium den »modernen« F-16-Kampfjet »made in the 80s«, passend unterlegt mit der 80er-Jahre-Hymne »Take My Breath Away« der US-amerikanischen Band »Berlin«.[1] Denn die Lieferung von modernen Kampfjets wird als weitere rote Linie in der Waffenlieferungsdiskussion dargestellt, die Staaten wie die USA und Deutschland bisher nicht überschreiten wollen.

Gelegentlich wird in der öffentlichen Debatte das Argument angeführt, ein Mehr an westlichen Waffenlieferungen würde nur zu mehr Blutvergießen führen, und Waffen könnten keine Kriege beenden oder gar verhindern. Dies ist eine ebenso scheinheilige wie ignorante Behauptung: Leider gibt es in der Geschichte nur allzu viele Beispiele, in denen es Waffengewalt brauchte, um Aggressoren zu stoppen. Das prominenteste hiervon ist Nazi-Deutschland im Zweiten Weltkrieg. Natürlich ist dies keine simple Logik, die auf jeden Krieg oder Konflikt zutrifft, und eine Pauschalisierung verbietet sich. Doch in einem Konflikt, in dem so offenkundig ist, dass eine Partei sich eines illegalen Angriffskrieges und Kriegsverbrechen schuldig gemacht hat, sollte die Unterstützung des angegriffenen Staates mit allen zur Verfügung stehenden Mitteln außer Frage stehen. Und nicht zuletzt ist ungewiss, wann das Blutvergießen russischer Truppen auf ukrainischem Boden tatsächlich enden würde: Selbst in dem unwahrscheinlichen Fall eines Stopps westlicher Waffenlieferungen und einer ukrainischen Kapitulation wäre das Risiko sehr hoch, dass russische Truppen weiter mordend und marodierend durch das Land zögen.

Der neue Kalte Krieg hat keine Blaupause

Wir können uns der Logik des neuen Kalten Krieges als euroatlantische Gemeinschaft nicht entziehen, selbst wenn wir die Ukraine langfristig ihrem eigenen Schicksal überlassen würden. Russland und die europäischen Staaten teilen einen Kontinent, und ihr Schicksal war selbst zu Zeiten des Eisernen Vorhangs eng verbunden. Moskau mag heute ökonomisch schwach und zumindest in einigen Bereichen durch westliche Sanktionen geschwächt sein. Nach dem Ende der Sowjetunion hat Moskau drei Staaten in seiner selbst definierten Einflusssphäre an die NATO »verloren«, und die restlichen postsowjetischen Staaten im europäischen Raum haben, mit prominenter Ausnahme von Belarus, mehrheitlich engere oder sogar enge Beziehungen mit Westeuropa angestrebt. Doch Russland bleibt trotz – oder vielmehr: gerade aufgrund – seiner ökonomischen und politischen Schwächung eine Gefahr. Die konventionell-militärische Abnutzung in der Ukraine katapultiert nukleare Abschreckung und aggressive nukleare Rhetorik ganz nach oben auf die Agenda des Kremls. Auch wenn ein Atomwaffeneinsatz vonseiten Moskaus dennoch unwahrscheinlich ist, gelingt es Russland durch seine mal subtilen, mal sehr offenherzigen Drohungen aus einem breit gefächerten nuklearen Spektrum, die NATO-Staaten zu verunsichern.

Ungünstigerweise lenkt das nukleare Schreckgespenst zu sehr von den viel handhabbareren Instrumenten ab, die Russland zur Verfügung stehen. Moskau versteht sich meisterhaft auf alle Aspekte hybrider Kriegsführung, von Cyberangriffen über Informationskrieg und das Einsetzen von Recht als Druckmittel (»Lawfare«) bis hin zur Instrumentalisierung von russischen Landsleuten im Ausland, um dort prorussische Narrative zu verbreiten (Näheres zu diesen Themen in Kapitel 4). So kleinteilig und vergleichsweise harmlos es erscheinen mag, wenn Moskau »Kulturzentren« in den europäischen Hauptstädten betreibt oder hier und da einmal die Webseite einer Fluglinie hackt – all diese Aktivitäten sind nur der Anfang dessen, worauf wir uns in einer langwierigen Konfrontation mit einem in die Enge gedrängten Staat, der dennoch über einen gut bestückten Instrumentenkasten an malignen Mitteln verfügt, einstellen müssen. Und wir dürfen nicht vergessen, dass der autoritäre Staat, der sich immer mehr zu einem totalitären Regime entwickelt,[2] von einem mächtigen Partner unterstützt wird: China. Mithilfe dieses Bündnisses kann das Putin-Regime einige seiner Schwächen ausgleichen. Insbesondere auf internationaler Ebene ist es schwierig, Russland zu einem echten Paria zu machen. Die Koalition derjenigen, die Russlands Verhalten verurteilen, umfasst circa 61 Prozent der Weltwirtschaft, aber nur 16 Prozent der globalen Population, wobei China und Indien einen Großteil der verbleibenden 84 Prozent ausmachen. Das Verhältnis der westlichen Staaten zum Globalen Süden wird daher eine herausragende Rolle im neuen Kalten Krieg spielen. Und das Narrativ des Westens, auf der Seite von Demokratie und Rechtsstaatlichkeit zu stehen, wird nicht ausreichen, um den Globalen Süden für seine Sicht der Dinge zu gewinnen.

Die hier genannten Aspekte zeigen bereits, dass sich der neue Kalte Krieg, auf den wir uns zubewegen, vom ersten Kalten Krieg maßgeblich unterscheidet. Letzterer kann daher nicht als Blaupause für die kommende Konfrontation mit Russland dienen, auch wenn manche Lektionen aus den drei Jahrzehnten des ersten Kalten Kriegs auch heute noch gültig sind: beispielsweise, dass nukleare Risiken in Zeiten der Konfrontation, wenn schon nicht durch formale Rüstungskontrolle, dann doch durch risikominimierende Maßnahmen eingehegt werden müssen. Denn der Verlauf des neuen Kalten Krieges ist nicht alternativlos: Die Staaten stehen vor der Option einer unregulierten und hoch gefährlichen Konfrontation oder einer, die zumindest in einzelnen Bereichen entschärft oder weniger anfällig für Eskalationen gestaltet werden kann.

Unter weltanschaulichen Gesichtspunkten unterscheidet sich das heutige Russland von der Sowjetunion durch das Fehlen einer kohärenten Ideologie, welche Russlands Platz in der Welt rechtfertigen und seine außen- und machtpolitische Strategie mit Bedeutung unterfüttern würde. Stattdessen fungiert das vage gehaltene Konzept der »Russkiy Mir«, der »Russischen Welt«, als pseudo-ideologischer Kitt, der die Bevölkerung derjenigen Staaten, die in Moskaus »Einflusssphäre« liegen, als Teil einer eigenständigen Gruppe definiert, die sich scharf vom Rest Europas abgrenzt. Um diese imaginierte homogene Gruppe herum konstruiert Russland das Narrativ, diese würde von liberalen westlichen Werten unterminiert. Es wird unterstellt, dass der Westen die russische Kultur, russische Werte und die russische Sprache eliminieren will. Daraus leitet sich ein staatlich verordneter Hass gegen potenziell alles ab, was der Kreml als »westlich« deklariert – von der freien Nutzung des Internets bis hin zu Patchwork-Familien. So wahnwitzig dieses Ansinnen klingt, so sehr fruchtet es: Selbst durch Familien mit in der Ukraine und in Russland lebenden Angehörigen verlaufen heute tiefe Gräben.

Die öffentliche Wahrnehmung: Verkürzte Debatte und konträre Beurteilungen

In den Monaten nach dem 24. Februar 2022 konnte man eine deutliche Zuspitzung der Debatte in den Medien beobachten. Auch wenn ein großer Teil der Kommentator:innen, Politiker:innen und Expert:innen sich einig war, dass der Westen die Gefahr, die vom Kreml ausgeht, falsch eingeschätzt hatte, gab es auch prominente Stimmen, die zwar ein aggressives Vorgehen Russlands in der Ukraine einräumten, dabei einen Teil der Schuld jedoch im Westen verorteten. Es ist unter anderem der Schnelllebigkeit der Debatte und der Logik der Medien (Dinge schnell auf den Punkt bringen, ohne die Leser:innen auf halber Strecke zu verlieren) geschuldet, dass einige komplexe Aspekte der Beziehungen Russlands zum Westen trotz zahlloser Talkshow-Diskussionen unterbelichtet blieben. Allein mit einer eingehenden Debatte über Präsident Wladimir Putins Reden im Bundestag 2001 und auf der Münchener Sicherheitskonferenz 2007 könnte man einen ganzen Markus-Lanz-Abend füllen. Doch wer hat schon die Muße und die Lust dazu?

Ich unterstelle dem Leser oder der Leserin dieses Buches tatsächlich ein Interesse an einigen dieser weniger diskutierten Aspekte, die dazu beigetragen haben, dass sich der Westen und Russland heute wieder in einer ernsthaften Konfrontation gegenüberstehen. Eine kompakte Übersicht über einige dieser Kernelemente erleichtert das Verständnis der folgenden Kapitel. Natürlich können in einem Buch, das den neuen Kalten Krieg aus einem breiteren Blickwinkel beleuchtet, nicht alle wichtigen Fragen erschöpfend diskutiert werden. Ich werde dennoch versuchen, einige hoffentlich hilfreiche Denkanstöße zu geben.

Bevor ich auf die unterschiedlichen Phasen in den Beziehungen zwischen Russland und dem Westen nach 1990 sowie auf die Fehleinschätzungen, die der Westen aus meiner Sicht getroffen hat, eingehe, möchte ich einen Gedanken voranstellen. Wie die meisten Menschen, die sich in der Debatte öffentlich zu Wort melden, vertrete ich eine dezidierte Meinung: nämlich, dass Moskau den Hauptteil der Verantwortung dafür trägt, dass die europäische Sicherheitsarchitektur (so es sie in Ansätzen gab) erodiert ist, und dass der Westen die Ukraine weiterhin militärisch unterstützen muss. Und natürlich gehe ich davon aus, dass diese Ansicht zutreffend ist. Doch mir ist es auch wichtig, darauf hinzuweisen, dass Vertreter:innen abweichender Meinungen nicht ungebildet sind oder keine Kenntnis von Russland haben. In der deutschen Debatte werden Vertreter:innen einer anderen Meinung oftmals als verblendet oder unwissend hingestellt. Sicherlich gibt es Menschen, die sich öffentlich zu Wort melden, nachdem sie sich eingehend von russischen Bots auf Twitter haben »informieren« lassen. Doch selbst Russlandkenner:innen mit einem ähnlichen Lebenslauf, die nicht zum typischen Social-Media-Zielpublikum gehören, können zu sehr unterschiedlichen Ansichten über den Krieg gelangen.

Ein anschauliches Beispiel hierfür sind die beiden ehemaligen britischen Karrierediplomaten Sir Roderic Lyne und Sir Tony Brenton. Obwohl beide sich in Alter und Werdegang ähneln und über ein exzellentes Verständnis von russischer Geschichte und der Entwicklung Russlands seit den Sowjetzeiten verfügen, kommen sie zu divergierenden Auffassungen darüber, weshalb sich Russland auf einen Pfad der Eskalation begeben hat. Während Roderic Lyne die Verantwortung beim Kreml sieht, stehen bei Tony Brenton die Fehler des Westens im Umgang mit Russland im Vordergrund.

Sir Roderic, 1948 geboren und Oxford-Absolvent, trat mit 22 Jahren in den diplomatischen Dienst ein und wurde zwei Jahre später als dritter Sekretär an die Botschaft in Moskau berufen. Von 2000 bis 2004 war er britischer Botschafter in Moskau.[3] Sir Tony, Jahrgang 1950, begann 1975 seine diplomatische Karriere und wurde 1994 zum ersten Mal an die britische Botschaft in Moskau berufen. 2004 übernahm er von Sir Roderic den Posten als Botschafter in Russland.[4] Heute sind beide Ex-Botschafter über siebzig und im Ruhestand.

In einem Interview[5] über seine Zeit in Moskau berichtet Roderic Lyne über die schwierigen Arbeitsbedingungen für westliche Diplomat:innen während der Sowjetzeit. Diese seien ständig von KGB-Mitarbeiter:innen umgeben gewesen. Nachdem die britische Regierung Anfang der 1970er-Jahre 105

Sowjetbürger:innen aus dem Vereinigten Königreich ausgewiesen hatte, habe Moskau mit der Ausweisung zahlreicher britischer Diplomat:innen geantwortet, sodass die Botschaft völlig unterbesetzt war. Auch später, in seiner Zeit als Botschafter in Russland, sah sich Sir Roderic nach eigenen Aussagen mit schwierigen Bedingungen konfrontiert, insbesondere im Jahr 2004. Wieder seien es der KGB, FSB und antiwestliche Kräfte in Regierungskreisen gewesen, die den britischen Diplomat:innen das Leben schwer machten. Seine Erfahrungen mit der sowjetischen und später mit der russischen Führungsriege haben vermutlich dazu geführt, dass Sir Roderic die russischen Intentionen anders beurteilt als sein Nachfolger. Den Georgienkrieg 2008 sieht Sir Roderic beispielsweise als Folge einer russischen Paranoia dem Westen gegenüber, während Sir Tony Georgien bezichtigt, Russland bewusst herausgefordert zu haben – Ähnliches unterstellt er der Ukraine und der NATO –, und hieraus die Gründe für Russlands Invasion ableitet.[6]

Es ist schwer zu ermessen, warum zwei Botschafter mit einem formal ähnlichen Lebensweg Russlands Absichten so unterschiedlich beurteilen. Waren es die unterschiedlichen ersten Eindrücke, die beide im Abstand von mehr als zwei Jahrzehnten in Moskau gesammelt hatten, die sie zu unterschiedlichen Einschätzungen brachten? Roderic Lyne hat Moskau zu den Hochzeiten des Kalten Krieges Anfang der 1970er-Jahre kennengelernt, während Tony Brenton erst nach dem Ende der Sowjetunion seinen ersten Posten in Russland antrat und sich dort auf ökonomische Reformen konzentrierte. In jedem Fall zeigt sich, dass divergierende Einschätzungen bezüglich Russlands nicht unbedingt eine Frage von Expertentum oder Intellekt sein müssen.

Die Krise in der euro-atlantischen Region: Vertane Chancen und rote Linien

1990–2001: Schrumpfende nukleare Arsenale

Die erste Dekade nach dem Kalten Krieg stellte eine Phase der Annäherung in den Beziehungen zwischen Russland und dem Westen und eine Ära der nuklearen Abrüstung dar. Die Blockkonfrontation mit ihrem Konzept der »mutual assured destruction (MAD)«[7] – der permanenten Androhung der gegenseitigen völligen Vernichtung – wich dem Willen zur Kooperation und Verkleinerung der nuklearen Arsenale auf beiden Seiten. Auch wenn sowohl Moskau als auch Washington bereits vor 1990 damit begonnen hatten, ihre Arsenale zahlenmäßig zu verkleinern, besaß die Sowjetunion am Ende des Kalten Krieges noch fast 33.000 Sprengköpfe, die USA etwas über 21.000.[8] Beiden Hauptakteuren des Kalten Krieges waren die irrsinnigen Dimensionen, in denen sich ihre Arsenale bewegten, bewusst. Diese waren groß genug, um nicht nur den Gegner von der Landkarte zu fegen, sondern theoretisch den gesamten Erdball mehrmals in die Luft zu jagen. Diese Konstellation – die gegenseitige Angst vor dem Nuklearkrieg – wird von manchen Expert:innen als eine Form von strategischer Stabilität zwischen den Supermächten im ersten Kalten Krieg betrachtet. Da wir nur diejenige Version der Geschichte kennen, in der gefährliche Zwischenfälle wie die Kubakrise *nicht* zu einer nuklearen Eskalation geführt haben, lässt sich diese Annahme weder bestätigen noch widerlegen.

Unumstritten ist, dass beide Seiten nach dem Ende der Blockkonfrontation ein Interesse an einer Reduzierung ihrer nuklearen Arsenale hatten: Diese beanspruchten immense personelle und finanzielle Ressourcen. Atomwaffen verursachen, wenn sie einmal produziert sind, sehr viel Arbeit. Ihre Funktionstüchtigkeit muss jederzeit sichergestellt sein. Sie müssen modernisiert werden, wenn sie diese verloren haben. Die technologischen Fortschritte des Gegners müssen beobachtet und das eigene Arsenal gegebenenfalls dementsprechend aufgerüstet werden. Es werden Unmengen an Geldern für Forschung, strategische Planungen, Kommando-, Kontroll- und Kommunikationsstrukturen benötigt. Und selbst der technische Vorgang der Abrüstung – das Auseinanderbauen einer Atombombe, um sie wirkunfähig zu machen – ist teuer.

In den 1980er-Jahren gaben die USA über sechs Prozent ihres Bruttoinlandsproduktes (BIP) für das Militär aus. In den 1960er-Jahren lagen die Ausgaben teilweise sogar bei über neun Prozent.[9] Die Ausgaben auf sowjetischer Seite sind dagegen schwieriger zu kalkulieren. Die Geheimhaltung der gesamten Verteidigungsausgaben Moskaus ist ein Trend, der bis heute anhält. In Sowjetzeiten wurden beispielsweise die Ausgaben für Forschung an neuen Waffensystemen sowie für Waffenproduktion und Ausbildung teilweise den Budgets anderer Ministerien und Komitees zugeordnet, sodass das Volumen des Verteidigungshaushalts von außen schwer abzuschätzen war. Michail Gorbatschow verkündete 1987 zwar öffentlich, das Verteidigungsbudget der Sowjetunion belaufe sich auf 77 Milliarden Rubel, doch westliche Beobachter:innen vermuteten, dass die tatsächliche Zahl mindestens doppelt so hoch war.[10]

Ab der Jahrtausendwende bewegten sich die USA und Russland hinsichtlich ihrer Nuklearwaffenarsenale in vergleichbaren Dimensionen (zwischen 10.000 und 12.000), und 2004 unterschritten beide Staaten zum ersten Mal seit Jahrzehnten die Marke von 10.000 Sprengköpfen.[11] Moskau und Washington gelangten nicht nur durch aktive Abrüstung, sondern auch durch das Ausrangieren veralteter Systeme zu einer erheblichen Reduzierung ihrer Arsenale.[12] Unilaterale Entscheidungen Washingtons und Moskaus spielten hierbei ebenso eine Rolle wie formelle Abkommen. Unter Erstere fallen zum Beispiel die von Präsident George H. W. Bush gestarteten und von Präsident Michail Gorbatschow weitergeführten Presidential Nuclear Initiatives (PNI). Im Zuge dieser Initiativen verpflichteten sich beide Seiten in den 1990er-Jahren unter anderem zur Verkleinerung ihrer Arsenale an taktischen Nuklearwaffen – also derjenigen Kurzstrecken-Fähigkeiten, die weniger dem strategischen Zweck einer Abschreckung zwischen den USA und Russland als vielmehr der Abschreckung innerhalb Europas dienten.[13]

Zu den Fähigkeiten, die im Zuge der PNI eliminiert wurden, gehörten beispielsweise nukleare Artillerie, nukleare Minen und bodengestützte Kurzstreckenraketen mit nuklearen Sprengköpfen. Beide Seiten einigten sich auf diese unilateralen, aber aufeinander abgestimmten (reziproken) Abrüstungsschritte im Herbst 1991, als der Ostblock im Begriff war zu zerfallen. Gorbatschows Nachfolger, Präsident Boris Jelzin, führte 1992 die Initiativen weiter, die fortan auf die Abrüstung strategischer Langstreckenraketen ausgeweitet wurden. Ein besonders wichtiger Aspekt der PNI war die Übergabe der in Kasachstan, Belarus und der Ukraine stationierten Atomwaffen an Russland – ein Prozess, der Mitte der 1990er-Jahre abgeschlossen wurde. Auf diese Weise wurden einige Tausend Nuklearwaffen aus den amerikanischen und russischen Arsenalen eliminiert. Gleichzeitig wurde verhindert, dass es nach dem Ende der Sowjetunion drei neue Atomwaffenstaaten gab.

Parallel dazu standen auch in unterschiedlichen multilateralen Foren die Zeichen auf Annäherung zwischen West und Ost. Die NATO, deren primäre Daseinsberechtigung, die Blockkonfrontation, nach 1990 wegfiel, beschrieb in ihrem Strategischen Konzept von 1999 Russlands Rolle in der euro-atlantischen Sicherheit als »einzigartig«. Sie betonte außerdem das gemeinsame Interesse der NATO und Russlands, ein stabiles, friedliches und ungeteiltes Europa aufzubauen.[14] Die konstruktiven

Beziehungen zwischen der NATO und Russland sowie die langsame Annäherung resultierten zudem 1997 in der Verabschiedung der NATO-Russland-Grundakte. Diese war ein wichtiger Baustein für die sich normalisierenden Beziehungen zwischen den einstigen Antagonisten, ihr Wert wird heute im Kontext des Krieges jedoch angezweifelt. Die Grundakte definierte eine Reihe an Feldern, in denen die NATO und Russland künftig zusammenarbeiten wollten. Dazu gehörten die Nichtverbreitung von Massenvernichtungswaffen, Konfliktprävention, Peacekeeping sowie der Austausch von Informationen zu nationalen Sicherheitsdokumenten.[15] Außerdem wurden nochmals Kernprinzipien der Beziehungen zwischen Russland und der NATO betont, die bereits in den 1970er-Jahren in der Schlussakte von Helsinki formuliert worden waren.[16] Dazu zählt insbesondere der gegenseitige Respekt für die Souveränität, Unabhängigkeit und territoriale Integrität von Staaten.[17] Zudem war die Grundakte die Basis für die Etablierung des NATO-Russland-Rates. Dieser gab Moskau die Möglichkeit, mit der Allianz direkt und in einem formellen Umfeld in Kontakt zu treten, und baute auf dem Willen zum gegenseitigen Verständnis und dem Bewusstsein für die Sicherheitsinteressen beider Seiten auf. Nach der illegalen Annexion der Krim 2014 fanden noch gelegentlich Zusammenkünfte des NATO-Russland-Rates statt, doch zu einer echten Kooperation kam es nicht mehr. Spätestens seit die Allianz 2021 als russische Diplomat:innen getarnte Geheimdienstmitarbeiter:innen aus dem Brüsseler Verbindungsbüro auswies,[18] ist das Image des Rates massiv beschädigt.

2001: Putins Rede und Thierses »Zeitenwende«

Doch zurück zu der hoffnungsvollen Dekade nach dem Ende der Sowjetunion: Gerade Deutschland sah damals ein neues Zeitalter anbrechen. Die Chance, dass Russland und die (anderen) europäischen Staaten in nicht allzu ferner Zukunft ein »gemeinsames europäisches Haus« im Sinne Gorbatschows vollenden würden, in dem die Sicherheitsinteressen aller Seiten gewahrt wären, erschien Berlin als realistisch. Viele aus der älteren Generation erinnern sich noch heute gut an die Rede, die Präsident Putin 2001 vor dem Bundestag hielt[19] – und nicht wenige wundern sich, was aus dem friedliebenden Putin geworden ist, dem Demokraten und Progressiven, der den europäischen Humanismus beschwor und beteuerte, dass Russland die Vergangenheit hinter sich gelassen habe.

Liest man diese Rede heute aufmerksam, kommt man nicht umhin, die Zwischentöne zu hören, und die Worte Putins bekommen einen bitteren Beigeschmack. Die Seitenhiebe gegen die USA und die NATO waren subtil, doch präsent. Es wurde deutlich, dass der russische Präsident ein Europa anstrebte, aus dem sich die USA weitgehend heraushalten und in dem stattdessen die europäischen Gesellschaften sich der russischen annähern sollten.[20] Weder gegen die Idee einer größeren militärischen Eigenverantwortung Europas noch gegen mehr Kooperation zwischen der russischen und den europäischen Gesellschaften war (zumindest zum damaligen Zeitpunkt) etwas einzuwenden. Doch spätestens seit dem Überfall auf die Ukraine ist offensichtlich, dass Europa von Putin nicht als gleichgesinnte Partnerin, sondern als potenzielles Mittel zum Zweck angesehen wurde, um sein Ziel zu fördern, die russische Position gegenüber den USA zu stärken.

Zudem fand Putins Reise zu einem heiklen Zeitpunkt statt. Seit 1999 befand sich Russland im zweiten Tschetschenien-

Krieg. Nachdem Europa im ersten Tschetschenien-Krieg den damaligen Präsidenten Boris Jelzin unterstützt hatte, um dessen Machterhalt zu sichern, war Putin daran gelegen, sein brutales Vorgehen gegen den »Terrorismus« zu rechtfertigen und den Rückhalt Europas zu gewinnen. Um die europäische Öffentlichkeit emotional auf die Seite des Kremls zu ziehen, zog Putin in seiner Rede Parallelen zum Attentat vom 11. September, das sich nur zwei Wochen vorher ereignet hatte. Weiterhin bettete er sein Werben um die deutsche Billigung in allgemeine Ausführungen über das gegenseitige Vertrauen in den internationalen Beziehungen, über Marktwirtschaft und demokratische Werte, kombiniert mit Klagen darüber, dass Russland noch immer nicht als richtiger Partner anerkannt werde, und garniert mit Versprechungen, dass Moskau sich stärker im Umweltschutz engagieren wolle. Zuletzt betonte der Präsident die engen historischen Beziehungen zwischen Deutschland und Russland und erheiterte die Abgeordneten mit ein paar launigen Bemerkungen.

Rhetorisch war Putins Rede ein Glanzstück. Sie hatte alles, was eine gute Ansprache benötigt: Fakten, Emotionen, Versprechungen und glühende Plädoyers für Veränderung. Dementsprechend gut kam sie bei den Abgeordneten an: Es gab minutenlangen Beifall.[21] Der Appell Putins, die Bundeswehr stehe »nicht mehr vor der Aufgabe, das Land gegen anstürmende Panzerdivisionen aus dem Osten zu verteidigen, die durch das Fulda-Gap brechen«, wie es der Grünen-Politiker Rezzo Schlauch am nächsten Tag im Bundestag zusammenfasste, stieß auf offene Ohren. Der russische Präsident als Chefstratege der Bundeswehr?

Auch beim Bundestagspräsidenten Wolfgang Thierse kam Putins Rede gut an. Thierse wandte sich seinerseits am 25. September 2001 mit einer Rede anlässlich des Putin-Besuchs an die Öffentlichkeit,[22] in der sich eine große Sympathie für die

Worte des russischen Präsidenten widerspiegelte. Moskau erfuhr damit eine Bestätigung, dass Putins Ansprache in Berlin eine positive Resonanz hervorgerufen hatte. Thierse betonte, man sei dabei, das »europäische Haus umzubauen«, in dem Bewusstsein, dass es dieses Haus nicht »ohne intensive und gute Nachbarschaft, ohne enge Zusammenarbeit mit Russland geben kann«. Er lobte den demokratischen Weg, auf dem sich Russland befinde, seinen Beitritt zum Europarat und zur Europäischen Menschenrechtskommission ebenso wie Moskaus Solidarität mit den USA nach dem Attentat vom 11. September. Auch sah Thierse eine »Zeitenwende« kommen: Durch das Voranschreiten Moskaus sei eine Koalition zwischen Russland, China, Deutschland und anderen NATO-Staaten, den USA sowie der arabischen Welt möglich, um den »islamistischen Terror in die Knie zu zwingen« – eine Koalition, die zwei Wochen zuvor noch undenkbar gewesen sei.

Es gibt kein besseres Indiz dafür, dass Putins Rede den Bundestag euphorisierte und Hoffnungen auf eine neue Ära mit einem demokratischen Russland in dem von Gorbatschow einst ausgerufenen »gemeinsamen europäischen Haus« weckte. Man kann es den Abgeordneten und der deutschen Öffentlichkeit kaum verdenken, dass sie das Hauptanliegen Moskaus, nämlich die Rechtfertigung einer »als ›Anti-Terrorismus‹ präsentierten Gewaltausübung«[23], großzügig ignorierten. Der Tschetschenienkrieg stellte ein derart verworrenes Problem mit Gewaltexzessen und Menschenrechtsverletzungen auf beiden Seiten dar, dass viele ihn nur allzu gerne als innenpolitische Angelegenheit Russlands betrachteten und dabei die internationalen Konsequenzen ignorierten. Im Interesse einer guten Zusammenarbeit – nicht zuletzt im globalen Kampf gegen den Terrorismus – wurde das Thema im Dialog mit Russland ausgeklammert und damit auch der innenpolitische Terror gegen die Zivilbevölkerung zu einer Angelegenheit, aus der sich der Westen heraushielt. Doch damit wurden bereits in den frühen 2000er-Jahren besondere Maßstäbe an Russland angelegt, die ein Wegschauen rechtfertigten, selbst wenn es gegenüber der Zivilbevölkerung Gewalt ausübte und Menschenrechtsverletzungen beging. Problematisch aus Sicht des Westens wurde Russlands gewaltvolles Vorgehen erst, als es die Grenzen der Russischen Föderation überschritt: nämlich im Georgienkrieg 2008. Doch selbst in diesem Fall spielten westliche Beobachter:innen die Ereignisse herunter: Sie seien das Resultat von Präsident Micheil Saakaschwilis unklugen Provokationen gegenüber Moskau.

Die NATO-Osterweiterung 2004: Russlands »Einflusssphäre« schrumpft

Die Deutschen konnte Putin in den frühen 2000er-Jahren geschickt umgarnen. Doch die Bedrohungswahrnehmung der baltischen und osteuropäischen Staaten unterschied sich erheblich von der deutschen. 2004 fand die fünfte Erweiterungsrunde der NATO statt, infolge derer sieben neue Länder in die Allianz aufgenommen wurden.[24] Anlässlich der offiziellen Beitrittszeremonie am 2. April 2004 betonte der damalige Außenminister Litauens, Antanas Valionis, im Nordatlantikrat: »Felsenfeste Sicherheitsgarantien sind es, die mein Land braucht.«[25] Seine Amtskollegin, die ehemalige estnische Außenministerin Kristiina Ojuland, sagte ihrerseits, Estland fühle sich einer »fähigen NATO verpflichtet, die sich der Sicherheitsherausforderungen von heute annimmt, alter wie neuer«.[26] Der lettische Außenminister wiederum wies in seiner Rede mit dem emotionalen Titel »Ein Traum wird wahr« darauf hin, dass sein Land in der Vergangenheit den »Verlust der Freiheit« habe hinnehmen müssen, da es auf sich allein gestellt gewesen sei.[27]

Linas Linkevičius, der von 1993 bis 1996 und von 2000 bis 2004 Verteidigungsminister Litauens war, fasst die NATO-Ambitionen der drei baltischen Staaten nach dem Ende der Sowjetunion folgendermaßen zusammen: »In Litauen herrschte praktisch seit der Wiedererlangung unserer Unabhängigkeit am 11. März 1990 die Ansicht vor, dass wir in einem gefährlichen, instabilen geopolitischen Umfeld leben. Russland hat niemals eine Gelegenheit ausgelassen, uns daran zu erinnern, dass die baltischen Staaten Teil seiner ›vitalen Interessen‹ sind ... Litauen hat ohne NATO-Garantien keine sichere Zukunft gesehen.«[28] Linkevičius sprach damit offen aus, was die drei Außenminister:innen im Nordatlantikrat angedeutet hatten: Russland, das Estland, Lettland und Litauen gerne als »near abroad« – als »nahes Ausland« – bezeichnet, ließ auch nach dem Ende der Sowjetunion keinen Zweifel daran, dass sich das Baltikum in seiner unmittelbaren Einflusssphäre befindet, und machte die drei Länder damit zu einem potenziellen Ziel von politischer Beeinflussung oder gar militärischen Aggressionen. Daher habe der damalige litauische Präsident Algirdas Brazauskas bereits 1994 ein formelles Beitrittsgesuch an den damaligen NATO-Generalsekretär Manfred Wörner gesandt, wie Linkevičius betont. Zu diesem Zeitpunkt war Russland ökonomisch sehr schwach und an einer Kooperation mit dem Westen interessiert. Doch als die baltischen Staaten zehn Jahre später der NATO beitraten, hatte Russland wirtschaftlich aufgeholt und sah sich in Konkurrenz mit der EU, den USA und der NATO um Einfluss in der postsowjetischen Region. Seit den 2010er-Jahren ist Russlands Außenpolitik noch mehr bestrebt, den postsowjetischen Raum im Sinne einer eurasischen Einflusszone zu sichern, was die Besorgnis in den baltischen Staaten zusätzlich angeheizt hat.[29]

Die Bedrohungswahrnehmung gegenüber Russland und seinen Interessen im »nahen Ausland« stieß in Westeuropa auf begrenztes Verständnis. Eine militärische Aggression gegen die baltischen Staaten wurde meist als wenig realistisches Szenario abgetan. Ebenso wurde der politischen Beeinflussung, der die baltischen Staaten ausgesetzt waren, wenig Beachtung geschenkt. Erst mit dem Aufmarsch russischer Truppen an der ukrainischen Grenze näherten sich die Sichtweisen der europäischen Staaten langsam an. Den NATO-Staaten ist zwar schon zuvor bewusst gewesen, dass sie Ziel russischer Einflussnahme auf unterschiedlichen Ebenen sind – von (Cyber-)Spionage, Manipulation von Wahlen und Instrumentalisierung rechter Parteien bis hin zu breit angelegten antiwestlichen Kampagnen im Internet. Doch während insbesondere die baltischen Staaten und Polen in Russland eine unmittelbare Gefahr – auch im militärischen Sinne – sahen, hielt sich die Besorgnis in Ländern wie Deutschland oder Frankreich in Grenzen. Auch trug das insgesamt radikale Auftreten der rechtspopulistischen PiS-Partei in Polen dazu bei, dass die polnische Bedrohungswahrnehmung anderenorts nicht im gleichen Ausmaß geteilt wurde.

So konzentrierten sich etwa die südeuropäischen Staaten auch nach der illegalen Annexion der Krim vornehmlich auf die sicherheitspolitischen Herausforderungen im Bereich der Migration, des internationalen Terrorismus und der Destabilisierung in Nordafrika und der Sahelzone. Hinzu kamen interne Zwistigkeiten in der EU und NATO, etwa aufgrund des Austritts der Briten aus der EU und der damit zusammenhängenden Frage nach der künftigen Einbettung des Vereinigten Königreiches in europäische Sicherheits- und Verteidigungsstrukturen außerhalb der NATO. Der Putsch in der Türkei im Jahr 2016 stellte die NATO vor ganz eigene Herausforderungen, ebenso wie der Abschuss einer russischen Su-24 durch die Türkei im Jahr 2015 und der Kauf des russischen Raketenabwehrsystems S-400 im Jahr 2020. Diese »Nabelschau« hielt die NATO-Alliierten sowohl auf Trab als auch bis vor Kurzem davon ab, eine kohärente Bedrohungswahrnehmung zu entwickeln, die sich abseits nationaler Interessen bewegt.

Die NATO-Erweiterung an sich ist zudem ein weiteres heikles Thema, dem sich viele Expert:innen ausführlich gewidmet haben. Ob die NATO nach 1990 überhaupt neue Mitglieder hätte aufnehmen sollen, insbesondere im osteuropäischen Raum, wird seit Jahrzehnten kontrovers diskutiert. Die Tatsache, dass nach dem Ende des Kalten Krieges innerhalb von 14 Jahren zehn neue Staaten in die Allianz aufgenommen wurden,[30] ist oft als Grund dafür angeführt worden, dass Moskau seine Sicherheitsinteressen verletzt und die NATO »bedrohlich« nah an die eigenen Grenzen heranrücken sah. Die Allianz selbst bekräftigte auf ihrem Gipfeltreffen 1994 ihre Politik der »offenen Tür«, wie sie in Artikel 10 des Nordatlantikvertrags von 1949 festgelegt ist. Auch weiterhin sollte demnach anderen europäischen Ländern – sofern sie die Kriterien für eine Mitgliedschaft erfüllen und die bestehenden NATO-Mitglieder sich einstimmig dafür entscheiden – diese Tür offen stehen.[31] Die NATO-Politik der offenen Tür steht dabei nicht zuletzt in Einklang mit der Schlussakte von Helsinki aus dem Jahr 1975, in der Russland sowie die anderen teilnehmenden europäischen Staaten zugestimmt haben, dass jedes Land frei wählen kann, ob es einer internationalen Organisation angehört oder nicht und ob es Vertragspartei eines Bündnisses wird oder nicht.[32]

Diese Prämisse der »uneingeschränkten gegenseitigen Achtung der Entscheidungsfreiheit« bekräftigte die in Auflösung befindliche Sowjetunion im November 1990 mit ihrer Unterschrift unter der Charta von Paris.[33] Zu diesem Zeitpunkt hatten Litauen und Lettland ihre Unabhängigkeit bereits wiedererlangt,[34] und die Charta gestand den ehemaligen Mitgliedern des Warschauer Paktes zu, ihren eigenen und unabhängigen Weg zu gehen, was die freie Wahl von Bündnissen miteinschloss. Weiterhin hatte die NATO niemals ein Versprechen gegenüber

Russland abgegeben, keine neuen Mitglieder in Zentral- oder Osteuropa aufzunehmen, und die Erweiterungsrunden 1999 und 2004 fanden nach vorherigen Konsultationen mit Moskau statt. Parallel zur Aufnahme der neuen Mitglieder fanden zudem vertrauensbildende Maßnahmen aufseiten der NATO statt, zum Beispiel Reduktionen in den Truppenstärken der neuen Mitgliedsländer, sodass diese keine offensive Bedrohung an der russischen Grenze darstellten.[35]

Ebenso stellte die NATO zu keinem Zeitpunkt eine Bedrohung für Russland dar. Auch wenn in der russischen Propaganda die Übungen der NATO als feindliche Akte dargestellt werden, halten sich die europäischen Staaten im Gegensatz zu Moskau an die existierenden Abkommen über Truppenobergrenzen, Transparenz etc. Der Kreml dagegen gab bei seinen vier großen militärischen Übungen[36] regelmäßig falsche Truppenstärken an und hat damit bereits seit Längerem das Vertrauen zwischen dem Westen und Russland beschädigt. Laut einer Aufstellung der NATO überstiegen die tatsächlichen Truppenstärken dieser vier Übungen, die in den jeweiligen militärischen Distrikten (Osten, Westen, Kaukasus und an der ukrainischen Grenze) stattgefunden haben, die von Russland deklarierten Zahlen um das Fünf-, Sechs- oder sogar Zehnfache.[37]

Und schließlich hat die Ukraine nach dem Beginn des Krieges zunächst angeboten, neutral zu bleiben und der NATO nicht beizutreten, sofern der Westen Kiew bestimmte Sicherheitsgarantien gibt.[38] Diese Idee war zu dem Zeitpunkt, als die Ukraine sie ins Gespräch brachte, zwar noch nicht ganz ausgereift, doch die russische Seite gab zu keinem Zeitpunkt zu verstehen, dass sie das Gesprächsangebot der Ukraine auch nur ansatzweise ernst nahm. Auch wurde Russland 1994 in das »Partnership for Peace«-Programm der NATO aufgenommen, mit dem Ziel, das Land näher an die Allianz heranzuführen. Entgegen landläufiger Annahme wurde Russland niemals die Aufnahme in die NATO verwehrt. Die Voraussetzung wäre lediglich gewesen, dass ein interner Reformprozess in Russland stattgefunden hätte, um beispielsweise die demokratische Kontrolle über die Streitkräfte zu stärken – so wie es auch bei allen anderen Aspiranten der Fall war.[39]

Der NATO-Gipfel 2008: Eine emotionale Angela Merkel und ein schlechter Kompromiss

Das Gipfeltreffen der NATO im Jahr 2008 in der rumänischen Hauptstadt gehört zu denjenigen Ereignissen, die viele heute rückblickend als den eigentlichen Einschnitt in den Beziehungen zwischen Russland und dem Westen definieren – als Zeitpunkt, ab dem sich das Verhältnis eindeutig und unaufhaltsam verschlechtert hat. Doch tatsächlich waren der Gipfel und die Lage, in welche die NATO sowohl die Ukraine als auch Georgien damals brachte, bis 2021 ein weitgehend vergessenes Thema. Weder der Krieg in Georgien im selben Jahr noch die Situation in den abtrünnigen georgischen Regionen Südossetien und Abchasien erhielten die Aufmerksamkeit, die angebracht gewesen wäre. Gleiches gilt für die separatistische Region Transnistrien in Moldau, in der das russische Militär das Sagen hat und für die sich allenfalls Abenteuerreisende und Kaukasus-Expert:innen interessierten. Der Beginn der Krise in der Ukraine sowie die illegale Annexion der Krim im Jahr 2014 wären ein guter Moment für den Westen gewesen, sich diesen oft als eingefroren bezeichneten Konflikten erneut zu widmen. Doch der Westen war zu sehr mit der Situation in der Ukraine beschäftigt und versäumte es, sich auf die größeren Zusammenhänge zu konzentrieren. Dies war ein großer Fehler, denn das Muster, das diese latenten Konflikte aufweisen, zeichnet ein sehr klares Bild von Moskaus Ambitionen in seiner unmittelbaren Nachbarschaft.

Nach der illegalen Annexion der Krim und Russlands destabilisierenden Aktivitäten im Donbas hätte viel früher die Erkenntnis einsetzen müssen, dass die Krim und der Donbas, dass Südossetien, Abchasien und Transnistrien zusammenhängen und ein spezifisches Bild von russischer Außenpolitik – also Russlands Interessen im »nahen Ausland« – formen, das für Europa zutiefst beunruhigend ist. Doch selbst die Faktenfindungsmission der EU kam zu dem Ergebnis, dass der damalige georgische Präsident Saakaschwili den Krieg herausgefordert hatte, ohne jedoch den Kontext zu beleuchten – insbesondere die Frage, warum es überhaupt dazu kam, dass sich russische Truppen in Südossetien und Abchasien befanden. Auch die Anerkennung der Unabhängigkeit Südossetiens und Abchasiens durch Russland und einige wenige verbündete Staaten wie Nicaragua und Venezuela fand wenig Beachtung, und dasselbe galt für die Auswirkung dieser eingefrorenen Konflikte auf der Ebene der multilateralen Verträge.[40] Im Rückblick zeigt sich jedoch, dass die Probleme im euro-atlantischen Raum spätestens 2008 sehr offensichtlich wurden.

Auf dem NATO-Gipfel in Bukarest im April 2008 wurde Georgien und der Ukraine die Mitgliedschaft im Bündnis zugesagt, ohne den beiden Staaten jedoch etwas Konkreteres als ein Versprechen an die Hand zu geben. In der Gipfel-Erklärung heißt es: »Wir haben uns heute darauf geeinigt, dass diese Länder NATO-Mitglieder werden.«[41] Allerdings wurde Tiflis und Kiew kein Membership Action Plan (MAP) angeboten – ein formales Programm, das Aspiranten auf ihre Mitgliedschaft in der Allianz vorbereitet – und damit auch keine klare Perspektive. Beide Länder wurden in eine Art NATO-Wartezimmer verbannt. Die Allianz hat hiermit einen denkbar schlechten Kompromiss gefunden, findet Linas Linkevičius, der nach seiner Amtszeit als Verteidigungsminister von 2005 bis 2011 litauischer Botschafter bei der NATO war. Er erinnert sich: »Ich habe meinen Kollegen gesagt: Ihr habt einen Fehler gemacht. Das bedeutet grünes Licht für diese Aggressoren.« Mit seiner Warnung, Russland könnte die Einladung an Tiflis und Kiew als Freifahrtschein betrachten, in diese Länder einzumarschieren, sollte Linkevičius Recht behalten. Ein ehemaliger NATO-Botschafter, mit dem ich mich unterhalten habe, erinnert sich daran, wie Präsident Putin »wutschnaubend« bei der Sitzung des NATO-Russland-Rates ankam, die unmittelbar nach dem Gipfel stattfand, nachdem er die Gipfelerklärung auf dem Flug nach Bukarest gelesen hatte. Auch der ehemalige polnische Botschafter Adam Kobieracki, der bis 2016 Direktor für Sicherheitspolitik im polnischen Außenministerium war und mit dem ich mich im September 2022 in Warschau getroffen habe, zieht hinsichtlich des Gipfels eine vernichtende Bilanz. Er bezeichnet das Gipfeldokument als eine »politische Deklaration« ohne Garantie für die Ukraine und Georgien. Allerdings fügt er hinzu, dass es genauso ein Fehler gewesen wäre, die Ukraine in die NATO aufzunehmen und damit die NATO an Russlands Grenzen vorrücken zu lassen. In jedem Fall sei es fatal gewesen, die Ukraine und Georgien im »Wartezimmer« ausharren zu lassen. Botschafter a. D. Kobierackis Perspektive ist für einen polnischen Karrierediplomaten eher ungewöhnlich. Doch er ist sich mit Linkevičius darin einig, dass das Antichambrieren der Ukraine und Georgiens eine Welle der Aggression aufseiten Russlands ausgelöst hat.

Auch der ehemalige NATO-Generalsekretär Jaap de Hoop Scheffer geht davon aus, dass der Kompromiss der NATO ein Fehler war und Putin einen Grund an die Hand gab, in Georgien einzumarschieren. Einen Tag nach dem Gipfel habe sich de Hoop Scheffers mit dem russischen Präsidenten unter vier Augen getroffen. Putin habe klargemacht, dass eine Aufnahme Georgiens und der Ukraine völlig inakzeptabel sei. Während der Sitzung des NATO-Russland-Rates, erinnert sich der ehemalige NATO-Chef, sei die Stimmung schlecht gewesen, und Putin habe, nicht zum ersten Mal, die Ukraine nicht als Land, sondern als »Territorium« bezeichnet.

In diesem Zusammenhang hat sich Angela Merkel harscher Kritik vonseiten des ukrainischen Präsidenten Selenskyj stellen müssen. Ihr wurde vorgeworfen, maßgeblich daran beteiligt gewesen zu sein, dass die Ukraine und Georgien nach dem Gipfel im April 2008 in eine höchst vulnerable Lage geraten seien.[42] Jaap de Hoop Scheffer erinnert sich an die schwierige Situation, in der sich Merkel befand. Als Putin im NATO-Russland-Rat der Ukraine einen Status als eigenständiges Land absprach, habe Merkel den russischen Präsidenten »in einer von ihr noch nicht gehörten Weise zusammengestaucht«, sagt de Hoop Scheffer. Merkel sei sehr emotional gewesen und habe vonseiten der baltischen Staaten unter Druck gestanden. »Es war wie in einem Bienenstock, eine ziemliche Szene«, resümiert der Ex-Generalsekretär.

Hatte Deutschland lediglich seine eigenen Interessen an russischem Öl und Gas im Sinn? War die deutsche Regierung zu naiv, hat sie die Ambitionen Russlands unterschätzt? Oder hat Merkel, wie es der ehemalige Botschafter und ständige Vertreter Italiens bei der NATO, Stefano Stefanini, formuliert, einfach versucht, einen Kompromiss auszuhandeln – zwischen denjenigen NATO-Staaten, die Kiew und Tiflis nicht in der Allianz sehen wollten, und denjenigen, die auf eine schnelle Aufnahme drängten? Wenn man Merkel und ihrem Amtskollegen Nicolas Sarkozy, der diesen unglückseligen Kompromiss ebenfalls unterstützte, beste Absichten unterstellt, dann stand vielleicht tatsächlich der Wille im Vordergrund, Russland nicht mit einer raschen Aufnahme beider Länder zu erzürnen und Kiew und Tiflis gleichzeitig die Aussicht auf eine NATO-Mitgliedschaft in ferner Zukunft nicht zu nehmen. Wäre Russland vor einer Aggression gegen die beiden Staaten zurückgeschreckt, wenn der Aufnahmeprozess schneller vonstattengegangen wäre? Oder hätte der Kreml noch rascher versucht, in beiden Staaten Fakten zu schaffen, noch bevor die NATO-Mitgliedschaft formell vollzogen gewesen wäre? Und hätte Russland die Ukraine dennoch überfallen, wenn diese keine Aussicht auf Mitgliedschaft in der Allianz erhalten hätte? Hätte also vielleicht sogar schon die reine Ambition Kiews, eines Tages Bündnispartner zu werden, ausgereicht, um den Kreml zu einem Eingreifen zu provozieren?

Diese Fragen lassen sich nicht beantworten. Doch die Tatsache, dass der Kreml jegliche europäischen Ambitionen in seiner Nachbarschaft zu unterbinden versucht – sei es eine engere Zusammenarbeit in der EU oder ein Beitritt zur NATO –, spricht dafür, dass das Verhalten der westlichen NATO-Mitglieder 2008 zwar ein großer strategischer Fehler war, die Verschlechterung der Beziehungen zwischen dem Westen und Russland sich aber langfristig vermutlich nicht hätte aufhalten lassen. Zumindest nicht, solange Moskau die demokratischen Bestrebungen und freien politischen Entscheidungen in Osteuropa als Gefahr für die eigene Sicherheit und einen Eingriff in seine vitalen Interessen ansieht – was letztlich bedeutet, dass es die Unabhängigkeit und Souveränität der osteuropäischen Staaten nicht anerkennt. Seit jeher ist Russland paranoid, was die USA und die NATO angeht. Aus russischer Sicht sind die USA der dominierende Akteur in der NATO, ein Umstand, der den westeuropäischen NATO-Mitgliedern kaum bewusst war. Für den Kreml war insbesondere Deutschland lange Zeit ein Bündnispartner, der sich nicht vollständig von den USA »kontrollieren« ließ. Aus dieser Perspektive bedeutet jede Spaltung, jeder Zwist innerhalb der NATO, dass Washington die Alliierten nicht »im Griff« hat. Und jedes Zusammenrücken der Bündnispartner, wie nach dem 24. Februar 2022, bedeutet in dieser Lesart, dass die USA die NATO wieder »beherrschen«.

2014–2021: Steigende Spannungen, erodierendes Vertrauen

Nach der Eskalation der Situation auf der Krim und im Donbas setzte zumindest ansatzweise ein Bewusstsein dafür ein, dass das Verhältnis zwischen dem Westen und Russland im Begriff war, sich fundamental zu ändern. Doch nicht in allen wichtigen Bereichen zog man daraus die nötigen Konsequenzen. Deutschland ignorierte die Sicherheitslage im wirtschaftlichen Bereich konsequent und trieb das fatale Projekt Nord Stream 2 nicht zuletzt mit der Rechtfertigung voran, man dürfe eine der letzten Brücken zwischen dem Westen und Russland nicht abreißen lassen.[43] Die Unterminierung der (Energie-)Sicherheit europäischer Partner wurde ebenso wie ein Image-Schaden für Deutschland aufgrund seiner naiven Haltung in Kauf genommen. Nord Stream 2 war von russischer Seite hauptsächlich als Druckmittel auf Berlin konzipiert und ist ein trauriges Zeugnis dafür, dass Berlin wirtschaftliche Interessen vor kluge Sicherheitspolitik gestellt hat.

Zum Glück für Berlin ist das Nord-Stream-2-Debakel im Kontext des brutalen Kriegs in der Ukraine in den Hintergrund getreten, und eine Aufarbeitung der begangenen Fehler ist bisher ausgeblieben. Deutschland muss sich zwar regelmäßig für sein Zögern bei Waffenlieferungen rechtfertigen. Doch die Kritik am generellen Versagen deutscher Politik ist nicht so laut geworden, wie man es hätte erwarten können – was vermutlich auch daran liegt, dass das Kanzleramt schnell und PR-wirksam eine »Zeitenwende« ausgerufen hat, um sich als verantwortungsvoller Akteur mit Weitsicht zu positionieren.

Eine rapide Verschlechterung der Beziehungen zwischen dem Westen und Russland zeichnete sich nach 2014 auch im Bereich der Rüstungskontrolle ab – ein Thema, auf das in Kapitel 6 ausführlicher eingegangen wird.

Aus der Vogelperspektive betrachtet geht es bei dem Konflikt zwischen Russland und dem Westen jedoch nicht um einzelne Verträge oder Eskalationen zwischen der NATO und der EU auf der einen und Russland auf der anderen Seite, sondern um die Kollision zweier politischer Ordnungsmodelle, die auf nicht miteinander vereinbaren Wertesystemen basieren. Russland sieht sich durch die Verbreitung westlicher, liberaler gesellschaftspolitischer Werte bedroht und befürchtet, dass Demokratie und offene Gesellschaftsformen bis an seine Grenzen – und schlimmstenfalls darüber hinaus – vorrücken. Dem Westen wirft Russland hegemoniales Verhalten vor, weil er die Ausbreitung des westlichen liberalen Modells aktiv vorantreibe. Mit dieser Haltung findet Moskau in westlichen rechtspopulistischen Kreisen bisher großen Anklang. All diejenigen politischen Kräfte, die sich um den Erhalt der »traditionellen Familie« sorgen und den Siegeszug liberaler, inklusiver Werte als Werteverfall westlicher Gesellschaften betrachten, haben Verständnis für das russische Bestreben, den Liberalismus aufzuhalten. Auch der Rassismus innerhalb der russischen Gesellschaft und das Bestreben, People of Color und schwarze Menschen sowie generell Vertreter:innen ethnischer und religiöser Minderheiten aus der Öffentlichkeit zu verbannen, wird vom rechten Rand im Westen geteilt.

Es ist daher wenig verwunderlich, dass Anhänger:innen der AfD und des Front National mit Russland sympathisieren und Abgeordnete dieser und anderer rechter Parteien eine Nähe zu Vertreter:innen der Staatsduma suchen. Doch auch im extrem linken Spektrum findet Russland trotz seiner illiberalen Haltung und der Ablehnung alternativer Lebensmodelle und Diversität in der Gesellschaft Unterstützer:innen, denn Moskau positioniert sich als Gegenpol zum »degenerierten« westlichen Kapitalismus, was sich nicht zuletzt in einem vehementen Antiamerikanismus niederschlägt. Und auch wenn Kritik an den kapitalistischen Auswüchsen in den westlichen Ländern vollkommen gerechtfertigt ist, ist es kaum nachvollziehbar, dass der extrem linke Rand des politischen Spektrums sich mit einem Land gemeinmacht, das Menschen unterdrückt und ausbeutet und seine Bevölkerung unablässig mit hasserfüllter antiwestlicher Propaganda füttert. Doch die Tatsache, dass Russland sich – anders als zu Zeiten des ersten Kalten Krieges – nicht mehr auf eine übergreifende Ideologie stützt, sondern in erster Linie die Ablehnung des Westens und seiner Werte propagiert, ermöglicht es, eine ganze Palette an teils widersprüchlichen Narrativen zu bedienen.

Wer trägt die Schuld?

Man würde es sich zu leicht machen, in den Beziehungen zwischen Russland und dem Westen eine Äquidistanz einzunehmen, also eine Haltung, die beiden Seiten einfach ihren jeweiligen Anteil an der Schuld zuschiebt und die Akteure dazu auffordert, an den Verhandlungstisch zurückzukehren. Diese Haltung wird heute insbesondere von Anhänger:innen einer (neo-)realistischen Denkrichtung in den internationalen Beziehungen vertreten. Üblicherweise lässt diese Perspektive die Rolle kleinerer Staaten (wie der Ukraine, Moldau oder Georgien) außer Acht und stellt die Beziehungen zwischen den Großmächten in den Vordergrund. Aus (neo-)realistischer Sicht findet der eigentliche Konflikt nicht einmal zwischen der NATO und Russland, sondern zwischen den USA und Russland statt – und nur diese Staaten seien in einer Position, den Krieg beenden zu können. Weil die Sicherheitsinteressen Washingtons, Moskaus und Pekings im Zentrum stehen, sind die legitimen Ansprüche Kiews, folgt man dieser Logik, zweitrangig und eher hinderlich. Ein weiteres Charakteristikum dieser Denkrichtung ist die Annahme, dass sowohl auf russischer als auch auf amerikanischer Seite schwerwiegende Fehler gemacht wurden, sodass es nicht möglich sei, einer Seite eine konkrete Schuld an der aktuellen Situation zuzuweisen. Damit aber wird der Krieg in der Ukraine zu nicht mehr als einer Episode in den sich verschlechternden USA-Russland-Beziehungen, mit anderen Worten: zu einer Art Kollateralschaden.

Es ist nicht zu bestreiten, dass amerikanische Regierungen Fehler begangen haben. Die ungerechtfertigte Invasion im Irak steht hier an erster Stelle. Doch hieraus eine Rechtfertigung für Russlands systematische Destabilisierung seiner »Nachbarschaft« sowie seine hybriden Aktivitäten in ganz Europa, die Verletzung von Menschenrechten, liberalen Werten und Verträgen abzuleiten, wäre fatal. Die Befürworter:innen der Äquidistanz entziehen sich einer moralischen Verantwortung gegenüber denjenigen osteuropäischen Staaten, die nicht umsonst den tragischen Titel der »countries in-between« tragen – den Staaten, die sich nach dem Ende der Sowjetunion in einer gefährlichen Position zwischen (noch) unerfüllten europäischen Ambitionen auf der einen Seite und gezielter russischer Einflussnahme auf der anderen Seite befanden. Sie verkennen zudem den Charakter eines Regimes, das seine eigene Gesellschaft (insbesondere Minderheiten und vulnerable Gruppen) unterdrückt und versucht, ein autoritäres, imperialistisches Modell in andere Länder seiner Einflusssphäre zu exportieren. Der Erfolg dieses Unterfangens zeigt sich insbesondere in Belarus. Noch bis in die späten 2010er-Jahre hinein lag es im Interesse der Lukaschenko-Regierung, wo immer möglich sowohl mit der EU als auch mit Moskau auskömmliche Beziehungen zu pflegen. Minsk gab diese Haltung auf, als der Kreml sich immer aggressiver gegen den »kollektiven Westen« stellte, und hat sich de facto in einen Krieg hineinziehen lassen, in dem es für Belarus nichts zu gewinnen, aber viel zu verlieren gibt.

Zudem wird vergessen, dass Moskau den Westen nicht wegen eines generellen Mangels an Werten oder wegen einer verfehlten Politik oder falscher Entscheidungen kritisiert. Stattdessen ist sein fundamentaler Antagonismus in der Ablehnung von Demokratie und liberalen Werten begründet. Die individuelle Gestaltung von Lebensentwürfen, wie sie in offenen westlichen Gesellschaften möglich ist, lehnt Russland vehement ab und erklärt, dass diese Werte schädlich für Gesellschaften seien. So hat der Kreml im Dezember 2022 jede Art von »LGBT-Propaganda« verboten. In Zukunft dürfen also russische Bürger:innen öffentlich nicht einmal mehr andeuten, dass sie nichtheterosexuelle Beziehungen als normal ansehen.[44] Es ist bemerkenswert, dass sich der Kreml in einer Phase, in der es immer unwahrscheinlicher wurde, dass Russland den Krieg in der Ukraine gewinnen kann, um das Liebesleben der russischen Bevölkerung kümmerte. In der Logik Moskaus ist das Ziel jedoch simpel: Der Westen und westliche Werte sollen als degeneriert dargestellt und westliche Gesellschaften als abnorm verteufelt werden. Damit kämpfen russische Soldaten[45] in der Ukraine nicht zuletzt dafür, dass ihre Kinder mit Mutter und Vater anstatt mit »Elternteil 1 und Elternteil 2« aufwachsen. Die Angst vor einer »Ansteckung« mit einem »unnormalen« Lebensstil ist in der russischen Gesellschaft weitverbreitet, wie ich auch in persönlichen Gesprächen mit Russ:innen über deren eigene Einstellung oder diejenige ihrer Eltern und Großeltern gelernt habe. Leider beschränkt sich dieser Glaube nicht nur auf eine weniger gebildete, ländliche Bevölkerung.

Es ist so perfide wie einfach, hieraus propagandistische Narrative zu spinnen, denen zufolge Demokratie und offene Gesellschaften unmittelbar ins moralische Verderben führen. Und warum sollte man westlichen Politiker:innen und Diplomat:innen zuhören, wenn diese degenerierte Gesellschaften vertreten?

Es ist unklar, ob die Verfechter:innen der Äquidistanz diesen Aspekt ausblenden oder ob sie selbst einige Aspekte offener Gesellschaften ablehnen. Fest steht hingegen, dass es möglich ist, dem Westen Fehler vorzuhalten und dennoch zuzugeben, dass Moskau massiv gegen demokratische Werte, starke internationale Institutionen und Rechtsstaatlichkeit agitiert und durch sein aggressives Verhalten schon lange vor der Invasion in der Ukraine die Stabilität in der euro-atlantischen Region maßgeblich hat erodieren lassen. Es gibt einen deutlichen qualitativen Unterschied zwischen Staaten, die falsche oder möglicherweise sogar verheerende (außen-)politische Entscheidungen treffen, für die sie sich gegenüber den Bürger:innen verantworten müssen, und Staaten, die an keinerlei Kontrollinstanzen gebunden sind.

Kalter Krieg unter neuen Vorzeichen

Die euro-atlantische Gemeinschaft steht vor einer neuen Ära in den Beziehungen zwischen Russland und dem Westen. Der Überfall Russlands auf die Ukraine und der brutale Krieg, der genozidale Züge trägt, hat die ohnehin marode Sicherheitsstruktur in Europa so fundamental verändert, dass eine mittelfristige Normalisierung der Beziehungen mehr als unwahrscheinlich ist. Zumal die »heiße« Phase des Konfliktes – die Kampfhandlungen in der Ukraine – lediglich die erste Stufe einer neu erwachsenden Konfrontation sind, die man am ehesten als neuen Kalten Krieg bezeichnen kann. Nach der akuten Phase und ungeachtet der Frage, unter welchen Bedingungen der Krieg zu Ende gehen wird – ob es zu territorialen Konzessionen Kiews kommt oder die russische Armee eine Niederlage erleidet, die einen Rückzug aus den besetzten Gebieten im Osten der Ukraine und eventuell sogar eine Rückgabe der Krim erfordert –, steht der euro-atlantischen Region eine längerfristige Konfrontation bevor.

Europa muss sich auf eine Konstellation einstellen, die vieles mit dem ersten Kalten Krieg gemein hat und sich dennoch in wichtigen Punkten von diesem unterscheidet. Da die Situation dynamisch ist, kann es keine in Stein gemeißelten Gewissheiten darüber geben, wie dieser neue Kalte Krieg aussehen wird. Einige wichtige Aspekte kristallisieren sich allerdings jetzt schon heraus. Ebendiese werden wir uns in den folgenden Kapiteln genauer ansehen – ebenso wie die Frage, wie sich die westlichen Staaten für die kommenden Jahre (oder gar Jahrzehnte) der Konfrontation rüsten können.

Kapitel 2 | *The Bomb*: Umdenken in der nuklearen Abschreckung

Deutschland und die nukleare Abschreckung im ersten Kalten Krieg

Deutschlands Rolle in der nuklearen Abschreckung des Westens war stets eine besondere – sowohl während des Kalten Krieges als auch danach. Zu den Zeiten, als sich Sowjetunion und NATO, hochgerüstet mit Zehntausenden Nuklearwaffen, feindlich gegenüberstanden, wäre im Falle einer Eskalation das geteilte Deutschland mit großer Wahrscheinlichkeit zum Hauptschauplatz einer nuklearen Konfrontation geworden. Für die Führung in Moskau war die Bundesrepublik das wichtigste Ziel: Zahlreiche Luftwaffenstützpunkte, darunter Bitburg, aber auch der Flughafen Frankfurt und die ehemalige Hauptstadt Bonn waren ständig im Visier der sowjetischen Führung.[46] Deutschland befand sich geostrategisch in der denkbar gefährlichsten Lage innerhalb eines Europas, in dem zu Hochzeiten des Kalten Krieges über 7.000 Atomwaffen stationiert waren.[47]

Dass der Kalte Krieg nicht in einer massiven Konfrontation zwischen Ost und West endete, mit potenziell Tausenden oder gar Millionen Toten, wird von Befürworter:innen der nuklearen Abschreckung der Existenz von Atomwaffen zugeschrieben. Sie argumentieren, dass auch die in Westdeutschland stationierten

Atomwaffen dazu beigetragen hätten, die Lage nicht eskalieren zu lassen. Doch ganz so einfach ist es nicht: Die Realität kennt keine idealtypischen Verhältnisse in den internationalen Beziehungen, und die Ost-West-Konfrontation wird allzu oft mit dem Begriff der strategischen Stabilität verklärt. Auch wenn sich die Akteure erfolgreich gegenseitig mit ihren enormen nuklearen Arsenalen abgeschreckt haben, brachten hochriskante Zwischenfälle wie die Kubakrise sowie technische Fehler in den 1970er- und 80er-Jahren die euro-atlantische Region mehrmals fast an den Rand einer nuklearen Konfrontation.[48] Es gehörte einiges an Glück dazu, dass der Kalte Krieg nicht in einen Atomkrieg mündete, mit potenziellen Auswirkungen weit über Europa hinaus.

Über die Gefahren des atomaren Wettrüstens zeigten sich große Teile der deutschen Politik und auch die Öffentlichkeit bereits in den 1950er-Jahren sehr besorgt. Insbesondere die SPD warnte vor den Folgen einer aktiven deutschen Beteiligung an der Abschreckung der NATO. Doch die Regierung unter CDU-Kanzler Konrad Adenauer begann schon kurz nach Gründung der Bundesrepublik, die Möglichkeiten eines nuklearen Schutzes für Westdeutschland auszuloten. Adenauer und sein CSU-Minister für Atomfragen und Verteidigung, Franz Josef Strauß, liebäugelten nicht nur mit amerikanischen Atomwaffen auf westdeutschem Territorium, sondern verfolgten parallel dazu im Geheimen atomare Pläne mit Frankreich und Italien. Während diese trilaterale nukleare Kooperation mit Paris und Rom keine konkreten Formen annahm, wurden 1955 die ersten amerikanischen nuklearen Fliegerbomben auf westdeutschem Boden stationiert, gefolgt von Sprengköpfen für atomare Marschflugkörper, Artilleriegranaten und atomaren Landminen. So lagerten im Jahr 1960 bereits zehn verschiedene Typen von Atomwaffen in Westdeutschland.[49] Die deutsche Öffentlichkeit erfuhr erst mit zweijähriger Verspätung von der Stationierung der ersten Atomwaffen in Deutschland unmittelbar nach Beitritt der Bundesrepublik zur NATO.[50]

Diese Waffen waren zunächst nur auf deutschem Boden stationiert, es bestanden noch keine Pläne, dass sie im Ernstfall an Deutschland übergeben werden könnten oder dass die Bundeswehr eine aktive Rolle in Einsatzszenarien spielen könnte. Die Dynamik änderte sich jedoch 1957. Die USA wollten eine Fragmentierung der nuklearen Abschreckung durch eine eigenständige europäische nukleare Bewaffnung verhindern, und der Sputnik-Schock – die Sowjetunion hatte das erste bemannte Raumschiff ins All geschossen – erhöhte den Druck auf die Allianz, eine robuste Abschreckung voranzutreiben.[51] Nach einem Treffen zwischen dem ehemaligen NATO-Oberbefehlshaber Lauris Norstad und Adenauer im März 1957 kam in Deutschland eine öffentliche Debatte zur atomaren Bewaffnung der Bundeswehr auf, die parallel zur Diskussion in NATO-Kreisen über eine zusätzliche NATO-Abschreckung stattfand. Die Idee, die von den USA vorangetrieben wurde, war eine Stationierung von NATO-Nuklieararsenalen auf dem Territorium einzelner Alliierter, die wiederum die entsprechenden Trägersysteme bereitstellen sollten (»Zwei-Schlüssel-Prinzip«).

Da 1957 in Deutschland Wahlen stattfanden, wurde die Atomfrage nicht zuletzt zu Wahlkampfzwecken politisiert. Die Begeisterung, die Adenauer und Strauß für die atomare Bewaffnung der Bundeswehr hegten, übertrug sich indes nicht auf die deutsche Bevölkerung. Der Kanzler zeigte sich zudem wenig einfühlsam in seinen Versuchen, den Deutschen den Nutzen von Atomwaffen näherzubringen. So verharmloste Adenauer Atomwaffen mit den folgenden Worten auf einer Pressekonferenz am 5. April 1957: »Die taktischen atomaren Waffen sind im Grunde genommen nichts anderes als eine Weiterentwicklung der Artillerie, und es ist ganz selbstverständlich, dass bei einer so starken Fortentwicklung der Waffentechnik wir nicht darauf verzichten können, dass unsere Truppen auch die neuesten Typen haben und die neueste Entwicklung mitmachen …«.[52]

Die Aussage des Kanzlers schockierte die Öffentlichkeit. In einer Umfrage vom April 1957 sprachen sich 63 Prozent der Bundesbürger:innen gegen die Ausrüstung der Bundeswehr mit Atomwaffen aus, lediglich 17 Prozent befürworteten sie.[53] Zeitgleich brachten achtzehn renommierte Atomforscher im »Göttinger Manifest« ihre Sorge über die »Pläne einer atomaren Bewaffnung der Bundeswehr« zum Ausdruck.[54] Die Warnung der Wissenschaftler wurde berühmt und blieb dennoch folgenlos.

Adenauer und Strauß erkannten jedoch, dass sie in Sachen atomarer Abschreckung behutsamer vorgehen mussten. In einer Sondersitzung des Kabinetts am 9. Mai 1957 betonten beide Politiker, dass die Atomfrage nicht als rein rationaler Sachverhalt zu behandeln sei, sondern auch »als ein emotionales Anliegen des deutschen Volkes gesehen werden müsse«. Die Bedeutung von Atomwaffen in Deutschland zu bagatellisieren, so verstand man, würde der Opposition in die Hände spielen.[55] Diese versuchte weiterhin, die atomaren Pläne zu verhindern. Strauß hielt der Kritik aus den Oppositionsreihen entgegen, »[d]ie Sowjetunion hätte jederzeit die Möglichkeit, die europäischen Länder mit der ultimativen Drohung des Einsatzes von Atomwaffen zu einer bedingungslosen Kapitulation zu zwingen, wenn nicht auch in Europa selbst gleichwertige Mittel zur Abwehr zur Verfügung stünden«.[56] Der Minister argumentierte geschickt nicht nur mit der Bedrohung vonseiten der Sowjetunion, sondern erinnerte auch an die Notwendigkeit, die deutsch-amerikanische Sicherheitsgarantie aufrechtzuerhalten – und dies sei eben nur mit der entsprechenden Bewaffnung möglich.

Diese Haltung sollte sich durchsetzen: Zum einen wirkte sich die Debatte über die Atomfrage nicht negativ auf das Wahlergebnis der Regierungsparteien aus, sodass ab Herbst 1957 das Kabinett Adenauer III ins Amt kam. Zum anderen segnete der Bundestag im März 1958 mit einer knappen Mehrheit die Ausrüstung der Bundeswehr mit Atomwaffen ab. Seitdem war Westdeutschland – und später das vereinigte Deutschland – in die nukleare Teilhabe der NATO eingebunden. Im Rahmen der Allianz stellen die USA (nicht wie ursprünglich vorgesehen die NATO selbst) bis heute ein Kontingent an Atomwaffen bereit, und Deutschland stellt die entsprechenden Trägersysteme zur Verfügung.

Nukleare Dilemmata

Mit der Zustimmung des Bundestags zur Einbindung Westdeutschlands in die nukleare Teilhabe wurde der Grundstein für jahrzehntelange politische Dilemmata gelegt. Wenngleich Deutschland nie selbst in den Besitz von Atomwaffen gelangte und dies seit dem Beitritt zum Nichtverbreitungsvertrag 1974 auf legalem Wege auch nicht kann, ist die Haltung des Landes zu den im Rahmen der nuklearen Teilhabe stationierten Waffen bis heute zwiespältig. Eine Mehrheit der deutschen Bevölkerung stand bis vor Beginn des Krieges in der Ukraine der NATO-Abschreckung ablehnend gegenüber und forderte Abrüstungsschritte. Diese Ablehnung wirkte sich jedoch kaum auf Regierungsentscheidungen zu nuklearen Themen aus.[57] Allerdings trug sie dazu bei, dass das Thema von der Politik weitgehend unter dem Radar der öffentlichen Debatte gehalten wurde. Dass es dennoch sporadisch in den Medien und unter Expert:innen aufkam, war angesichts der steigenden Spannungen mit Russland seit den 2010er-Jahren unvermeidlich. Gleichzeitig sorgte das Fehlen einer objektiven, strategischen Auseinandersetzung mit den Vor- und Nachteilen der nuklearen Teilhabe oft für eine Politisierung und Verkürzung der Debatte. Hinzu kam, dass der »nukleare IQ«, wie das Wissen um Nuklearwaffen und Abschreckungslogik in NATO-Kreisen bezeichnet wird, seit dem Ende des Kalten Krieges in Europa zurückgegangen ist, da sich nur noch eine Handvoll Expert:innen damit auseinandersetzten, sodass eine große generationelle Lücke entstanden ist.

Das Spannungsverhältnis zwischen Abrüstungsambitionen und NATO-Abschreckung

Für die deutsche Politik stellte die Tatsache, dass amerikanische Atomwaffen nach dem Ende des Kalten Krieges weiterhin auf deutschem Boden gelagert waren, ein fundamentales Dilemma dar: Auf der einen Seite steht der Wille zur atomaren Abrüstung, der seine Wurzeln nicht zuletzt in der Friedensbewegung der 1970er- und 1980er-Jahre hat. Auf der anderen Seite bekennt sich Deutschland als Mitglied einer nuklearen Allianz zur Abschreckung und trägt das Credo der NATO mit, dass »solange Nuklearwaffen existieren, die NATO eine nukleare Allianz [bleibt]«.[58]

Diese Allianz sah auch nach dem Ende der Blockkonfrontation und dem massiven Schrumpfen der Arsenale sowohl in Russland als auch im Westen einen Wert in der nuklearen Abschreckung. Hierzu tragen neben den unabhängigen Arsenalen der USA, Großbritanniens und Frankreichs die taktischen Atomwaffen, die weiterhin in Belgien, Deutschland, Italien, den Niederlanden und der Türkei stationiert sind, bei. Geschätzt befinden sich auf dem Gebiet dieser fünf Staaten in der nuklearen Teilhabe etwa 150 bis 250 nukleare Freifallbomben.

Das Arsenal an in Deutschland stationierten US-Atomwaffen ist im Laufe der Jahre auf ein Minimum (etwa 20 Freifallbomben vom Typ B61-3/4[59]) reduziert worden. Um das Jahr 2007 herum wurde ein Kontingent von 130 Waffen von der Militärbasis Rammstein abgezogen,[60] sodass bis heute der

Stützpunkt Büchel in Rheinland-Pfalz der einzige Standort von US-Atomwaffen auf deutschem Territorium ist. Die Präsenz dieser Waffen unterliegt strengster Geheimhaltung. Es ist NATO-Konsens, dass die Regierungen in der nuklearen Teilhabe die Existenz dieser Waffen sowie deren Standorte nicht offiziell bestätigen. Gleichzeitig handelt es sich um ein offenes Geheimnis: Man kann die Lagerstätten von Atomwaffen in Europa googeln – unter anderem auf sehr gut recherchierten Seiten wie nuclearsharing.eu, die einer Verbreitung von Desinformation und Verschwörungstheorien rund um das Thema Atomwaffen in Deutschland vorbeugen.

Auch das Weißbuch der Bundeswehr aus dem Jahr 2016 unterstreicht Berlins Bekenntnis zur nuklearen Teilhabe: »Deutschland bleibt über die nukleare Teilhabe in die Nuklearpolitik und die diesbezüglichen Planungen der Allianz eingebunden.«[61] Im Archiv des Bundestages finden sich unter dem Stichwort »Atomwaffen« zahlreiche Diskussionen im Plenum sowie Anfragen von Abgeordneten.

Am deutlichsten wurde das deutsche Dilemma zwischen Abrüstungsambitionen und NATO-Verpflichtungen in jüngerer Zeit, wenn es um die Frage der Bereitstellung moderner Trägersysteme für die in Büchel stationierten Atomwaffen sowie um die deutsche Haltung zum Atomwaffenverbotsvertrag ging. Der NATO ist das Zögern Berlins bei der Entscheidung für ein nuklearwaffenfähiges Nachfolgesystem für den Tornado nicht verborgen geblieben. NATO-Generalsekretär Jens Stoltenberg erinnerte daher die Ampelkoalition kurz nach der Bundestagswahl 2021 und noch während der Koalitionsverhandlungen an ihre Verpflichtungen in der Allianz: »Die nukleare Teilhabe ist wichtig, denn sie ist ein Abkommen, das die NATO-Partner zusammenbringt, um nukleare Abschreckung bereitzustellen. (…) Sie gibt einem Land wie Deutschland außerdem einen Platz am Tisch.«[62] Stoltenberg drückte damit die Sorge der Allianz aus, dass die neu gewählte Regierung unter Umständen das deutsche nukleare Dilemma durch einen Ausstieg aus der nuklearen Teilhabe auflösen könnte – möglicherweise nicht einmal durch eine aktive Entscheidung, das Arsenal in Büchel abzuziehen, sondern durch das reine Aufschieben einer Entscheidung über die Nachfolge des alternden Tornados als Trägersystem für die amerikanischen Atomwaffen. Die Alternative zur nuklearen Teilhabe, zeigte Stoltenberg auf, seien »unterschiedliche Formen von bilateralen Arrangements«. Noch expliziter wies er darauf hin, dass »die Alternative ist, dass wir mit Nuklearwaffen in anderen Staaten in Europa enden, auch östlich von Deutschland«.

Eine solche Botschaft stößt in Berlin auf große Resonanz. Denn Teil des nuklearen Dilemmas ist auch, dass Deutschland neue Stationierungsländer, insbesondere in Osteuropa, verhindern will. Aktuell gibt es keine derartigen Pläne innerhalb der NATO oder bilateral zwischen den USA und anderen NATO-Staaten. Die theoretische Möglichkeit hat jedoch im deutschen nuklearen Denken stets eine Rolle gespielt: Was passiert, wenn Berlin seine aktive Rolle in der nuklearen Teilhabe beendet und Staaten wie beispielsweise Polen sich nicht mehr ausreichend geschützt fühlen? Würde ein solcher Schritt der deutschen Regierung den Weg für einen neuen Standort für US-Atomwaffen in Osteuropa ebnen?

Aus Sicht Berlins wären in Osteuropa stationierte US-Atomwaffen ein denkbar schlechtes Szenario und ein provokativer Akt gegenüber Russland. Deutschland nahm die »three NOs«, die in der NATO-Russland-Grundakte von 1997 festgelegt wurden, auch Ende 2021 noch sehr ernst. Diese Prinzipien besagen, dass die NATO »keine Absicht, keinen Plan und keinen Grund« habe, Atomwaffen auf dem Territorium eines neuen Mitgliedstaates zu stationieren.[63] Diese Formel stellte eine Rückversicherung für Moskau dar, dass mit der Osterweiterung der NATO die Atomwaffen der Allianz nicht näher an russisches Territorium heranrücken und damit russische Sicherheitsinteressen unterminieren würden.

Nach 2014 wurden Stimmen lauter, die argumentierten, dass die NATO-Russland-Grundakte überholt sei, da Russland seinerseits seine Verpflichtungen, Zurückhaltung bei der Stationierung konventioneller Kräfte zu üben, ignoriert habe und die Sicherheitslage sich innerhalb von zwei Dekaden, insbesondere durch die Annexion der Krim, maßgeblich verändert habe.[64] Doch die deutsche Politik maß der Grundakte weiterhin eine hohe Bedeutung zu. Kurz vor dem NATO-Gipfel 2016 in Warschau gab Angela Merkel in einer Regierungserklärung zu verstehen, dass die Grundakte als Basis für das Verhältnis der NATO zu Russland erhalten werden müsse: »Denn auch wenn Russland die Bestimmungen dieses Dokuments durch sein Vorgehen gegen die Ukraine verletzt, so sind in diesem Dokument doch unsere Werte und Prinzipien verankert, an denen wir unser Handeln auch weiter ausrichten werden.«[65]

Dieses Beispiel zeigt ein grundlegendes Dilemma der deutschen Außen- und Sicherheitspolitik auf. Während sich Deutschland auf der einen Seite als treibende Kraft im Bereich Abrüstung in unterschiedlichen diplomatischen Foren geriert, bestand es nicht auf dem Abzug der Atomwaffen aus Büchel, auch wenn bis zum Beginn der russischen Invasion in der Ukraine der tatsächliche militärische Wert dieser Waffen oft angezweifelt und ihnen lediglich ein politischer Wert zugeschrieben wurde. Die nukleare Teilhabe, so scheint es, wurde von der Politik und auch von Expert:innen oftmals als notwendiges Übel gesehen, dessen man sich früher oder später entledigen wollte. Daher überrascht es auch wenig, dass die Entscheidung über eine Nachfolge für den nuklearwaffenfähigen Tornado-Kampfjet von zwei aufeinanderfolgenden Großen Koalitionen verschleppt wurde. Dabei misst die NATO dem Thema hohe Bedeutung bei, und andere NATO-Staaten hatten sich bereits zu einem früheren Zeitpunkt für neue Trägersysteme entschieden.

Während die Union und die SPD sich über zwei Legislaturperioden hinweg nicht auf ein Vorgehen in der Tornado-Frage einigen konnten und sowohl technische und finanzielle als auch politische Fragen für Uneinigkeit sorgten, standen gleichzeitig die oben erwähnten Befürchtungen im Raum, die aus Sicht mancher Expert:innen und Politiker:innen gegen einen Abzug der Atomwaffen aus Büchel sprachen. Was das Mitspracherecht angeht, so bliebe Deutschland zwar auch ohne die Atomwaffen in Büchel Teil der Nuklearen Planungsgruppe (NPG) der NATO, in der mit Ausnahme Frankreichs alle NATO-Staaten vertreten sind. Es ist jedoch nicht ausgeschlossen, dass die Stimme Berlins in nuklearen Fragen an Gewicht verlieren würde – hier gehen die Meinungen jedoch stark auseinander, und in NATO-Kreisen wird diese Annahme eher zurückgewiesen.

Der fundamentale Zwiespalt zwischen Abrüstungsambitionen und nuklearen Verpflichtungen in der NATO, welche die deutsche Politik plagt, ist den Verbündeten nicht verborgen geblieben. Insbesondere Paris und Washington verfolgen jegliche Debatte, die in den deutschen Medien zum Thema Atomwaffen aufkommt, sehr genau und haben in den vergangenen Jahren Berlins Bekenntnis zur nuklearen Teilhabe nie vollkommen vertraut. Dieses latente Misstrauen kam auch deutlich in der Rede Jens Stoltenbergs zum Ausdruck.

Gerade angesichts dieser zwiespältigen Position, in der sich Deutschland befindet, hätte es nach dem Kalten Krieg einer vorausschauenden strategischen Kultur bedurft, die sich mit diesen Themen und den unbequemen Fragen, die damit einhergehen, nüchtern und pragmatisch auseinandersetzt.

Doch statt einer offenen Auseinandersetzung zwischen Entscheidungsträger:innen, Expert:innen und Zivilgesellschaft über die Verpflichtungen Deutschlands in der NATO und die

Frage, wie diese mit einer konstruktiven Rolle Deutschlands in der nuklearen Abrüstung vereinbar sind,[66] versuchte die Politik das Thema nach Möglichkeit aus dem öffentlichen Diskurs herauszuhalten. Die offensichtliche Vermeidung einer politisierten Debatte hat jedoch gerade dazu geführt, dass das Thema immer wieder politisiert wurde. Das Fehlen eines echten Diskurses führte nicht nur bei Friedensaktivist:innen, sondern auch unter Linken, Grünen und sozialdemokratischen Abgeordneten immer wieder zu Unmut.

Der Graben zwischen Befürworter:innen eines Ausstiegs aus der nuklearen Teilhabe und denjenigen, die die NATO-Verpflichtungen aufrechterhalten wollten, wuchs. Beide Lager kamen nicht miteinander ins Gespräch und waren in weiten Teilen nicht interessiert daran, ein Verständnis für die andere Seite zu entwickeln, selbst wenn sich einzelne Diplomat:innen oder Angehörige des Verteidigungsministeriums sicherlich darum bemüht haben, Brücken zu bauen. Ironischerweise hat erst der Krieg in der Ukraine dafür gesorgt, dass sich die Positionen wieder angenähert haben. Es ist tragisch, dass es eines so fundamentalen Wandels in der europäischen Sicherheitsarchitektur bedurfte, um in Deutschland die Basis für ein neues strategisches Denken zu legen.

Wenn wir uns von den historischen Rahmenbedingungen für die Existenz von amerikanischen Atomwaffen in Deutschland wegbewegen und auf die Debatte seit 2010 blicken, dann fallen insbesondere drei Entwicklungen auf, die ein Schlaglicht auf die genannten Dilemmata werfen: erstens der gescheiterte Versuch des ehemaligen Außenministers Westerwelle, aus der nuklearen Teilhabe auszusteigen, zweitens die hauptsächlich in den Medien geführte Diskussion über eine deutsche oder europäische Atombombe, die unverhältnismäßig viel Aufmerksamkeit erhielt und dadurch von einer Schein- zu einer echten Debatte wurde, und drittens das weitgehend hinter verschlossenen Türen verhandelte Dilemma der Tornado-Nachfolge.

Westerwelle und der Versuch, Büchel atomwaffenfrei zu machen

Wenngleich das Thema Atomwaffen bis vor Kurzem nach Möglichkeit unter dem Radar gehalten wurde und die Öffentlichkeit auch nur zeitweise daran interessiert war, gab es dennoch einen ernsthaften und erstaunlich gut koordinierten - aber letztlich erfolglosen - Versuch vonseiten eines Teils der deutschen Politik, das Arsenal in Büchel loszuwerden. 2009, im selben Jahr, in dem Präsident Barack Obama in Prag sein Ziel einer atomwaffenfreien Welt verkündet hatte,[67] kam in Deutschland eine neu gewählte Koalition aus Union und FDP an die Regierung, und mit ihr der FDP-Politiker Guido Westerwelle, der das Amt des Außenministers übernahm. In ihrem Wahlprogramm hatten die Freien Demokraten sich sehr deutlich zum Thema NATO-Atomwaffen geäußert: »Als Land, dass [sic!] rechtsverbindlich auf Massenvernichtungswaffen verzichtet hat, sollte sich Deutschland wieder an die Spitze jener Staaten stellen, die konsequent für eine glaubhafte Politik der Abrüstung und Rüstungskontrolle eintreten.« Und weiter heißt es: »Die FDP setzt sich deshalb ein für … den Abzug der verbliebenen amerikanischen Nuklearwaffen aus Deutschland.«[68] Damit wiederholte die FDP das Bestreben, das sie bereits in ihrem Wahlprogramm 2005 formuliert hatte, »bei den amerikanischen Verbündeten darauf [zu] drängen, ihre bis heute in Deutschland stationierten taktischen Nuklearwaffen abzuziehen«.[69]

Wenig überraschend wurde dieses Ziel von den Grünen und der Linken in deren Wahlprogrammen geteilt. Auch die SPD, die sich in ihrem Wahlprogramm 2005 eher zurückhaltend dafür ausgesprochen hatte, Instrumente zur Rüstungskontrolle und Nichtverbreitung zu stärken, forderte einen »neuen Anlauf bei der nuklearen Abrüstung« und dass die »substrategischen Nuklearwaffen aus Europa vollständig abgezogen werden«.[70]

Lediglich die Union äußerte sich nicht explizit zu einem möglichen Abzug der Atomwaffen aus Büchel, betonte aber, »[e]in gutes nachbarschaftliches Verhältnis zu Russland liegt im Interesse Deutschlands und seiner europäischen Partner und Verbündeten. Wir wollen so enge Beziehungen zu Russland wie möglich.«[71] Und was hätte – so eine weitverbreitete Ansicht – das nachbarschaftliche Verhältnis zu Russland mehr stärken können als ein unilateraler Abzug der US-Atomwaffen aus Deutschland?

Als Westerwelle das Amt des Außenministers und Vizekanzlers übernahm, lag vor ihm eine ambitionierte Agenda. Afghanistan und das iranische Atomprogramm hatten darin hohe Priorität. Zudem bekräftigte er nach seiner Ernennung öffentlich, er wolle über einen Abzug der verbliebenen Atomwaffen aus Deutschland verhandeln.[72] Die allgemeine Stimmung unter den Abgeordneten, aber auch Westerwelles persönlicher Einsatz für das Thema ebneten den Weg für einen gemeinsamen Antrag, der von allen Fraktionen mit Ausnahme der Linken (denen er nicht weit genug ging) im März 2010 angenommen wurde. Der Antrag mit dem Titel »Deutschland muss deutliche Zeichen für eine Welt frei von Atomwaffen setzen«[73] erklärt: »Eine Welt frei von Atomwaffen ist keine Utopie, sondern eine konkrete Verpflichtung der Unterzeichner des Nichtverbreitungsvertrages. Die Abrüstungserwartungen dürfen nicht erneut enttäuscht werden.« Der Antrag richtet eine Reihe an Forderungen an die Bundesregierung, darunter unter anderem, »sich auch bei der Ausarbeitung eines neuen strategischen Konzepts der NATO im Bündnis sowie gegenüber den amerikanischen Verbündeten mit Nachdruck für den Abzug der US-Atomwaffen aus Deutschland einzusetzen«.

Wenngleich eine solche Initiative keine rechtsbindende Wirkung hat, war die Einigkeit unter den Parlamentarier:innen bemerkenswert. Tatsächlich schienen zwischen 2009 und 2010 die

Rahmenbedingungen für Deutschland besser denn je, auf einen Abzug der amerikanischen Atomwaffen hinzuwirken und damit nicht zuletzt ein positives Signal an Russland zu senden. Der neu gewählte amerikanische Präsident hatte mit seinem »Global Zero[74]«-Optimismus die deutsche Politik angesteckt und Hoffnungen geschürt, dass eine vollständige nukleare Abrüstung ein realistisches langfristiges Ziel sein könnte. Was jedoch weitgehend ausgeblendet wurde, war die Tatsache, dass Russland im August 2008 einen kurzen, aber heftigen Krieg gegen Georgien geführt hatte, der darin mündete, dass die abtrünnigen Regionen Abchasien und Südossetien von Russland als eigenständige Staaten anerkannt wurden.[75]

Auch der NATO-Gipfel in Bukarest 2008 hat zu Spannungen zwischen Russland und der NATO geführt, wie bereits weiter oben erörtert wurde. Man könnte nun argumentieren, dass ein unilateraler Abzug der taktischen Atomwaffen aus Deutschland den russischen Präsidenten in seiner Wut auf die NATO hätte besänftigen und zu einer langfristigen Verbesserung des Verhältnisses hätte führen können. Doch hierfür gibt es keinerlei Garantie. Ein solcher Schritt hätte zudem in jedem Fall von reziproken Maßnahmen vonseiten Moskaus begleitet werden müssen. Denn nicht zuletzt sind die in Europa stationierten taktischen Atomwaffen – sowohl jene in NATO-Staaten als auch diejenigen in Russland – nicht nur Abschreckungsmittel, sondern realistisch gesehen auch politische Verhandlungsmasse. Außerdem ist es sehr unwahrscheinlich, dass der Kreml einen europafreundlicheren Weg eingeschlagen hätte, nur weil Deutschland seine US-Atomwaffen zurückgegeben hätte.[76] Und schließlich hätte ein unilateraler Abzug der US-Atomwaffen aus Deutschland die Sicherheitsinteressen der baltischen Staaten und Polens, die sich unter anderem aufgrund des Suwalki-Korridors in einer besonders exponierten Lage befinden, vollkommen ignoriert.[77]

Ungeachtet dieser Vorbehalte war Westerwelles Einsatz für einen Abzug der Atomwaffen aus Büchel nicht erfolgreich. Die Debatte im Bundestag, die sich zuvor monatelang um Atomwaffen gedreht hatte, ebbte nach der Rückkehr des Außenministers vom NATO-Gipfel in Lissabon rasch ab. Über die Diskussionen, die Westerwelle mit seinen Kolleg:innen in Lissabon und innerhalb der deutschen Regierung geführt hat, ist wenig bekannt. Man kann aber davon ausgehen, dass der ehemalige Minister mit seinem Anliegen gehörig Gegenwind erfahren hat.

Dennoch ist gut möglich, dass Westerwelles Anliegen zu einer Diskussion innerhalb der NATO über die Bedingungen für einen Abzug der taktischen US-Atomwaffen aus Europa beigetragen hat. Während das Strategische Konzept der Allianz von 1999 die bereits vollzogene Reduktion von NATO-Atomwaffen in Europa seit 1991 hervorhebt, darunter die Abrüstung von nuklearer Artillerie und bodengestützten nuklearen Kurzstreckenraketen, gleichzeitig aber betont, dass die NATO ein angemessenes Minimalniveau an nichtstrategischen Fähigkeiten aufrechterhalten werde,[78] beinhaltet das Strategische Konzept von 2010 einen Absatz, der Überlegungen zu »zukünftigen Reduktionen« in den Raum stellt. Es wird mehr Transparenz vonseiten Russlands bezüglich seiner in Europa stationierten Atomwaffen zur Bedingung gemacht, ebenso wie die Verlegung dieser Waffen »weg von dem Territorium von NATO-Mitgliedern«. Auch, so der Text, sollten künftige Schritte die Disparität zwischen dem NATO-Arsenal und dem wesentlich größeren russischen Arsenal an Kurzstreckenwaffen einkalkulieren.[79]

Wenngleich dieser Absatz eine Bereitschaft der NATO signalisiert, das Thema unter bestimmten Umständen zu diskutieren, wurde er von deutschen Kritiker:innen der Allianz nicht als Erfolg betrachtet – eher als Zeichen dafür, dass die NATO die deutsche Politik unter Druck setzt. Dieser Eindruck wurde dadurch verstärkt, dass keine Debatte darüber stattfand, warum es in Deutschlands Interesse (und im Interesse osteuropäischer NATO-Partner) sein könnte, dass Deutschland in die nukleare Teilhabe eingebunden bleibt – was wiederum den Boden nährte für noch mehr Kritik an der NATO und Unzufriedenheit mit der deutschen Politik. Dabei darf jedoch nicht vergessen werden, dass der Antrag der Bundestagsfraktionen lediglich eine Handlungsempfehlung an die Regierung darstellte und in diesem Fall höchstens eine symbolische Wirkung erzielte.

Trump, die deutsche Atombombe und der Verbotsvertrag

Die Wankelmütigkeit der deutschen nuklearen Debatte zeigte sich einmal mehr gut sechs Jahre später. In der öffentlichen Wahrnehmung schlug das Pendel plötzlich in die andere Richtung. Mit dem Amtsantritt Donald Trumps und seiner unverhohlenen Kritik an der NATO hat sich bei einigen Expert:innen, Politiker:innen und in der Öffentlichkeit ein Gedanke festgesetzt, den auch die Amtsübernahme Joe Bidens nicht verdrängen konnte: die Besorgnis darüber, was geschieht, wenn sich die USA in Zukunft möglicherweise der NATO und der transatlantischen Sicherheit nicht mehr verpflichtet fühlen oder gar aus der NATO austreten.

Bereits während der Amtszeit Barack Obamas wurde deutlich, dass sich die USA in Zukunft mehr auf den asiatisch-pazifischen Raum und damit vor allem auf China konzentrieren werden. Doch erst Trump schürte die Ängste der Europäer, dass sie irgendwann sicherheitspolitisch auf sich selbst gestellt sein könnten und in diesem Fall nicht mehr von der Abschreckung durch die strategischen und taktischen Atomwaffen der USA profitieren würden.

Angesichts dieser Sorge kreisten in den Jahren 2016 und 2017 viele Leitartikel und Diskussionsveranstaltungen um die Frage, wie es mit der nuklearen Abschreckung im euro-atlantischen Raum weitergehen werde. In der Debatte kamen teilweise erfahrene Expert:innen zu Wort, teilweise wurde sie jedoch auch von weniger kundigen Journalist:innen befeuert. Manch einer ging so weit, eine eigene Atombombe für Deutschland zu fordern – eine Meinung, die bisher als Tabu galt. Insbesondere der mittlerweile pensionierte Politikwissenschafts-Professor Maximilian Terhalle tat sich diesbezüglich hervor. In zahlreichen Artikeln, darunter für die Zeitschrift *Foreign Policy* (»Wenn Deutschland Nuklearmacht wird, ist das eher Trump als Putin zu verdanken«)[80] und den *Tagesspiegel* (»Deutschland braucht Atomwaffen«), argumentierte er, dass Deutschland sich angesichts der Unzuverlässigkeit der USA um eine eigene Abschreckungsfähigkeit bemühen müsse. Auch einen Austritt Deutschlands aus dem Nichtverbreitungsvertrag schloss der Politikwissenschaftler als denkbares Szenario nicht aus.[81] Während sich die meisten Stimmen in der Öffentlichkeit insbesondere einer deutschen Atombombe gegenüber ablehnend zeigten, forderten manche, wie zum Beispiel die Expertin Constanze Stelzenmüller in der *Financial Times* (»Deutschland steht seinem schwersten Sicherheitsdilemma seit den 1950er-Jahren gegenüber«),[82] zumindest eine Auseinandersetzung mit einer möglichen europäischen Abschreckung gemeinsam mit Frankreich und eventuell Großbritannien – ein valider Punkt.

Wenngleich es sich aus heutiger Perspektive eher um eine Scheindebatte handelte, die von einigen wenigen geführt wurde und keine Auswirkungen auf die Politik hatte, wurde sie insbesondere von den europäischen NATO-Partnern und den USA ernst genommen und gewann dadurch an Bedeutung. Diese Aufmerksamkeit für die »Debatte um die deutsche Bombe« hielt sich selbst dann noch, als sie in Deutschland spätestens 2018 abgeebbt war.[83]

Rechtlich gesehen ist es Deutschland selbstverständlich

nicht möglich, Atomwaffen herzustellen, und auch die politischen Kosten wären hoch: Ein Austritt Deutschlands aus dem Nichtverbreitungsvertrag, der den teilnehmenden Staaten, die vor ihrem Beitritt keine Atomwaffen besaßen, die Herstellung und den Besitz derselben untersagt, würde Berlin in eine Ecke mit Pjöngjang stellen. Nordkorea ist bisher das einzige Land, das den NVV verlassen hat, um ein nukleares Arsenal zu entwickeln. Es versteht sich von selbst, dass Deutschlands Renommee innerhalb der Vereinten Nationen, der NATO und EU sowie generell in diplomatischen Foren einen nicht wiedergutzumachenden Schaden erleiden würde.

Doch man muss auch anerkennen, dass die Präsidentschaft Trumps ihre Spuren hinterlassen hat. Das Vertrauen in die USA ist zwar nicht erodiert, aber es hat insofern gelitten, als derartige Szenarien gedanklich durchgespielt, wenn auch nicht immer öffentlich ausgebreitet werden.

Verstärkt wurde das deutsche nukleare Dilemma in dieser Zeit noch durch den Atomwaffenverbotsvertrag, der im Juli 2017 von den Vereinten Nationen mehrheitlich angenommen wurde und ab September desselben Jahres zur Unterzeichnung offenstand. Diesen Vertrag, der mittlerweile in Kraft getreten ist und den ratifizierenden Staaten nicht nur den Besitz, sondern auch die Lagerung von Nuklearwaffen auf ihrem Territorium verbietet, hat Deutschland nicht unterzeichnet. Die Diskussion rund um den Vertrag setzte die deutsche Politik jedoch nachhaltig unter Druck und verstärkt die Zerrissenheit zwischen Abrüstungsambitionen und Abschreckungsverpflichtungen.

Die Grünen und der alternde Tornado

Ein völlig anderes, sehr vorhersehbares und dennoch auf die lange Bank geschobenes »nukleares Problem« deutete sich ab Mitte bis Ende der 2010er-Jahre an. Zu dieser Zeit wurde deutlich, dass Deutschland sich mit der Entscheidung über eine Nachfolge für den alternden Kampfjet Tornado, der momentan noch für die nukleare Teilhabe eingesetzt wird, schwertat. Zwei aufeinanderfolgende Koalitionen aus Union und SPD hatten bis zur Bundestagswahl 2021 keinen Kompromiss erzielen können. Die Kernfrage war, welches Nachfolgesystem am effizientesten, also den Bedürfnissen der Bundeswehr angemessen, und gleichzeitig am kostengünstigsten wäre. Zur Auswahl standen eine Kombination aus neuen Eurofightern und der amerikanischen F-18 und auf der anderen Seite das ebenfalls aus amerikanischer Produktion stammende Modell F-35.

Die Präferenzen im Kanzleramt deckten sich hier nicht mit den Ansichten im Verteidigungsministerium. Gleichzeitig zeigte sich Paris besorgt, dass eine Anschaffung der teureren F-35 negative Auswirkungen auf das gemeinsame Projekt Future Combat Aircraft System (FCAS) haben könnte. Aus Sicht der USA und anderer europäischer Partner dagegen bot sich ein Kauf der F-35 als System, das mehrere europäische Staaten besitzen, an. Und auch wenn die Entscheidung über die Tornado-Nachfolge eine rein nationale war, erzeugten diese Präferenzen dennoch einen gewissen Druck auf die deutsche Politik. Als weiteres Problem kam hinzu, dass die Sozialdemokraten prinzipiell die nukleare Teilhabe nicht weiterführen und deshalb auch keinen neuen Kampfjet anschaffen wollten.

Aus Gründen, die für die NATO-Partner teils schwer nachvollziehbar waren, wurde die Entscheidung daher bis zur Bundestagswahl 2021 verschleppt. Als deutlich wurde, dass die Grünen eine realistische Chance auf eine Regierungsbeteiligung hatten, stieg die Nervosität einiger NATO-Mitglieder. Während eine hochrangige NATO-Vertreterin in einem Hintergrundgespräch kurz vor der Bundestagswahl zu verstehen gab, dass sich verschiedene Grünen-Abgeordnete sehr interessiert an den Mechanismen der nuklearen Teilhabe gezeigt hätten und bei Besuchen in Brüssel offen für einen konstruktiven Austausch gewesen seien, hegten wiederum andere Befürchtungen, dass Grüne und SPD in einer Koalition die Tornado-Frage vollständig ignorieren würden. Da der alternde Tornado bis spätestens 2030 außer Betrieb genommen werden soll und die Beschaffung neuer Kampfjets nicht nur eine kosten-, sondern auch eine zeitintensive Angelegenheit ist, die einige Jahre Vorlaufzeit bis zur Stationierung der ersten Flugzeuge erfordert, bestand ein großer Zeitdruck.

Sehr zur Überraschung der meisten Beobachter:innen (und vermutlich auch zur Überraschung der Partei selbst) zeigten sich die Grünen jedoch als besonnenste Stimme im sicherheitspolitischen Diskurs. Gemeinsam mit der SPD und der FDP verabschiedeten sie einen Koalitionsvertrag, der unter anderem das Ziel beinhaltete, schnellstmöglich eine Nachfolge für den Tornado zu identifizieren. Gleichzeitig sah der Koalitionsvertrag vor, dass Deutschland zukünftig als Beobachterin an den Staatentreffen des Atomwaffenverbotsvertrags teilnehmen solle. Damit wurde geschickt ein Kompromiss geschaffen, der sowohl den NATO-Verbündeten entgegenkommt als auch ein klares Zeichen setzt, dass Deutschland die nukleare Teilhabe weiterführt, mehr noch: dass das Bekenntnis zur nuklearen Teilhabe von parteipolitischen Präferenzen weitgehend abgekoppelt ist. Auf der anderen Seite kommt der Koalitionsvertrag auch den Abrüstungsbefürworter:innen entgegen, indem er die bis dato verhärtete Linie der deutschen Regierung gegenüber dem Atomwaffenverbotsvertrag etwas konstruktiver gestaltet.[84]

Der Krieg in der Ukraine und die Rückkehr des Abschreckungsdenkens

Kurz nach dem Beginn des Krieges in der Ukraine wurde die Entscheidung über die Tornado-Nachfolge im Schnellverfahren gefällt. Die Ampelkoalition beschloss, das Modell F-35 Lightning II anzuschaffen, und folgte damit dem Beispiel anderer Stationierungsländer wie den Niederlanden und Belgien.[85]

Man kann aus den oben genannten drei Höhepunkten der Atomwaffendebatte – dem Bundestagsbeschluss von 2010, der Debatte um die europäische oder deutsche Atombombe nach Amtsantritt Donald Trumps sowie dem Bekenntnis der Ampelkoalition zur nuklearen Teilhabe durch den Kauf der F-35 – jeweils eine unmittelbare Reaktion auf aktuelle Trends ablesen.

So führten Russlands Aggressionen gegenüber der Ukraine erstmals zu einer überwiegend affirmativen Haltung der deutschen Bevölkerung gegenüber dem amerikanischen Nuklearschirm. Laut einer repräsentativen infratest-dimap-Umfrage, die 2022 vom ARD-Politikmagazin Panorama durchgeführt wurde, sprachen sich 52 Prozent der Befragten für einen Verbleib der Atomwaffen in Deutschland aus, zwölf Prozent befürworteten sogar die Modernisierung des Arsenals.[86] Interessant ist zudem, dass sich unter den Befragten, die den Grünen nahestehen, besonders viele Befürworter:innen einer Fortsetzung der nuklearen Teilhabe fanden, dicht gefolgt von Anhänger:innen der Union.[87] Noch 2019 ergab eine repräsentative Umfrage der Körber Stiftung, dass sich nur 22 Prozent der Deutschen auf den US-Nuklearschirm verlassen wollten, 31 Prozent lehnten den nuklearen Schutz vollkommen ab.[88] Politik und öffentliche Meinung scheinen sich in diesem (Extrem-)Fall also überraschend einig zu sein.

Die Evolution der Grünen hin zu einer außen- und sicherheitspolitisch versierten Partei ist indes nicht so überraschend, wie es scheint. Bereits vor der Bundestagswahl hat sich die Partei, wissend um ihre realistische Chance auf eine Regierungsbeteiligung, mit diffizilen sicherheitspolitischen Fragen auseinandergesetzt, und grüne Parlamentarier:innen haben sich in NATO-Kreisen zu Fragen der nuklearen Teilhabe informiert. Dementsprechend finden sich im Wahlprogramm 2021 der Grünen die mit Abstand differenziertesten Reflexionen zu den Themen Atomwaffen, NATO und Abrüstung.

Auch gibt es Politiker:innen im Grünen-Spektrum, die sehr prominent einen Meinungswechsel zur NATO vollzogen haben. Anlässlich der Forderungen des NATO-Generalsekretärs, Deutschland solle an der nuklearen Teilhabe festhalten, erklärte beispielsweise Jürgen Trittin noch im Mai 2020 auf seiner Website: »In der Sache hat Stoltenberg nichts Neues zu sagen. Russland ist schuld, obwohl auch und gerade die NATO ihr Atomwaffenarsenal nach Jahren der Abrüstung modernisiert. (...) In einem Punkt ist Stoltenberg dann aber inkonsequent. Wenn schon nukleare Teilhabe an Waffen, über die nur Donald Trump entscheidet, angeblich Sicherheit schafft, wie viel mehr Sicherheit würden eigene Atomwaffen schaffen?«[89] Zwei Jahre später, im Juni 2022, erklären die Abgeordneten Trittin und Merle Spellerberg zum Abschluss des NATO-Gipfels in Madrid: »Die NATO stärkt ihren Kern, und damit das, wozu sie gegründet wurde und leider heute wieder gebraucht wird: als ein Verteidigungsbündnis gegen externe Bedrohungen. Und die größte Bedrohung ist aktuell Russland.«[90] Zwar vermeidet das Statement der beiden Abgeordneten, auf Abschreckung explizit Bezug zu nehmen.[91] Doch Trittins Ton gegenüber der Allianz, deren Generalsekretär der Abgeordnete noch während des massiven russischen Truppenaufmarsches an der Grenze zur Ukraine Ende 2021 bezichtigte, den Konflikt mit Russland anzuheizen,[92] hat sich deutlich geändert.

Grüne Politiker:innen werden sich zwar weiterhin mit dem

nuklearen Aspekt der NATO und den damit einhergehenden Inkonsistenzen und Dilemmata schwertun. Doch das Bekenntnis zur NATO und zur nuklearen Teilhabe ist eine logische Konsequenz aus Russlands Angriffskrieg gegen die Ukraine. Leider ergibt sich daraus wiederum eine Problematik. Denn so kohärent die Ampelregierung mit dem Kauf der F-35 auch gehandelt haben mag und so lobenswert es ist, in einer Krisensituation den Zusammenhalt der NATO zu stärken, fehlt doch eine vorausschauende strategische Debatte als Grundlage. Es ist zwar eher unwahrscheinlich, aber auch nicht ganz ausgeschlossen, dass ohne den russischen Truppenaufmarsch und die darauffolgende Invasion die Entscheidung über die Tornado-Nachfolge von der Politik noch weiter aufgeschoben worden wäre – womöglich mit der Konsequenz, dass Berlin ab 2030 eben kein Trägersystem mehr bereitgestellt und quasi durch die Hintertür seine aktive Rolle in der nuklearen Teilhabe beendet hätte. Die Tatsache, dass man diese Möglichkeit nicht ausschließen kann, spricht für das Fehlen einer ressortübergreifenden strategischen Debatte. Damit erscheint auch das deutsche Bekenntnis zur NATO-Abschreckung auf lange Sicht volatil. Und es ist dem Zusammenhalt innerhalb der Allianz nicht zuträglich, wenn die Position Berlins nach außen oft schwammig und unentschieden wirkt.

Deutschland und die Zukunft der nuklearen Abschreckung in Europa

Vor dem Hintergrund einer langfristigen neuen Konfrontation mit Russland verkompliziert das Fehlen einer vorausschauenden strategischen Debatte die ohnehin schwierigen Überlegungen über die Zukunft der nuklearen Abschreckung in Europa und die Frage, welche Rolle Deutschland dabei spielen könnte.

Eine Auseinandersetzung mit der unbequemen Frage, was im schlimmsten Falle passieren würde, wenn einigen europäischen Partnern der amerikanische Nuklearschirm irgendwann tatsächlich nicht mehr zuverlässig genug erscheint, erfordert einen ergebnisoffenen Diskurs, der keine einfachen Antworten hervorbringen und auch zu keiner Ideallösung führen kann. Bisher findet die Debatte nur verhalten statt und bietet viel Raum für Fehlinterpretationen, vorschnelle Schlüsse und eine unnötig emotionalisierte Debatte.

Der »französische Elefant« im Raum: Europäische Atomwaffen?

Die immer wieder einmal aufkeimende Debatte über eine mögliche »Europäisierung« des französischen oder sogar des britischen Atomwaffenarsenals ist hierbei ein hervorragendes Beispiel. Wer das Thema als Expert:in oder zivilgesellschaftliche Vertreter:in beispielsweise mit Abgeordneten oder Vertreter:innen der Ministerien anspricht, erhält mit hoher Wahrscheinlichkeit ausweichende Antworten oder erntet gequälte Blicke. Das Thema ist unbeliebt und dennoch aus dem Diskurs nicht wegzudenken. Und auch wenn die Frage der »europäischen Abschreckung« erst mit dem Amtsantritt Trumps ernsthaft diskutiert wurde, gibt es eine lange Tradition an französischen Gesprächsangeboten seitens der jeweiligen Präsidenten zur Zukunft der nuklearen Abschreckung in Europa, die sich in erster Linie an den wichtigsten Partner Frankreichs in Europa richteten: an Berlin.

So stellte François Mitterrand 1992 öffentlich Überlegungen zu einer »gemeinsamen europäischen Nukleardoktrin« an.[93] Drei Jahre später brachte der damalige Außenminister Alain Juppé die Idee einer »konzertierten Abschreckung« (»dissuasion concertée«) ins Spiel.[94] 1996 verkündeten Helmut Kohl und Jacques Chirac in ihrem »Gemeinsamen deutsch-französischen Sicherheits- und Verteidigungskonzept«: »Unsere beiden Länder sind bereit, einen Dialog über die Rolle der nuklearen Abschreckung im Kontext der Europäischen Verteidigungspolitik aufzunehmen«.[95] Chirac betonte 2001 abermals einen möglichen Beitrag der französischen Atomwaffen – der sogenannten Force de Frappe – zur europäischen Sicherheit[96] und forderte 2006 europäische Überlegungen zu einer konzertierten Abschreckung.[97]

2007 überfiel Nicolas Sarkozy seine Amtskollegin Angela Merkel und den damaligen Außenminister Frank-Walter Steinmeier bei einem Sechs-Augen-Gespräch in Berlin regelrecht mit dem Angebot einer nuklearen Teilhabe, welches die deutsche Seite laut einem Artikel im *Spiegel* sofort ablehnte.[98] Aus französischen Expert:innenkreisen heißt es, Sarkozys Vorgehen sei wohl kaum mit dem Elysée-Palast abgesprochen gewesen. Wie um den Ausrutscher seines Vorgängers auszugleichen, äußerte sich Hollande im Jahr 2015 unmissverständlich: »Unsere Abschreckung gehört uns, und wir sind diejenigen, die entscheiden.«[99] Auch wenn Hollande ebenfalls auf eine mögliche europäische Dimension französischer Sicherheitsinteressen rekurrierte, nahm er Berlin jede Illusion eines Mitspracherechtes an der französischen Nukleardoktrin.

Hatte diese Bandbreite an Äußerungen bereits für Verwirrung auf deutscher Seite gesorgt, so warf auch der Vertrag von Aachen im Jahr 2019 »nukleare Fragen« auf. Die Wissenschaftlichen Dienste des Bundestags setzten sich ausführlich mit der Frage auseinander, ob die Beistandsklausel im Aachener Vertrag einen Schutz durch die Force de Frappe einschließt, und fügten hinzu, dass diese »heikle« Frage »in Frankreich offenbar politisch und verfassungsrechtlich vehement diskutiert worden« sei. Die Annahme, dass sich ein nuklearer »Schutzschild« in den

Vertrag einfach »hineininterpretieren« lasse, lehnt die Ausarbeitung der Wissenschaftlichen Dienste ab – insbesondere mit dem Verweis auf die Äußerung des ehemaligen französischen Generalstabschefs François Lecointre, der die nukleare Abschreckung Frankreichs als unteilbar bezeichnet hatte.[100] Zudem lässt auch die französische Website über den Aachener Vertrag keinen Zweifel offen: »Nein, Frankreich wird seine Atommacht nicht mit Deutschland teilen.«[101]

Damit sind mehr Fragen aufgeworfen als geklärt, denn was nun die europäische Dimension des französischen Nuklearwaffenarsenals tatsächlich beinhaltet, bleibt so lange ungeklärt, wie Berlin sich davor scheut, in einen strategischen Dialog mit Paris einzutreten.

Selbst Präsident Emmanuel Macrons Rede im Jahr 2020, in der er betonte: »In diesem Sinne wünsche ich mir, dass sich mit denjenigen unter unseren europäischen Partnern, die dazu bereit sind, ein strategischer Dialog über die Rolle der französischen nuklearen Abschreckung in unserer kollektiven Sicherheit entwickelt«,[102] konnte an dieser Scheu nichts ändern. Als der französische Präsident auf der Münchener Sicherheitskonferenz seine Einladung an interessierte europäische Partner, an gemeinsamen militärischen Übungen teilzunehmen, um eine »gemeinsame strategische Kultur« aufzubauen, wiederholte, quittierten Verteidigungsministerin Kramp-Karrenbauer und Außenminister Maas die Einladung zwar mit der Zusage, man wolle in einen strategischen Dialog eintreten.[103] Allerdings bezogen sich diese Aussagen auf ein sehr allgemein gefasstes Verständnis von strategischem Dialog. Weder Maas noch Kramp-Karrenbauer gingen auf den nuklearen Aspekt ein – zu groß war wohl die Befürchtung, man könne die Trump-Administration noch mehr gegen sich aufbringen, wenn Deutschland anfinge, mit Frankreich über rein europäische Nuklearfragen zu sprechen.

Allen nuklearen Gesprächsangeboten vonseiten Frankreichs ist somit gemein, dass sie eine Reaktion Berlins vermissen ließen. Vom ehemaligen Chef der Sicherheitskonferenz, Wolfgang Ischinger, darauf angesprochen, dass die deutsche Politik ja oft zögerlich mit ihren Antworten sei, erwiderte Macron: »Wir haben eine ganze Reihe von Vorschlägen, die auf Antworten warten«,[104] und bezog sich dabei auf Versäumnisse auf beiden Seiten. In Ermangelung eines strategischen Nukleardialogs zwischen Berlin und Paris bleibt jedoch weiter offen, welche europäische Dimension sich Frankreich für die Force de Frappe vorstellt: welche (geografischen) Grenzen sie hätte – ob beispielsweise eine nukleare Bedrohung gegenüber den baltischen Staaten oder Polen die »vitalen Interessen«[105] Frankreichs berühren würde –, und ebenso, welche Art von Mitsprache möglich wäre und welche Mitfinanzierung von französischer Seite ins Auge gefasst würde.

Doch auch die Forderungen einflussreicher Stimmen wie beispielsweise des ehemaligen Merkel-Beraters Christoph Heusgen scheinen kaum Gehör zu finden. Gegenüber dem *Spiegel* betonte Heusgen im April 2022 die Bedeutung der NATO-Abschreckung, fügte jedoch hinzu: »Zusätzlich denke ich, dass wir einen strategischen Dialog mit Frankreich beginnen müssen, darüber, ob und wie die Europäer gemeinsam zu nuklearer Abschreckung gegen Russland beitragen können.« Der *Spiegel* resümierte: »Für Heusgen wäre ein europäischer Nuklearschirm kein Selbstzweck, sondern eher eine Art Rückversicherung, sollte sich die NATO als unzuverlässig erweisen.«[106]

Resümee: Neues strategisches Denken und konstruktiver Umgang mit Abschreckung im europäischen und euro-atlantischen Raum

Der Exkurs in die frühen Tage der nuklearen Teilhabe über die Höhepunkte in der nuklearen Debatte der letzten 15 Jahre bis hin zu den Auswirkungen des Krieges in der Ukraine auf die Entscheidung zur Tornado-Nachfolge sollte einen Eindruck davon vermitteln, wie komplex und vielschichtig das Thema ist und welch unterschiedliche Meinungen teilweise aufeinanderprallen. Bisher hat es an politischem Willen – oder einfach an der Notwendigkeit – gefehlt, eine echte strategische Debatte zu Nuklearfragen zu führen. Doch seitdem die Trump-Präsidentschaft Zweifel an der Verlässlichkeit des amerikanischen Nuklearschirms gesät hat und das Gefahrenpotenzial, das vom Kreml ausgeht, nicht mehr ignoriert werden kann, sind eine vorausschauende strategische Debatte und damit auch eine neue strategische Kultur unerlässlich geworden.

Auch wenn diese strategische Debatte zur Zukunft der nuklearen Abschreckung in Europa und Deutschlands Beitrag weder in ihrem Inhalt noch in den Ergebnissen, die sie hoffentlich produzieren wird, vorweggenommen werden kann, möchte ich an dieser Stelle ein paar Gedanken zu möglichen Aspekten, Themen und Rahmenbedingungen formulieren. Es wäre anmaßend, hieraus unmittelbar konkrete Handlungsempfehlungen zu einem derart komplexen Sachverhalt abzuleiten, daher sind die folgenden Bemerkungen eher als Liste von Anregungen zu verstehen.

Es muss eine objektive und ergebnisoffene Debatte darüber stattfinden, inwieweit Deutschland von nuklearer Abschreckung profitiert und welche Vor- und Nachteile daraus erwachsen. Diese Debatte muss nicht nur die aktuellen Bedingungen ins Auge fassen, sondern auch die theoretischen Grundlagen. Anders als in Frankreich oder Großbritannien hat sich in Deutschland (zumindest nach dem Ende des ersten Kalten Krieges) keine Tradition der Auseinandersetzung mit Abschreckungstheorien etabliert. Weder gibt es eine solide akademisch-institutionelle Verankerung wie beispielsweise an der französischen École militaire, noch genießen die »war studies«, wie sie am King's College London gelehrt und erforscht werden, hierzulande ein hohes Ansehen. Aus einer historischen Perspektive ist diese Haltung mehr als verständlich, doch sie ist auch heuchlerisch. Deutschland steht als politisch, militärisch und wirtschaftlich starker Staat sowie in seiner Rolle als verlässlicher Bündnispartner in der Verantwortung, wesentlich mehr als nur intellektuelle Mindestarbeit zu leisten. Dem Staat wiederum kommt die Aufgabe zu, diesen Forschungsbereich an Universitäten, in Denkfabriken und Forschungseinrichtungen zu stärken. Damit investiert er auch in die kommende Generation von Expert:innen, Diplomat:innen und anderen Fachkräften, die sich mit diesen Fragen langfristig im neuen Kalten Krieg auseinandersetzen werden müssen.

Die strategische Debatte muss die zahlreichen bestehenden Dilemmata aufgreifen, so zum Beispiel die weiter oben erwähnte Spannung zwischen Abrüstungsambitionen und NATO-Abschreckung. Die Ampelkoalition hat hier bereits einen symbolischen Schritt nach vorne gemacht, indem zeitgleich über die Tornado-Nachfolge entschieden und die Teilnahme am ersten Staatentreffen des Atomwaffenverbotsvertrags ermöglicht wurde. Die natürliche Dissonanz beider Maßnahmen im Koalitionsvertrag – die sich in der Substanz unverändert auch in der Mitte Juni 2023 veröffentlichten Nationalen Sicherheitsstrategie Deutschlands wiederfindet[107] – sollte nicht darüber hinwegtäuschen, dass hier ein Kompromiss gefunden wurde, der die Spannungen zwischen divergierenden Interessen zu überbrücken sucht. Die Politik wird auch in Zukunft mit vielen dieser Dissonanzen konfrontiert sein. Das Entscheidende ist der Wille, sich hiermit auseinanderzusetzen und von Idealvorstellungen abzurücken.

Ein echter strategischer Dialog mit Frankreich zu nuklearen Fragen ist nötig. Bisher ist die deutsche Politik diesem Dialog aus dem Weg gegangen, um gegenüber den USA nicht den Eindruck eines Abgesangs auf die nukleare Teilhabe zu erwecken. Auch wenn es wichtig ist, dass der Zusammenhalt in der NATO nicht geschwächt wird – ungeachtet des jeweiligen Hausherrn im Weißen Haus –, muss Berlin sowohl das Eigeninteresse als auch das Interesse der europäischen Partner berücksichtigen. Wie Botschafter a.D. Heusgen bereits festgestellt hat, ist es zudem möglich, über eine europäische Abschreckungsfähigkeit als komplementären Aspekt zum amerikanischen Nuklearschirm nachzudenken. Sowohl die Europäer als auch die USA sind sich dessen bewusst, dass Washington in Zukunft noch mehr Ressourcen in die regionale Sicherheit im asiatisch-pazifischen Raum investieren wird. Dieser Aspekt kann nicht ignoriert werden. Um überhaupt an einen Punkt zu gelangen, an dem über ein ergänzendes Abschreckungsmodell nachgedacht werden kann, das Europa in Zeiten eines neuen Kalten Krieges mit Russland schützt, müssten insbesondere Berlin und Paris über eine mögliche Ausweitung der Abschreckungsfähigkeit der Force de Frappe sprechen. Auch ein Einbezug Londons in diesen Dialog wäre denkbar. Damit ist noch lange nicht gesagt, dass ein solches Modell tatsächlich entwickelt werden muss, doch die Möglichkeit sollte diskutiert werden.

Der strategische Dialog zwischen Frankreich und Deutschland muss in einem weiteren Schritt auf die europäischen Partner ausgeweitet werden. Auch wenn sich die Bedrohungsperzeptionen der NATO-Mitglieder im Zuge des Kriegs in der Ukraine ein Stück weit angenähert haben werden, bestehen weiterhin unterschiedliche Haltungen zu nuklearen Bedrohungen und Abschreckungsgarantien. Beispielsweise, so erklärte der ehemalige litauische Verteidigungsminister Imants Liegis in einem Gespräch, war in den baltischen Staaten nach der Invasion in der Ukraine die Sorge über eine konventionelle Aggression Russlands größer als die Angst vor einer nuklearen Eskalation. Dagegen liegt Polen nach wie vor ausgesprochen viel an dem Schutz durch den amerikanischen Nuklearschirm. All diese Diskrepanzen müssen, auch wenn es schwer ist, angesprochen werden. Ein strategischer Dialog muss mehr noch als früher in den Blick nehmen, welche Länder von welcher Art der Abschreckung und von welcher Art von Sicherheitsgarantien profitieren.

Zudem würde es die Debatte beleben, wenn sie mehr noch als bisher Politiker:innen, zivilgesellschaftliche Vertreter:innen und Expert:innen aus unterschiedlichen Denkrichtungen (innerhalb des demokratischen Spektrums) zusammenbrächte. Auch wenn sich die öffentliche Meinung gegenüber Atomwaffen mit dem Ukrainekrieg schlagartig geändert hat, sind die Fronten zwischen Interessenvertreter:innen, die einen sofortigen Beitritt Deutschlands zum Atomwaffenverbotsvertrag fordern, und den Unterstützer:innen der nuklearen Teilhabe teils immer noch verhärtet – ganz zu schweigen von den Stimmen, die eine »deutsche Atombombe« fordern. Nicht immer wird faktenbasiert argumentiert. Doch auch dort, wo die Fakten stimmen und es rein um Meinungen geht, müssen langfristig Brücken geschlagen werden.

Auch ein regelmäßiges »fact checking« von Expert:innenseite kann hilfreich sein. Zum Beispiel, wenn es darum geht zu erklären, weshalb die EU als »Besitzerin« von Atomwaffen nicht infrage käme oder weshalb Deutschland bei einem Austritt aus dem Nichtverbreitungsvertrag einen nicht wiedergutzumachenden Image-Schaden erleiden würde.

Außerdem sollte das Thema in Zukunft so wenig wie möglich politisiert oder für parteipolitische Zwecke genutzt werden.

Nicht zuletzt wäre das Thema »Zukunft der nuklearen Abschreckung« in Europa in Zeiten eines neuen Kalten Krieges mit Russland eines, dessen sich im Idealfall ein nationaler Sicherheitsrat in Deutschland annehmen könnte – sollte es in absehbarer Zeit zur längst überfälligen Etablierung eines solchen Gremiums kommen.

Kapitel 3 | *Few Problems?* Herausforderungen für die Aufrüstung der Bundeswehr

Die deutsche Zeitenwende: War da was?

Drei Tage nach dem russischen Überfall auf die Ukraine kündigte Olaf Scholz eine Zeitenwende für die deutsche Außen- und Sicherheitspolitik an. Es ist nichts darüber bekannt, ob der Kanzler sich in dem Moment, als er seine Rede am 27. Februar 2022 hielt, darüber im Klaren war, welche Geister er damit rief. Die »German Zeitenwende« wurde zu einem der meistdiskutierten, meistbejubelten und auch meistkritisierten Schlagwörtern rund um den Krieg in der Ukraine und die neu erwachte europäische Wehrfähigkeit. »Zeitenwende« klang groß. Die europäischen Partner schraubten dementsprechend ihre Erwartungen an Berlin hoch und rechneten mit zügigem Handeln in Sachen Waffenlieferungen an die Ukraine. Die euro-atlantische Expert:innen-Szene analysierte die Zeitenwende bis zum Überdruss, es gibt einen »Zeitenwende speech«-Eintrag auf Wikipedia[108] sowie Überlegungen dazu, wo die Zeitenwende *nicht* bemerkt wurde (Israel)[109] und wo sonst noch Zeitenwende stattfindet (Iran)[110]. Doch mehr als ein Jahr nach Scholz' Rede ist klar, dass nichts klar ist: Die Zeitenwende bleibt ein nebulöses Konzept, das zwar mit dem 100-Milliarden-Euro-Sondervermögen für die Bundeswehr unterlegt wurde, ansonsten aber weiterhin mehr Fragen aufwirft als beantwortet. So wunderte sich etwa die *New York Times* im Dezember 2022: »Auch ein Jahr danach zeichnet der Kanzler nur ein unvollständiges Bild der genauen Vision, die ihm vorschwebt.«[111]

Dabei gab Scholz in seiner berühmt gewordenen Rede der Zeitenwende einen klaren Rahmen. Durch den Krieg in der Ukraine sei Deutschland mit fünf Herausforderungen konfrontiert: Es müsse die Ukraine unterstützen und außerdem Putin (durch Sanktionen) vom Kriegskurs abbringen. Es müsse verhindern, dass der Krieg auf andere europäische Länder übergreift. Deutschland müsse ein besseres Verständnis davon entwickeln, welche Fähigkeiten Russland besitzt und welche Fähigkeiten Berlin benötigt, um dieser Bedrohung zu begegnen. Und schließlich sollten diplomatische Gesprächskanäle auch in dieser extremen Situation offen bleiben.[112]

Scholz wies auch auf den Handlungsbedarf im nichtmilitärischen Bereich hin, insbesondere auf die Notwendigkeit einer starken Entwicklungszusammenarbeit und einer stärkeren Resilienz im technischen und gesellschaftlichen Bereich, etwa gegen Bedrohungen aus dem Cyberspace, Desinformation und Angriffe auf kritische Infrastruktur. Es stellte sich aber schnell heraus, dass als Kern der Zeitenwende die Modernisierung der Bundeswehr auserkoren war. Ein ehemals kontroverses Thema traf mit dem Krieg in der Ukraine auf breite Zustimmung: die quantitative und qualitative Aufstockung der militärischen Fähigkeiten Deutschlands als Antwort auf Russlands Krieg.

Als Vehikel für den militärischen Aspekt der Zeitenwende wurde kurz darauf das 100-Milliarden-Euro-Sondervermögen für die Bundeswehr diskutiert. Hiermit sollte nicht nur neues (Groß-)Gerät angeschafft, sondern erst einmal existierende Lücken geschlossen werden, um die Streitkräfte wieder fit zu machen und die Abschreckung gegenüber Russland glaubwürdig zu gestalten. Der Prozess, der zur nötigen Grundgesetzänderung führte,[113] wäre beinahe an parteipolitischen Differenzen gescheitert, doch letztendlich konnte sich der Bundestag auf das Sondervermögen einigen. Wie sich kurz darauf herausstellte, begannen die eigentlichen Probleme jedoch in dem Moment, in dem das Geld verfügbar war. So verläuft die Implementierung des Sondervermögens immer noch ineffektiv, und das Geld wird nur zögerlich ausgegeben. Da die Zeitenwende jedoch insbesondere an der Modernisierung der Bundeswehr gemessen wird, sind Zweifel an ihrer raschen Umsetzung berechtigt, ebenso wie Kritik am Fehlen einer übergeordneten langfristigen Strategie, die bisher nicht ersichtlich ist.

Das Sondervermögen: Viel Geld, wenig Plan

Das Ziel des Sondervermögens, so der Kanzler, sei eine »leistungsfähige, hochmoderne, fortschrittliche Bundeswehr, die uns zuverlässig schützt«.[114] Dieser Satz warf eine Reihe an grundsätzlichen Fragen auf, welche die Politik weitgehend unvorbereitet trafen. Auf einer konzeptionellen Ebene ging dem Sondervermögen keine längere Debatte voraus, wie das zukünftige Aufgabenspektrum der Bundeswehr aussehen soll. Dieses hat sich seit dem Ende der Blockkonfrontation immer wieder angepasst, und diese Prozesse haben stets Zeit in Anspruch genommen. Von den Ereignissen in der Ukraine ist Deutschland jedoch mehr oder weniger überrascht worden, und dementsprechend bestand wenig Spielraum für eine ausgiebige Reflexion über die zukünftige Ausrichtung der Streitkräfte.

Auf einer praktischen Ebene war zunächst unklar, in welche Bereiche wie viel Sondervermögen fließen sollte. Dass die persönliche Ausrüstung der Soldat:innen auf einem völlig inakzeptablen Stand ist, war offensichtlich. Auch gab es augenfällige Mängel in den Dimensionen Land, Luft und See. Im Bereich Infrastruktur und Kommunikation sowie Digitalisierung hinkte die Bundeswehr ebenfalls hinterher. Die Munitionsbestände waren bereits vor dem Krieg derart zusammengeschrumpft, dass die deutschen Streitkräfte teilweise nicht vollumfänglich an NATO-Übungen teilnehmen konnten. Und auch im Cyberbereich gab es dramatische Mängel, die man mithilfe des Sondervermögens zumindest abfedern wollte. Die Komponente Cyber fiel allerdings nach einer politisierten Debatte, die insbesondere die Union dazu genutzt hatte, Druck auf die Regierungsparteien aufzubauen,[115] aus dem Sondervermögen-Kontingent heraus. Auch einigte sich eine Mehrheit des Bundestages darauf, dass die 100 Milliarden ausschließlich in die Ausrüstung der Bundeswehr investiert werden sollten. Maßnahmen, die unter einen erweiterten Sicherheitsbegriff fallen – beispielsweise im Bereich Krisenmanagement und Entwicklungszusammenarbeit –, sind daher nicht Teil des Sondervermögens.[116] So war bereits bei der Expert:innen-Anhörung im Haushaltsausschuss des Bundestages im Mai 2022 klar, dass eine Diskussion über ein Sondervermögen, das Sicherheit weiter denkt als militärisches Großgerät und persönliche Ausstattung für Soldat:innen, nicht stattfinden würde.[117]

Doch auch nachdem der Anwendungsbereich des Sondervermögens eingegrenzt wurde, blieben substanzielle Fragen offen – insbesondere, welche Fähigkeiten priorisiert werden sollten und in welchen Dimensionen. Salopp gesagt: ob erst Panzer oder Flugzeuge angeschafft werden sollten. Auch ist bis heute vollkommen unklar, ob Deutschland langfristig plant, mithilfe der 100 Milliarden das von der NATO festgelegte Zwei-Prozent-Ziel für Verteidigungsausgaben zu erreichen, und über welchen Zeitraum hinweg das Sondervermögen ausgegeben werden soll (was sich wiederum darauf auswirkt, ob das Zwei-Prozent-Ziel erreicht wird oder nicht).

Das Aufgabenspektrum der Bundeswehr im Wandel

Bevor wir betrachten, wie das Sondervermögen bisher eingesetzt wurde und wie sich die deutsche Haltung zum Zwei-Prozent-Ziel der NATO entwickelt hat, lohnt ein Blick auf das sich wandelnde Aufgabenspektrum der Bundeswehr und die Frage, weshalb das Fehlen einer echten strategischen Debatte bereits vor, aber insbesondere seit Beginn des Ukrainekrieges die Bundeswehr langfristig vor große Probleme stellen könnte, wenn es zu einer anhaltenden Konfrontation zwischen dem Westen und Russland (plus China) kommt.

Nach dem Ende der Sowjetunion lag der Kernaufgabenbereich für die Bundeswehr in den 1990er-Jahren auf Krisenmanagement im Ausland in unterschiedlichen multilateralen Formaten. Bündnis- und Landesverteidigung (BV/LV) – also die Verteidigung gegen direkte militärische Angriffe gegen Deutschland oder NATO-Gebiet – galt aufgrund der kooperativen Atmosphäre im euro-atlantischen Raum als nachgeordnete Aufgabe. Auslandseinsätze als zentrale Aufgabe der Bundeswehr wurden wiederum zunächst sehr kontrovers diskutiert, sowohl im Bundestag als auch in der Bevölkerung. Insbesondere zu Beginn der 1990er-Jahre tat sich die deutsche Politik mit sogenannten »Out-of-area«-Missionen schwer, also denjenigen Einsätzen, die außerhalb des NATO-Gebietes stattfinden. Das Karlsruher Urteil von 1994 bestätigte schließlich die Verfassungskonformität dieser Einsätze und legte gleichzeitig den Parlamentsvorbehalt als Basis fest. Ab diesem Zeitpunkt hing die Zulässigkeit von »Out-of-area«-Missionen von einer Mandatierung durch den Bundestag ab.[118]

Die Debatte ebbte in den frühen 2000er-Jahren weitgehend ab und konzentrierte sich weniger auf die generelle Frage, ob die Bundeswehr in Auslandseinsätzen tätig werden sollte, als vielmehr auf die Umstände und den Erfolg spezifischer Einsätze wie insbesondere der Mission in Afghanistan ab 2001.[119] Diese »Normalisierung« von Auslandseinsätzen unterstreicht das Weißbuch 2006: »Das ganze Spektrum der Auslandseinsätze bestimmt heute das Selbstverständnis der Soldatinnen und Soldaten.«[120] Als primäre Aufgabe definiert das Weißbuch Konfliktverhütung und Krisenbewältigung, einschließlich des Kampfes gegen den internationalen Terrorismus. Die klassische Bündnis- und Landesverteidigung beschreibt das Weißbuch als weiterhin zentrale Aufgabe, stuft jedoch die Gefahr eines direkten militärischen Angriffs gegen Deutschland und NATO-Gebiet auf absehbare Zeit als gering ein.

Zudem rückte in den 2000er-Jahren der sogenannte vernetzte Ansatz (im Englischen auch als »whole-of-government« oder »comprehensive approach« bezeichnet) in den Vordergrund, der eine Kombination aus militärischen, diplomatischen und entwicklungspolitischen Maßnahmen zur Krisenbewältigung vorsieht. Dieser Ansatz hat bis heute Gültigkeit.

Das Ende der militärischen Zurückhaltung

Generell herrschte dennoch bis in die frühen 2010er-Jahre eine Kultur der »militärischen Zurückhaltung«, ungeachtet der Tatsache, dass allein zwischen 1991 und 2017 mehr als 400.000 Soldat:innen in 52 mandatierten Auslandseinsätzen aktiv waren.[121] So betonte 2012 der damalige Außenminister Guido Westerwelle, die Kultur der militärischen Zurückhaltung sei »zeitgemäßer denn je«, und warnte vor einem »Neobellizismus«.[122] Und im Januar 2014 sprach sich der damalige Vorsitzende des Verteidigungsausschusses im Bundestag, Hans-Peter Bartels, für militärische Zurückhaltung aus, wenn es um Einsätze in Afrika gehe.[123] Allerdings ist der Begriff der militärischen Zurückhaltung nicht klar definiert. So ging es Bartels insbesondere darum, dass Deutschland keine *neuen* Auslandseinsätze fordern solle. Für andere bedeutete Zurückhaltung eher, dass Berlin es weitgehend vermeiden sollte, im Rahmen von laufenden Einsätzen Spezialkräfte und andere kritische Fähigkeiten bereitzustellen. Aktive Kampfhandlungen überließ die Bundeswehr gerne den europäischen und amerikanischen Partnern. Insbesondere in Paris hat diese Haltung oft Kritik hervorgerufen.

Mit der Kultur der militärischen Zurückhaltung schloss, so zumindest die öffentliche Wahrnehmung, die damalige Verteidigungsministerin Ursula von der Leyen auf der Münchener Sicherheitskonferenz (MSC) im Februar 2014 ab. Die Ministerin betonte bei der Auftaktveranstaltung im Bayerischen Hof eine Verantwortung Deutschlands, sich auf internationaler Ebene in Krisen und Konflikten zu engagieren[124] – nicht ausschließlich, aber eben auch im militärischen Bereich. Weder sicherheitspolitische noch humanitäre Gleichgültigkeit seien eine Option für Deutschland, so von der Leyen weiter. Ihr stimmten sowohl der damalige Außenminister Frank-Walter Steinmeier als auch der frühere Bundespräsident Joachim Gauck zu. Damit sicherte die deutsche Politik den europäischen Partnern wie Frankreich nicht unbedingt ein Mehr an Missionen zu, wohl aber eine fairere Lastenteilung. Berlin wurde lange Zeit vorgehalten, sich nicht gerne mit kritischen Fähigkeiten zu beteiligen. Als unausgesprochene Devise galt: lieber Logistik als Kampfhandlungen.

Die Verteidigung des NATO-Gebietes wird wieder zur Priorität

Man kann davon ausgehen, dass von der Leyens Rede, wäre sie einen Monat später gehalten worden, anders geklungen hätte. Am 18. März 2014, ziemlich genau einen Monat nach der Sicherheitskonferenz, erklärte der russische Präsident Putin die Krim öffentlich als annektiert. Somit war das, was die Ministerin im Februar als eine Art Trendwende formuliert hatte, wenige Wochen später bereits überholt. Die russische Aggression gegen die Ukraine, der Krieg im Donbas und die Annexion der Krim führten dazu, dass Bündnis- und Landesverteidigung plötzlich wieder wichtig wurde. So stellte das Weißbuch 2016 BV/LV mit Krisenmanagement wieder auf eine Stufe und betonte, dass die Bundeswehr in diesem Bereich an Substanz verloren habe. Das Dokument liest sich als ein Eingeständnis, dass sich Deutschland die Krisen, mit denen es konfrontiert ist, nicht aussuchen kann und daher Krisenmanagement mit BV/LV ausbalancieren muss.[125]

Mit dem Krieg in der Ukraine hat sich die Dynamik verschoben. Noch ist diese Verschiebung nicht in einem offiziellen Strategiedokument festgelegt, aber auf ihrer Website konstatiert die Bundeswehr immerhin, dass nun BV/LV »wieder Schwerpunkt« ist.[126] Unter Federführung des Auswärtigen Amtes wurde seit Amtsantritt der Ampelkoalition an der ersten Nationalen Sicherheitsstrategie gearbeitet, die Mitte Juni 2023 – mit erheblicher Verzögerung – veröffentlicht wurde und die geänderte Sicherheitslage thematisiert. Ein neues Weißbuch zur zukünftigen Ausrichtung der Bundeswehr ist dagegen aktuell noch nicht geplant.

Doch die Liste an offenen Fragen, denen sich die deutsche Sicherheitspolitik und damit vornehmlich die Bundeswehr stellen muss, ist lang. Sie beginnt mit der Frage, welchen Stellenwert Krisenmanagement und Konfliktbewältigung in absehbarer Zeit für die Bundeswehr überhaupt noch einnehmen wird. Der Krieg zeigt, wie wenig Deutschland auf ein Szenario vorbereitet war, in dem es wieder zu einer akuten militärischen Bedrohung gegen NATO-Gebiet kommt. Die Forderungen des Weißbuchs 2016 nach einer Balance zwischen den beiden Kernaufgaben der

Streitkräfte wirkt im Rückblick wie ein sehr theoretisches Postulat, das allenfalls auf dem Papier gut aussieht. Gleichzeitig ist die Orientierung allein an akuten Krisen keine gute Ratgeberin. Die deutsche Sicherheitspolitik muss anerkennen, dass es auch in einer extremen Situation wie der aktuellen kein Entweder-oder geben kann. Die Politik muss realistischerweise in Zukunft mit einem gleichzeitigen Auftreten unterschiedlicher Krisen rechnen.

Das Sondervermögen und seine Implementierung: Ein Blick hinter die Kulissen

Berlin steht aktuell vor der Herausforderung, seine Hausaufgaben im Bereich strategischer Vorausschau nachzuholen. Daher lauten einige Kernfragen: Welche militärischen Anschaffungen hat das Verteidigungsministerium (BMVg) wie rasch seit dem Beschluss des Sondervermögens im Juni 2022 auf den Weg gebracht? Spiegeln diese Investitionen die Zeitenwende-Ambitionen wider und ist eine klare Strategie hinter den Anschaffungen erkennbar? Ist absehbar, dass die Bundeswehr Schritt für Schritt in einen Zustand versetzt wird, in dem ihr eine größere Verteidigungsfähigkeit gegen potenzielle Aggressoren zugetraut wird? Und reicht das Sondervermögen überhaupt aus, wenn der reguläre Verteidigungsetat auf einem gleichbleibenden Niveau verharrt?

Was wird aus dem Sondervermögen finanziert?

Der erste Ansatzpunkt für eine Beurteilung dieser Fragen ist der Wirtschaftsplan 2022 des »Sondervermögens Bundeswehr«.[127] In diesem ist konkretisiert, dass mit 33 Milliarden Euro der mit

Abstand größte Topf der Luftwaffe zukommen soll. Für die Dimension Führungsfähigkeit/Digitalisierung wurden rund 20 Milliarden einkalkuliert, dahinter folgt mit etwa 17 Milliarden die Dimension Land. Mit vergleichsweise wenig Geld muss die Marine auskommen: Der Dimension See wurden lediglich rund neun Milliarden zugeteilt. Und schließlich kommen der persönlichen Ausrüstung der Soldat:innen etwa zwei Milliarden zu, während 400 Millionen für wehrtechnische Forschung und Technologie budgetiert sind. Die »Gewinnerin« des Sondervermögens ist also die Luftwaffe, auf die etwa ein Drittel des gesamten Volumens entfällt. Geplant sind in diesem Bereich unter anderem die Beschaffung des Tornado-Nachfolgers, der F-35 Lightning II, Entwicklung und Kauf des Eurofighters ECR für die elektronische Kampfführung[128] sowie die Beschaffung weiterer Seefernaufklärer P-8A Poseidon und schwerer Transporthubschrauber, um nur einige Beispiele zu nennen.

Im Bereich der Digitalisierung ist eine wichtige Komponente der Tausch der veralteten Funkgerätegeneration SEM 80/90 (die seit den 1980er-Jahren von der Bundeswehr genutzt wird) gegen das neue Führungsfunkgerät D-LBO. Für die Dimension Land ist beispielsweise die Beschaffung des Nachfolgers des Schützenpanzers Marder vorgesehen, und mit den neun Milliarden für die Marine sollen unter anderem das neue U-Boot 212 CD, die Korvette 130 und die Fregatte 126 finanziert werden.

Das BMVg hat wiederholt betont, dass die Umsetzung der Zeitenwende rasch voranschreiten werde. Doch im Herbst 2022 war noch kein einziges Projekt auf den Weg gebracht worden, was zu Unmut in der Öffentlichkeit und bei einigen Politiker:innen führte. Das Ministerium bemühte sich daraufhin, der Wahrnehmung, dass die Zeitenwende möglicherweise verschleppt werde, entgegenzuwirken. Zunehmend drückte sich das BMVg in Superlativen aus: Das Beschaffungswesen laufe auf »Hochtouren«[129], und die Geschwindigkeit der F-35-Anschaffung etwa bewege sich im »Überschallbereich«[130]. Die Tatsache, dass die F-35 mit Ersatzteilen und Munition geliefert wird, wurde gar als »historisch« bezeichnet.[131]

Tatsächlich wurden kurz vor Jahresende 2022 die ersten 25-Millionen-Euro-Vorlagen[132] vom Haushaltsausschuss des Bundestags gebilligt und damit unter anderem der Beschaffungsprozess für die F-35 in Gang gesetzt. Zudem wurden weitere Vorhaben abgesegnet, darunter das neue »System Sturmgewehr der Bundeswehr« HK416 A8 als seit Langem fälliger Nachfolger des Sturmgewehrs G36, die Nachrüstung des Schützenpanzers Puma sowie die Beschaffung von militärischen Funkübertragungssystemen und neuen Überschneefahrzeugen.

Streichung von Vorhaben

Doch obwohl die ersten Anschaffungen auf den Weg gebracht wurden, zeigen sich bereits jetzt zahlreiche Probleme, die den Mangel an strategischer Debatte und Kohärenz erkennen lassen. So wurden bereits früh einige der Vorhaben wegen signifikanter Preissteigerungen gestrichen. Was nicht weiter verwunderlich ist: Zu Kriegszeiten steigt die Nachfrage nach Rüstungsgütern. Insbesondere die Marine war im November 2022 von diesen Streichungen betroffen. Die Anschaffung der gestrichenen Güter wird von militärischer Seite weiterhin als erforderlich gesehen, kann aber nur durch eine Steigerung des regulären Verteidigungshaushaltes finanziert werden.[133] So fallen einige der geplanten neuen Korvetten und Fregatten weg – unter anderem weil das BMVg einen geringeren Bedarf sieht aufgrund der Fähigkeiten, welche das neue NATO-Mitglied Finnland und der Beitrittskandidat Schweden[134] mitbringen werden. Auch die Anzahl der geplanten Seefernaufklärer wurde von zwölf auf acht Exemplare reduziert.[135] Insgesamt ist fraglich, ob derartige Kürzungen gerade im Bereich der Marine, der ohnehin ein eher magerer Anteil am Sondervermögen zukommt, sinnvoll sind. Zudem stellt Russland gerade in der Ostsee ein hohes Sicherheitsrisiko dar. Mit dem Beitritt Finnlands und dem zu erwartenden Beitritt Schwedens wird die Verteidigung der Ostsee zwar durch zusätzliche Fähigkeiten gestärkt – die Ostsee wird damit de facto zu einem von NATO-Staaten dominierten Gewässer. Doch auch Russland hat Interessen in der Ostsee, nicht zuletzt aufgrund der Exklave Kaliningrad, und wird seine in der Ostsee operierende Baltische Flotte aufrüsten, um sich der aus russischer Sicht geänderten Sicherheitslage anzupassen.

Materialverlust durch die Unterstützung der Ukraine

Ein weiteres Problem für die Bundeswehr ist, dass sie durch die Waffenlieferungen an die Ukraine über das Jahr 2022 hinweg signifikant an Material verloren hat. Diesen Verlust auszugleichen bedeutet eine zusätzliche Belastung. Während die Streitkräfte quantitativ und qualitativ aufgerüstet werden sollen, geht es noch grundlegender darum, dass bestimmte Bestände nicht weiter *schrumpfen.* Dies trifft zum Beispiel auf Fähigkeiten wie die Panzerhaubitze 2000 zu, mehr noch aber auf den besonders kritischen Munitionsbestand. Bei diesem handelt es sich um ein Staatsgeheimnis, sodass nicht genau bekannt ist, wie viel Munition Deutschland vorrätig hat, und ebenso wenig, ob die Deutschen das von der NATO festgesetzte Ziel, wonach jeder Mitgliedstaat Munition für mindestens 30 Tage im Kriegsfall vorrätig haben sollte, einhalten. Unzweifelhaft ist jedoch, dass große Lücken bestehen. Für 2023 sind eine Milliarde Euro für Munition aus dem regulären Haushalt bewilligt,[136] obwohl zu Beginn des Krieges von einem Bedarf im zweistelligen Milliardenbereich ausgegangen wurde – schätzungsweise 20 bis 30

Milliarden Euro. Allerdings handelt es sich hier um ein Problem, das mit Geld und gutem Willen allein nicht behoben werden kann. Nach dem Kalten Krieg sind die Produktionskapazitäten für Munition heruntergefahren worden, während die Nachfrage in allen NATO-Staaten momentan steigt.[137] Die deutsche Politik hätte also viel früher an die Rüstungsindustrie herantreten müssen. Stattdessen schieben sich nun Regierung und Opposition gegenseitig die Schuld an den leeren Lagern zu.

Schwierige Anschaffungen: Das »Blitzproblem« der F-35A

Geld und guter Wille helfen auch bei manch anderem Projekt nicht weiter. Ein exzellentes Beispiel für eine Anschaffung, die noch viele Fragen aufwerfen wird, ist die Nachfolge des Tornados. Dies ist ein besonders kritisches Thema, denn nicht nur hat die Große Koalition, wie weiter oben berichtet, über zwei Legislaturperioden hinweg die Entscheidung über ein modernes nuklearwaffenfähiges Trägersystem verschleppt. Auch drängten die NATO-Partner in der Vergangenheit darauf, dass Deutschland sich zügig für ein Modell entscheidet, das eine lückenlose Fortführung der deutschen Verpflichtungen in der nuklearen Teilhabe erlaubt, bevor der Tornado ab 2030 ausgemustert wird.

Doch auch aufgrund der wiederholt aufgetretenen technischen Mängel des Modells ist es mehr als fraglich, ob die Inbetriebnahme der F-35A Lightning II tatsächlich mit der vom BMVg angekündigten »Überschallgeschwindigkeit« vonstattengehen wird.

Nachdem der Vertrag mit Lockheed Martin im Dezember 2022 abgeschlossen wurde, rechnete das BMVg mit einer Auslieferung der ersten Kampfjets ab 2026 sowie Ausbildung der Pilot:innen in den USA, einer anschließenden Stationierung des neuen Mehrzweck-Tarnkappenbombers auf dem Flugplatz Büchel ab 2027 und einer Einsatzbereitschaft zumindest eines Teils der Flotte ab 2028.[138] Dieser Zeitraum erschient bereits jetzt ziemlich unrealistisch – und das nicht nur, weil bereits Anfang 2023 in den Medien über eine mögliche Verteuerung und Verzögerungen unter anderem wegen rechtlicher Vorgaben berichtet wurde.[139]

Deutschland wird das fünfzehnte Land, das die F-35 anschafft. Die Zeitspanne von der Entscheidung für das Modell bis hin zur initialen Einsatzbereitschaft der Flotte (in denjenigen Ländern, in denen der Prozess bereits abgeschlossen ist) variiert stark zwischen den bisherigen Abnehmern der F-35. In einigen Fällen dauerte es allein vom ersten Testflug bis zur initialen Einsatzbereitschaft sechs bis sieben Jahre – das BMVg rechnet mit zwei bis drei Jahren. In sieben der neun Länder, in denen die Flotte bereits eine initiale Einsatzbereitschaft erreicht hat, dauerte der gesamte Prozess von der Entscheidung der jeweiligen Regierung bis zur Einsatzbereitschaft mehr als sechs Jahre – Deutschland rechnet mit fünf bis sechs Jahren.[140] Daraus lässt sich keine unmittelbare Aussage über die deutsche F-35-Flotte ableiten. Doch die Erfahrungswerte legen nahe, dass eine Einsatzbereitschaft der ersten F-35-Modelle in Büchel im Jahr 2028 nicht unbedingt realistisch ist.

Die Kernfrage ist, ob eine Inbetriebnahme eines Teils der F-35-Flotte bis 2030 – und damit ein nahtloser Übergang vom Tornado zum Nachfolger – gewährleistet werden kann oder ob sich Lücken in der deutschen Verpflichtung innerhalb der nuklearen Teilhabe ergeben werden. Wie mir ein deutscher Bundeswehrangehöriger und NATO-Experte in einem Hintergrundgespräch erklärte, befinde sich Deutschland innerhalb des selbstgesteckten Zeitrahmens. Auch sei es möglich, den Tornado noch über das Jahr 2030 hinaus zu fliegen. Doch angesichts der angespannten Situation auf dem Rüstungsmarkt sind zumindest Zweifel an einem reibungslosen Anschaffungsprozess angebracht.

Erschwerend kommt hinzu, dass die F-35 regelmäßig technische »Überraschungen« bereithält, die unter Umständen den Prozess weiter verzögern könnten. Da wäre beispielsweise das »Blitz-Problem« der Lightning II: Einem Unwetter darf sich die F-35, deren Beiname sehr unglücklich gewählt ist, derzeit nicht auf weniger als 25 Meilen nähern. Bereits im Juni 2020 hat das F-35 Joint Program Office des Pentagon eine Flugbeschränkung für das Standardmodell der amerikanischen Kampfjet-Flotte ausgegeben,[141] nachdem im Inertisierungsmodul »OBIGGS« einiger Flugzeuge beschädigte Röhren gefunden wurden. Die Inertisierung dient dem Explosionsschutz der Kerosintanks, die sich im Inneren des Flugzeugs befinden,[142] in dem mit Stickstoff angereicherte Luft in die Tanks gepumpt wird. Wirkt dieser Schutz nicht, setzen sich die Pilot:innen einem großen Risiko aus, wenn sie in Unwetter fliegen. Wird das Flugzeug von einem Blitz getroffen, kann es im schlimmsten Fall zu einer Explosion der Tanks kommen. Die US Air Force hat bereits mit den Upgrades für die Hardware und Software ihrer F-35A-Flotte begonnen und rechnet damit, dass der Prozess bis 2025 dauern wird.[143] Auch die niederländische Luftwaffe bestätigte im November 2020, dass ihre F-35-Jets von ähnlichen Problemen betroffen sind.

Diese technischen Mängel hatten bereits konkrete Auswirkungen: So konnten beispielsweise die vier auf dem niederländischen Militärflugplatz Leeuwarden stationierten F-35A im August 2020 nicht an der NATO-Übung Operation Allied Sky teilnehmen. Die Luftwaffe der Niederlande musste kurzfristig, nachdem die Übung bereits begonnen hatte und die strategischen Bomber, die von NATO-Kampfjets eskortiert werden sollten, schon in der Luft waren, ihre Teilnahme absagen, denn in den Benelux-Staaten waren – nicht überraschend im

August – Unwetter vorhergesagt worden. Unabhängig davon haben die Niederländer technische Probleme mit der internen Bewaffnung ihrer F-35-Modelle entdeckt.[144] Doch dies sind nur einige der Probleme, welche die F-35 seit Jahren plagen. Der Report des US-Verteidigungsministeriums von 2019 attestierte der gesamten F-35-Flotte (Modelle A, B und C) 873 Defizite im Bereich Programmatik, außerdem andauernde Cybersicherheitslücken. Zudem wurde die Treffsicherheit der Bewaffnung als »inakzeptabel« beschrieben – um nur einige der Mängel zu nennen.[145] Aufgrund der regelmäßigen Problemanfälligkeit des von der Bundesregierung gewählten Modells können Verzögerungen in der Lieferung nicht ausgeschlossen werden.

Der reguläre Verteidigungshaushalt schrumpft

Ein weiterer irritierender Punkt, um diese Liste der Hindernisse abzurunden, ist der reguläre Verteidigungshaushalt, im Bundeshaushalt als Einzelplan (EP) 14 gekennzeichnet. Insgesamt sind für 2023 58,5 Milliarden Euro veranschlagt, davon 50,1 Milliarden aus dem EP 14 und 8,4 Milliarden aus dem Sondervermögen.[146] Damit *sinkt* der reguläre Verteidigungsetat, anstatt zu steigen, und aus dem Sondervermögen sollen nur weniger als zehn Prozent ausgegeben werden. Im EP 14 sind lediglich acht Milliarden Euro für militärische Anschaffungen vorgesehen. Der Großteil des regulären Haushaltes fließt in Betriebsausgaben, beispielsweise Personalausgaben und Materialerhaltung (28,5 Milliarden Euro)[147] – Kosten, die in den kommenden Jahren beispielsweise wegen geplanter Personalerhöhungen weiter steigen werden. Hinzu kommt die Inflation, welche die Kosten für militärische Beschaffungen auf absehbare Zeit signifikant in die Höhe treiben wird.

Verteidigungsminister Boris Pistorius sprach sich daher Anfang 2023 dafür aus, den regulären Verteidigungshaushalt auf 60 Milliarden Euro zu erhöhen.[148] Um die Zwei-Prozent-Quote zu erreichen, müssten aus dem Sondervermögen dann immer noch mindestens rund 20 Milliarden aufgestockt werden. In jedem Fall wäre es die falsche Entscheidung, den EP 14 weiterhin auf 50 Milliarden Euro einzufrieren – allein die Inflation macht dies unhaltbar. Gleichzeitig hängt der Etat ohnehin den inflationsbedingt steigenden Preisen hinterher und ist mit einer problematischen Marktsituation aufgrund des Ukrainekrieges konfrontiert, die ebenfalls preistreibend wirkt.

Das Zwei-Prozent-Ziel: Deutschland tut sich mit der NATO-Quote schwer

Ein schrumpfender – oder zumindest nicht ansteigender – Verteidigungshaushalt erschwert es Deutschland, die NATO-Quote von zwei Prozent für Verteidigungsausgaben zu erreichen. Das Zwei-Prozent-Ziel gehört zu den besonders kontrovers diskutierten Themen in der deutschen Politik und Expert:innen-Community. Deutschland hinkt notorisch dem von der NATO festgelegten Ziel, dass alle Mitgliedstaaten zwei Prozent ihres Bruttoinlandsproduktes (BIP) für Verteidigung ausgeben sollten, hinterher. Das Zwei-Prozent-Ziel ist indes nicht rechtlich bindend, allerdings stehen gerade politisch und ökonomisch einflussreiche Staaten wie Deutschland unter Druck, es zu erfüllen. Bündnispartner wie die USA haben in der Vergangenheit berechtigte Kritik an Berlin geäußert und Zweifel an der Glaubwürdigkeit deutscher Politik angebracht.

In der deutschen Öffentlichkeit wurde man erst richtig auf das Zwei-Prozent-Ziel aufmerksam, als die USA unter Präsident Trump unverhohlen Druck auf diejenigen NATO-Staaten ausübten, die ihre Verpflichtungen nicht erfüllten. Die Art und

Weise, wie Trump 2018 die Verbündeten dazu drängte, »sofort« zwei Prozent ihres BIP für Verteidigung auszugeben,[149] war weder diplomatisch noch klug. Doch die Diskussion über eine faire Lastenteilung in der NATO ist nicht neu. Auch Präsident Obama forderte während seiner Amtszeit, dass die Alliierten einen faireren Beitrag leisten.[150]

Bereits 2006 haben sich die damaligen NATO-Mitglieder im Konsens darauf geeinigt, das Zwei-Prozent-Ziel als Richtschnur festzulegen. Deutschland hat sich hierzu ebenso wie die anderen NATO-Staaten verpflichtet. 2022 gaben lediglich zehn Staaten in der NATO mindestens zwei Prozent ihres BIP für Verteidigung aus.[151] Darunter fallen die »Big player« USA und Großbritannien (Frankreich liegt mit 1,9 Prozent knapp darunter) ebenso wie die baltischen Staaten und Polen. Deutschland lag mit 1,44 Prozent weit abgeschlagen im hinteren Drittel. Auch verzeichneten die deutschen Verteidigungsausgaben einen nur geringen prozentualen Zuwachs im Vergleich zu 2014.

Die NATO hat indes noch ein weiteres Ziel für ihre Mitglieder festgelegt: So sollen diese mindestens 20 Prozent ihrer Verteidigungsetats für Ausrüstung und Forschung ausgeben. Hier erfüllte Deutschland 2022 mit 20,9 Prozent knapp das Ziel, lag aber im NATO-weiten Vergleich wiederum im hinteren Drittel. Das bedeutet, dass Berlin prozentual relativ wenig für Ausrüstung (wie Schiffe, Flugzeuge, Transportfahrzeuge, Waffen oder Raketen) ausgibt und dafür mehr beispielsweise für Personal, Instandhaltung, Ersatzteile oder Munition aufwendet.

Es gibt berechtigte Kritik am Zwei-Prozent-Ziel. Zum einen ist es eine Größe, die mehr oder weniger willkürlich vor mehr als 15 Jahren festgelegt wurde. Es ist zudem eine Zahl, die nicht notwendigerweise die tatsächlichen Bedarfe der Mitgliedstaaten abbildet – so können die tatsächlichen, bedarfsgerechten Ausgaben eines Staates von Jahr zu Jahr variieren. Somit handelt es sich um ein sehr statisches Ziel. Dieser Kritik lassen sich mehrere Einwände entgegenhalten. Zum einen steht hinter dem Zwei-Prozent-Ziel eine normative Idee, die alle Mitgliedstaaten zu einem vergleichbaren Mindestbeitrag verpflichtet und ein Trittbrettfahren innerhalb der Allianz verhindern soll. Das Erfüllen oder Nichterfüllen des Ziels beeinflusst daher – zu Recht oder zu Unrecht – die öffentliche Wahrnehmung bezüglich der Bündnissolidarität der Mitglieder. Natürlich sind faktisch nicht alle Staaten in der NATO gleich: Von manchen wird eine Führungsrolle verlangt, und es lastet ein höherer moralischer Druck auf ihnen, das Ziel zu erfüllen. Dass Griechenland mit aktuell fast 3,8 Prozent das Ziel weit übererfüllt, fällt weniger auf, als wenn Deutschland es nicht erfüllt. Manche Staaten sind aufgrund ihrer geografischen Lage vulnerabler gegenüber potenziellen russischen Aggressionen als andere. Das trifft insbesondere auf die baltischen Staaten und Polen zu, die alle an Russland grenzen (und drei von ihnen auch an Belarus). Allein schon aufgrund dieser Bedrohungsperzeption liegt diesen Ländern verhältnismäßig viel an der Erfüllung des Zwei-Prozent-Ziels.

Bei den deutschen Verteidigungsausgaben war bisher kein wirklicher Trend in Richtung des Zwei-Prozent-Ziels erkennbar: In den vergangenen Jahren bewegten sich die Ausgaben stets zwischen 1,2 und 1,4 Prozent des BIP.[152] Damit hält das Argument der bedarfsgerecht jährlich stark variierenden Verteidigungsetats der Wirklichkeit nicht stand. Wenn sich die deutschen Verteidigungsausgaben im Schnitt zumindest auf einem höheren Niveau zwischen 1,9 und 2,1 Prozent (oder wenigstens 1,8 und 2,0 Prozent) bewegten, gäbe Berlin den NATO-Partnern damit zu verstehen, dass es seine Verpflichtungen ernst nimmt. Ein Niveau von aktuell rund 1,4 Prozent lässt diese Motivation nicht erkennen.

Und zu guter Letzt hat sich der Kanzler am 27. Februar mit einem Versprechen an die NATO-Partner gewandt: »Wir werden von nun an Jahr für Jahr mehr als zwei Prozent des Bruttoinlandsprodukts in unsere Verteidigung investieren.« Das Sondervermögen für die Bundeswehr sollte dies ermöglichen. Doch von Anfang an war unklar, auf welchen Zeitrahmen sich das Sondervermögen erstrecken würde, um wie viel Sondervermögen also jährlich der reguläre Verteidigungsetat aufgestockt würde. Um das Zwei-Prozent-Ziel »von nun an« (sprich: ab 2023) zu erreichen, wäre es nötig gewesen, etwa 19 Milliarden Euro mehr auszugeben. 2023 wurden jedoch nur 8,4 Milliarden Euro zusätzlich aus dem Sondervermögen eingeplant, was die Verteidigungsausgaben nur marginal auf 1,5 Prozent des BIP ansteigen lässt.[153] Schätzungen des Instituts der deutschen Wirtschaft (IW) zufolge hätte Deutschland in den Jahren 2024 bis 2026 das Zwei-Prozent-Ziel erreichen können, wenn die Mittel des Sondervermögens entsprechend schnell eingesetzt worden wären. Ab 2027, in der neuen Legislaturperiode, hätte dann wiederum der reguläre Etat massiv steigen müssen.[154] Die Frage ist daher: Wie realistisch ist es, dass das Sondervermögen in einer Art und Weise eingesetzt wird, dass Deutschland das Zwei-Prozent-Ziel in absehbarer Zeit und vor allem langfristig erreicht, solange der reguläre Etat bei um die 50 Milliarden Euro eingefroren bleibt? Und sollte tatsächlich das Ziel innerhalb der aktuellen Legislaturperiode erreicht werden, wie geht es dann nach den Wahlen weiter? Wird die nächste Regierung den Einzelplan 14 entsprechend anwachsen lassen? Die Nationale Sicherheitsstrategie lässt dies zumindest vermuten. Dort heißt es: »Zunächst auch durch das neu geschaffene Sondervermögen Bundeswehr werden wir im mehrjährigen Durchschnitt unseren 2 %-BIP-Beitrag zu den NATO-Fähigkeitszielen erbringen.«[155]

Dennoch kommt erschwerend die Inflation hinzu. In dem Maße, wie das BIP inflationsbedingt steigt, wird es immer schwieriger, das Zwei-Prozent-Ziel einzuhalten, wenn das Sondervermögen auf 100 Milliarden Euro begrenzt bleibt. Das IW rechnet bereits für 2026 mit einer Lücke von über neun Milliarden. 2027 könnte die Lücke bei wegfallendem Sondervermögen auf 39 Milliarden anwachsen. Zudem, so das IW weiter, führe die hohe Inflation zu einem höheren Finanzierungsbedarf: Nicht nur militärisches Großgerät wird teurer, sondern auch Energie und Personalkosten steigen.[156] Vor diesem Hintergrund wird ersichtlich, dass das Sondervermögen allein keine Garantie dafür ist, dass Deutschland die Zwei-Prozent-Quote dauerhaft erfüllt.

Resümee: Der Zeitenwende mehr Leben einhauchen

Am 27. Februar 2023 feierte die deutsche Zeitenwende ihr einjähriges Bestehen. Trotz berechtigter Kritik an der Strategie hinter dem ambitionierten Projekt »Zeitenwende« – und ihrem Kernanliegen, die Bundeswehr schlagkräftiger zu machen – zeigte sich der Kanzler in seiner Rede zum Zeitenwende-Jubiläum optimistisch.[157] Deutschland sei im Lichte der Zeitenwende widerstandsfähiger geworden und habe Schluss gemacht mit der Vernachlässigung der Streitkräfte. Dafür stehe das Sondervermögen, »aber auch der Aufwuchs des Verteidigungshaushalts insgesamt, damit wir dauerhaft das Zwei-Prozent-Ziel der NATO erreichen«. Aufmerksamen Beobachter:innen wird nicht entgangen sein, dass der reguläre Verteidigungsetat bisher nicht gewachsen ist und dass auch nicht ersichtlich ist, wie Deutschland das NATO-Ziel nicht nur kurzfristig erreichen, sondern auf Dauer einhalten will. Doch auch darüber hinaus gibt es eine Reihe an Punkten, denen die deutsche Politik wesentlich mehr Beachtung schenken müsste.

Erstens, Deutschland muss sich darauf einstellen, auch weiterhin militärische Unterstützung für die Ukraine bereitzustellen. Der Kanzler hat in seiner Regierungserklärung »Ein Jahr Zeitenwende« die bisherige militärische, wirtschaftliche und humanitäre Hilfe für die Ukraine in Höhe von 14 Milliarden Euro betont. Die Zeitenwende darf nicht nur an der Modernisierung gemessen werden, sondern auch im Licht der deutschen Unterstützung für Kiew und damit im Kontext der weiteren euro-atlantischen Sicherheit.

Zweitens, was die Modernisierung der Bundeswehr als Kernstück der Zeitenwende angeht, so war der bürokratische Apparat in Berlin hierauf nicht vorbereitet. Unnötige Hürden im Beschaffungswesen und ineffektive Prozesse im Beschaffungsamt in Koblenz wurden insbesondere zu Beginn in der Debatte hervorgehoben. Schwerer wiegt jedoch das Fehlen einer echten strategischen Debatte und allgemein einer strategischen Kultur in Berlin. Nur langsam ändert sich der öffentliche und politische Diskurs. Die NATO als Verteidigungsbündnis erfährt mehr Akzeptanz. Die Modernisierung der Bundeswehr (die weniger *Aufrüstung* denn *Ausrüstung* ist) wird in der breiten Öffentlichkeit als eine Notwendigkeit gesehen.

Doch das Fehlen einer entsprechend manifesten strategischen Kultur, die sich bereits vor dem Krieg vorausschauend mit den Bedingungen für Sicherheit und Frieden in Europa hätte auseinandersetzen müssen, lässt berechtigte Zweifel zu, ob dieser Trend anhalten wird. Es besteht die Gefahr, dass sowohl Politik als auch öffentliche Meinung stark von der derzeitigen Lage beeinflusst werden, ohne dass sich das geänderte Verhältnis zu Bundeswehr, NATO und Sicherheit im euro-atlantischen Raum in einem langfristigen Umdenken niederschlägt.

Nun ist der Umbau einer Armee in der Größe der Bundeswehr ein Projekt, das zehn bis 15 Jahre in Anspruch nehmen kann. Diese Modernisierung erfordert, dass auch die öffentliche Unterstützung weiterhin gegeben ist. Es besteht die Gefahr, dass mittelfristig andere (zweifellos ebenfalls wichtige)

Themen die sicherheitspolitischen Erwägungen überlagern. Wir dürfen jedoch nicht in ein Entweder-oder verfallen. Auch der Klimawandel hat beispielsweise eine sicherheitspolitische Komponente, und man muss zunehmend den Überschneidungen zwischen Sicherheitspolitik und den potenziellen zukünftigen, durch Klimawandel ausgelösten Konflikten Rechnung tragen. Die Nationale Sicherheitsstrategie setzt hier bereits an und betont die »sicherheitspolitisch relevante[n] Folgen« der Klimakrise.[158]

Drittens, die deutsche Politik muss eine klare Haltung zum Zwei-Prozent-Ziel finden, die sich nicht in öffentlichen Plädoyers erschöpft. Die Tatsache, dass sich Berlin mit dem Aufwuchs des regulären EP 14 ebenso schwertut wie mit der Allokation des Sondervermögens, kratzt an der Glaubwürdigkeit der deutschen Zusage. Aufgrund der Preisentwicklungen im Energie- und Rohstoffsektor, der hohen Nachfrage nach Rüstungsgütern, der Inflation und steigender Personalkosten[159] etc. ist es unumgänglich, dass der EP 14 konstant erhöht wird. Zudem muss klar kommuniziert werden, wie das Zwei-Prozent-Ziel dauerhaft nach Auslaufen des Sondervermögens erreicht werden soll. Auch muss die deutsche Politik darauf vorbereitet sein, dass womöglich, wie bereits in NATO-Kreisen diskutiert wird, die zwei Prozent nur eine Untergrenze darstellen. Manche sehen jetzt schon drei Prozent als erstrebenswertes Ziel.

Außerdem ist es, viertens, wichtig, dass die zur Verfügung stehenden Mittel schneller ausgegeben werden, wie auch der Wehrbericht 2022[160] betont. Bis Ende 2022 wurden aus dem Sondervermögen keinerlei Mittel ausgegeben. 2023 sind Ausgaben aus dem Sondervermögen in Höhe von 8,4 Milliarden Euro geplant, also unter zehn Prozent des gesamten zusätzlichen Budgets. Um den strategisch klugen Einsatz des Sondervermögens sowie mehr Transparenz zu gewährleisten, ist ein regelmäßiger Bericht über die geplanten Anschaffungen und den

Verlauf der Anschaffungsprozesse notwendig. Zudem sollte die Politik realistische Ziele und Zeitrahmen formulieren.

Fünftens erfordert vorausschauendes strategisches Denken eine intensive Beschäftigung mit der Frage, welche Aufgaben die Bundeswehr in Zukunft erfüllen kann und muss. In einer globalisierten Welt mit grenzübergreifenden Problemen kann sich Deutschland die Gefahren nicht aussuchen. Die deutsche Politik läuft Gefahr, in alte Muster zurückzufallen, wenn sie sich überwiegend monothematisch aufstellt.

Die Vernachlässigung der Bündnis- und Landesverteidigung insbesondere vor 2014 war ein Fehler, der sich nun rächt. Auch als die BV/LV wieder als Kernthema für die Bundeswehr anerkannt wurde, manifestierte sich dieses Umdenken nicht in der Behebung von Ausrüstungsmängeln.

Den gleichen Fehler darf die Politik nicht noch einmal machen. Krisenmanagement außerhalb des NATO-Gebietes mag aktuell keine Priorität haben. Das kann sich jedoch jederzeit ändern. In diesem Sinne darf auch der vernetzte Ansatz, die Kombination aus militärischen, diplomatischen und entwicklungspolitischen Mitteln zur Bearbeitung von Krisen, nicht aus dem Blickfeld geraten. Eine Unterinvestition (sowohl finanziell als auch intellektuell) in diese Bereiche könnte sich in Zukunft negativ auswirken. Langfristig muss sich die Bundeswehr auf eine konstante Balance zwischen Krisenmanagement und BV/LV einstellen, um agil in beiden Richtungen handlungsfähig zu sein.

Kapitel 4 | *Map of the Problematique*: Russlands hybride und politische Kriegsführung

Russland beherrscht die Kunst der hybriden Kriegsführung meisterhaft. Die Maßnahmen und Mittel, die Moskau in den vergangenen Jahren eingesetzt hat, um die westlichen Gesellschaften zu beeinflussen und ihre demokratischen Systeme zu destabilisieren, bereiteten den Nährboden für den völkerrechtswidrigen Angriffskrieg gegen die Ukraine. Auch wenn Russland die Einigkeit des Westens angesichts seiner Aggressionen unter- und sein eigenes konventionell-militärisches Potenzial überschätzt hat, sind die Auswirkungen der hybriden Kriegsführung auf die westlichen Staaten nicht zu übersehen. Naturgemäß unter der Schwelle zum konventionellen Konflikt angesiedelt, verwaschen hybride Aktivitäten die Grenze zwischen Krieg und Frieden. Ihre Anwendung in unterschiedlichen Staaten, in variierender Intensität und in verschiedenen Bereichen stellt die westlichen Gesellschaften vor eine Fülle neuer Herausforderungen, die zusammen eine *Map of the Problematique* ergeben – eine Wortschöpfung des Club of Rome aus dem Jahr 1972 – und die eine kohärente und womöglich zwischen mehreren Akteuren konzertierte Antwort erschweren.

Hybride Kriegsführung: Eine Annäherung

Allgemeine Definition in der Literatur und unter Expert:innen

Der Begriff der hybriden Kriegsführung erfreute sich seit Russlands illegaler Annexion der Krim zunehmender Popularität und wird dazu verwendet, eine Vielzahl von gleichzeitig stattfindenden, malignen Aktivitäten Moskaus und Pekings zu beschreiben, die darauf abzielen, die westlichen Gesellschaften zu unterwandern, zu beeinflussen und zu destabilisieren.

Es handelt sich bei der hybriden Kriegsführung kaum um eine neue Erscheinung: Wie Jan Joel Andersson und Thierry Tardy in einem 2015 erschienenen Papier für das European Union Institute for Strategic Studies anmerken, haben sich auch die westlichen Staaten bereits hybrider Mittel bedient, ohne diese als »hybrid« zu bezeichnen.[161] Wie die NATO auf ihrer Website feststellt, sind »Propaganda, Täuschung, Sabotage und andere nichtmilitärische Taktiken« nicht erst in den letzten Jahren aufgekommen. Neu seien jedoch »Geschwindigkeit, Ausmaß und Intensität« dieser Art von Attacken.[162]

Dennoch existiert keine einheitliche Definition – dafür aber eine ganze Reihe an unterschiedlichen Termini, die teils synonym verwendet werden, um ähnliche Phänomene zu beschreiben. So sprechen manche Expert:innen von »politischer Kriegsführung«, angelehnt unter anderem an das Memo des 2005 verstorbenen US-amerikanischen Historikers und Diplomaten George F. Kennan aus dem Jahr 1948, in dem dieser »offene und verdeckte« Operationen »unter der Schwelle zum Krieg« unter den Begriff subsumiert. Außerdem hebt Kennan die politische Kriegsführung des Kremls als die »am besten ausgeklügelte und effektivste in der Geschichte« hervor.[163] Andere verwenden die

Begriffe »Grey/Gray-Zone«, »irreguläre Kriegsführung« oder »ambiguous warfare«, um hybride Aktivitäten zu definieren.[164] Im Zusammenhang mit China wird gerne der Begriff der »Salami-Taktik« verwendet, um das Vorgehen Pekings im Südchinesischen Meer zu beschreiben.[165]

Die Vermehrung dieser unterschiedlichen Begrifflichkeiten, die sich in Nuancen unterscheiden können, jedoch im Großen und Ganzen dasselbe Phänomen umreißen, ist natürlich auch dem Umstand geschuldet, dass Analyst:innen, denen es gelingt, neue, populäre Konzepte zu prägen, zu Prestige gelangen. Auch nutzen sich »trendige« Begriffe in den internationalen Beziehungen schnell ab, selbst wenn sie noch nicht im Detail verstanden worden sind. Die Erfindung synonymer Termini bietet sich daher an, um einer »Ermüdung« des Diskurses vorzubeugen. Nach wie vor bietet jedoch die Definition des Vordenkers zu hybrider Kriegsführung, Frank Hoffman, einen soliden Rahmen an, um über hybride Bedrohungen nachzudenken. In einem 2014 veröffentlichten Kommentar zu Russlands Vorgehen in der Ukraine beschreibt Hoffman die Quelle hybrider Gefahren als »jeglichen Gegner, der einen zugeschnittenen Mix aus konventionellen Waffen, irregulären Taktiken, Terrorismus und kriminellem Verhalten zur gleichen Zeit und auf dem gleichen Gefechtsfeld einsetzt, um seine politischen Ziele zu erreichen«.[166] In einem Beitrag von 2007 betont Hoffman zudem die »multi-modale« Natur hybrider Aktivitäten, die dazu diene, auf dem Schlachtfeld »synergetische Effekte« zu erzielen.[167] Die gleichzeitige Anwendung von konventionellen und irregulären Taktiken, Terrorismus und kriminellen Aktivitäten als »frühesten Prototypen« hybrider Kriegsführung unterscheide sich, so Hoffman, von aktuelleren Ausprägungen durch das Fehlen von Multidimensionalität, dem Zusammenspiel von unterschiedlichen staatlichen und militärischen Ebenen (operationelle Integration) und dem Nutzen des Informationsraumes.[168]

Was verstehen NATO und EU unter hybrider Kriegsführung?

Im Kontext der NATO wurde der Begriff »hybrid« erstmalig offiziell im Abschlussdokument des Gipfels in Wales im Jahr 2014 genannt, einem Treffen, das massiv unter dem Eindruck der sich entfaltenden Krise in der Ukraine stand.[169] Hatte die NATO in ihrem Strategischen Konzept von 2010 – zwei Jahre nach dem Krieg in Georgien – noch betont, sie strebe eine »echte strategische Partnerschaft« mit Russland an und die Gefahr einer konventionellen Attacke Russlands gegen NATO-Territorium sei »gering«,[170] begann sich die Bedrohungswahrnehmung mit dem Beginn der russischen Aggressionen gegen die Ukraine zu ändern. Seitdem ist der Rekurs auf hybride Gefahren ein fester Bestandteil der Bedrohungswahrnehmung der Europäer und der NATO.

So wird im Gipfeldokument von 2014 die Bedrohungslage umrissen als »spezifische Herausforderungen, die durch Bedrohungen der hybriden Kriegsführung entstehen« und in der »eine Bandbreite an offenen und verdeckten militärischen, paramilitärischen und zivilen Mitteln in einem hochgradig integrierten Design eingesetzt werden« – was wiederum gut zu dem von Hoffman angesprochenen Kriterium der Multidimensionalität passt. Eine hybride Strategie wird damit von der NATO definiert als hochgradig komplexes und langfristiges Vorgehen, das auf einer Gleichzeitigkeit und Verbundenheit der jeweiligen Methoden und Aktivitäten beruht. Sie trägt damit im Idealfall (aus Sicht des Angreifers) zu einer gleichzeitigen Destabilisierung des Gegners auf unterschiedlichen Ebenen bei.

Die Gipfelerklärung im Jahr 2018[171] hebt noch etwas konkreter hervor, dass Russland »die euro-atlantische Sicherheit und Stabilität durch hybride Aktivitäten herausfordert, insbesondere durch versuchtes Eingreifen in Wahlen (…), weitreichende Desinformationskampagnen und bösartige Cyber-Aktivitäten«. Im neuen Strategischen Konzept von 2022 schließlich heißt es: »Autoritäre Akteur:innen (...) führen bösartige Aktivitäten im Cyberspace und Weltraum aus, sie verbreiten Desinformationskampagnen, instrumentalisieren Migration, manipulieren die Energieversorgung und bauen wirtschaftlichen Druck auf. Diese Akteur:innen stehen außerdem an der Spitze eines bewussten Bemühens darum, multilaterale Normen und Institutionen zu unterwandern und ein autoritäres Regierungsmodell zu verbreiten.«[172]

Dabei ist es wichtig zu betonen, dass all diese Aktivitäten, würden sie jeweils für sich stehen, nicht als »hybrid« definiert würden. Erst die Kombination mit anderen Methoden und die synchrone Anwendung innerhalb desselben »Schlachtfelds« machen sie zum Bestandteil einer hybriden Strategie. Bemerkenswert ist außerdem, dass sich das Repertoire an hybriden Aktivitäten erweitert hat. Kritisierte Hoffman 2014 noch, dass der Begriff der hybriden Gefahren keine ökonomischen und politischen Aktivitäten, Methoden des Informationskriegs oder diplomatischen Instrumente umfasse, wie beispielsweise das Unterwandern von Nichtregierungsorganisationen oder das Erstellen falscher Webseiten, so gehören heute auch Migration und Energieversorgung zu den Bereichen, in denen hybride Mittel Anwendung finden können.

Die EU fügt der Liste an Aktivitäten, die unter hybride Bedrohungen fallen, außerdem »Lawfare« hinzu,[173] ein Begriff, der aus den englischen Begriffen »law/legal« und »warfare« zusammengesetzt ist und mit dem eine »Instrumentalisierung des Rechts zur Verfolgung von politischen Partikularinteressen, auch mit militärischen Mitteln«, gemeint ist.[174] Im Kontext Russlands stellt Mark Voyger fest, dass »Lawfare« ein weiteres Element im hybriden Werkzeugkasten des Kremls ist, um insbesondere Einfluss in den ukrainischen Regionen Donbas und

Krim sowie in eingefrorenen Konflikten in Transnistrien, Südossetien und Bergkarabach auszuüben.[175]

Einen weiteren wichtigen Aspekt hybrider Bedrohungen hebt das European Centre of Excellence for Countering Hybrid Threats (Hybrid CoE) in Helsinki hervor, eine autonome internationale Organisation, die eng mit der NATO und der EU zusammenarbeitet: »Hybride Aktionen zeichnen sich durch Ambiguität aus.« Üblicherweise ist ein Charakteristikum von hybriden Bedrohungen, dass sie unter der Schwelle des Krieges stattfinden, doch sie verwischen auch ganz grundsätzlich die Grenze zwischen Krieg und Frieden. Sie finden, so die CoE-Definition, an der Schnittstelle zwischen Krieg und Frieden, interner und externer Sicherheit, lokaler und staatlicher Ebene sowie nationaler und internationaler Ebene statt. Durch die Vagheit und Zweideutigkeit der Attacken werde zudem das Identifizieren von Verantwortlichen (die sogenannte Attribution) ebenso erschwert wie eine Antwort.[176]

Hybride Gefahren in den sicherheitspolitischen Dokumenten westlicher Staaten

Die NATO-Staaten sind sich der Gefahr, die von hybriden Aktivitäten ausgeht, sehr bewusst. Zu diesen Aktivitäten gehören nicht nur die Methoden, die Russland anwendet, sondern auch potenzielle Bedrohungen durch andere staatliche Akteure oder nichtstaatliche Akteure (wie beispielsweise China). So sind hybride Gefahren als wichtiges Feld in verschiedenen nationalen Sicherheitsstrategien aufgeführt. Dies trifft auf Belgien zu, das 2022 zum ersten Mal eine eigene nationale Sicherheitsstrategie veröffentlicht hat,[177] aber auch auf Frankreich, das 2022 seine »National strategic review« überarbeitet hat und sich mit einer »globalisierten hybriden Kriegsführung« konfrontiert sieht.[178] Die

Tschechische Republik hat 2021 sogar eine »Nationale Strategie zur Bekämpfung von hybrider Einflussnahme« veröffentlicht,[179] und die slowakische Regierung hat 2020 eine neue Behörde eingerichtet, die sich mit hybriden Bedrohungen befasst.[180]

Während einige Dokumente wie das der Tschechischen Republik sowie die Nationale Sicherheitsstrategie Kroatiens[181] sich eher zurückhalten, was die explizite Nennung von Initiator:innen hybrider Bedrohungen angeht, sind die öffentlich einsehbaren Jahresberichte der baltischen Sicherheitsbehörden wesentlich deutlicher. Insbesondere diese Dokumente konzentrieren sich nicht allein auf russische Aktivitäten, sondern benennen auch die hybriden Methoden der belarussischen Regierung beziehungsweise das Zusammenspiel der beiden. Ausschlaggebend war die Instrumentalisierung von irregulären Migrant:innen an der polnisch-belarussischen Grenze durch das Lukaschenko-Regime. So warnt der Auslandsnachrichtendienst Estlands vor »Lukashenkos hybridem Krieg gegen den Westen«.[182] Der lettische State Security Service VDD konstatiert: »Der Westen, inklusive Lettlands, sieht sich seit Ende des letzten Jahres [gemeint ist Ende 2021] mit zunehmenden hybriden Aktivitäten vonseiten Russlands konfrontiert. Darunter fallen eine steigende Bedrohung, die von den nachrichtendienstlichen und Sicherheitsbehörden ausgehen, sowie andere Maßnahmen nichtmilitärischer Einflussnahme, die dazu dienen, die öffentliche Meinung positiv auf Russlands imperialistische Ambitionen einzustimmen.« Mit Blick auf Belarus fährt der VDD-Bericht fort, »Lettland, Litauen und Polen waren mit einer nie dagewesenen hybriden Attacke konfrontiert, die von belarussischem Territorium ausging.« Die nationale Bedrohungsanalyse der litauischen Geheimdienste beklagt zudem Russlands Strategie des »legal warfare« gegen drei litauische Richter und sieht deren Verurteilung in Abwesenheit als eine Methode des Kremls, historische Narrative in seinem Sinne zu beeinflussen.[183]

Manche sicherheitsrelevanten Dokumente rekurrieren auf hybride Gefahren, ohne dabei den entsprechenden Terminus zu verwenden. So listet der niederländische Inlands- und Auslandsgeheimdienst AVID eine Reihe von Bereichen auf, in denen russische Aktivitäten für das Land problematisch sind, so etwa die strategischen Implikationen der europäischen Abhängigkeit von russischem Gas, Spionage, verdeckte Einflussnahme und Desinformation.[184] Auch der Jahresbericht »Focus 2022« des norwegischen Geheimdienstes verwendet das Wort »hybrid« nicht, beschreibt jedoch Methoden, die in das Schema passen: »Russland verfügt über eine große Bandbreite an Instrumenten, die gegen zivile Ziele eingesetzt werden können, etwa die politische Führung, kritische Infrastruktur und Ziele mit hohem ökonomischem Wert. (…) Diese können ebenso mit einer Reihe von Methoden beeinflusst oder attackiert werden, bevor es zu einem offenen militärischen Konflikt kommt, unter anderem durch politische Einflussnahme, Informationskrieg, Netzwerkattacken, Sabotage, Infiltration, Einstellen der Energieversorgung und Grenzverletzungen.«[185]

Zusammengefasst lässt sich feststellen, dass hybride Gefahren in den NATO-Staaten sehr präsent sind und in deren sicherheitspolitischen Dokumenten behandelt werden – mit kleineren Abweichungen bezüglich des geografischen Fokus und der Art von hybriden Angriffen, mit denen sich die jeweiligen Länder konfrontiert sehen.

Hybride Kriegsführung in der Praxis: Beispiele

Unter den hybriden Taktiken, die Russland anwendet, um die westlichen Staaten zu spalten und deren Gesellschaften zu unterwandern, sticht die systematische Desinformation durch ihre All-Verfügbarkeit und ihre All-Zugänglichkeit besonders hervor. Gezielte Desinformation, dazu gehören auch *Fake News* und *Deep Fakes*, bildet ein Grundrauschen der Verunsicherung in westlichen Gesellschaften. Insbesondere die COVID-19-Pandemie hat gezeigt, wie leicht internationale Krisen von malignen Akteur:innen dazu genutzt werden können, ein demokratiefeindliches Weltbild zu verbreiten. Eine weitere hybride Methode, die potenziell alle NATO-Staaten, in denen es eine große russischsprachige Gemeinschaft gibt, zu einem Ziel russischer Aktivitäten macht, ist die gezielte Beeinflussung von russischen Landsleuten, sogenannten »Compatriots«, mit dem Ziel, den öffentlichen Diskurs in eine russlandfreundliche Richtung zu lenken. Als drittes praktisches Beispiel wird im Folgenden außerdem die wesentlich spezifischere und maßgeschneiderte Methode des *Lawfare* beschrieben. Und schließlich wird es in diesem Kapitel auch um die Gefahr, die von russischen Cyberattacken ausgeht, gehen.

Wie bereits erwähnt, reichen die hybriden Aktivitäten Moskaus über diese vier Beispiele weit hinaus. Doch sie geben einen Eindruck davon, wie die deutschen und anderen europäischen Gesellschaften zum Ziel von derartigen russischen Aktivitäten werden – und wie schädlich diese für liberale, demokratische Gesellschaften sein können. Insbesondere in den ersten beiden Beispielen zeigt sich zudem, dass die russische Einflussnahme weder inhaltlich noch zeitlich oder lokal klar eingegrenzt werden kann, was insbesondere Desinformationskampagnen zu einer Art Selbstläufer macht, der sich potenziell verstetigen kann.

Desinformation: »Gaslighting« auf internationaler Ebene

Unter den neueren Spielarten der hybriden Bedrohungen hat insbesondere der sogenannte Informationskrieg in den vergangenen Jahren erheblich an Bedeutung gewonnen. Das Aufkommen von breit angelegten Desinformationskampagnen und Fake News, mit denen maligne Akteur:innen heute mit relativ geringem Aufwand ein potenziell großes Publikum erreichen (und beeinflussen) können, erweitert den Spielraum für hybride Kriegsführung. Desinformation und Falschnachrichten, so definiert es die Bundesregierung, werden gezielt eingesetzt, um »Menschen vorsätzlich zu täuschen oder zu beeinflussen«. Die Täuschungsabsicht unterscheide sie dabei von der reinen Fehlinformation, die unwissentlich oder versehentlich in Umlauf gebracht wird.[186] Zu den besonders perfiden Taktiken gehört das Kreieren von *Deep Fakes* mittels künstlicher Intelligenz – oft täuschend echt wirkender Videos oder Bilder, die beispielsweise Politiker:innen Worte in den Mund legen, die diese nie gesagt haben, oder Akteur:innen an Orten zeigen, an denen sie nie gewesen sind.

Das gezielte Manipulieren von Rezipient:innen durch falsche Informationen nimmt, wie Paul Charon vom Strategischen Forschungsinstitut der französischen École militaire (IRSEM) in einem Beitrag aus dem Jahr 2021 feststellt, die Form eines »Gaslighting-Habitus« an: »Es wird als eine hinterhältige Täuschungstechnik definiert, die darauf abzielt, das Vertrauen ihrer Opfer in ihre Fähigkeit zu untergraben, zwischen Wahrheit und Unwahrheit, richtig und falsch oder Fakten und Illusionen zu unterscheiden.«[187] Gaslighting wird insbesondere jüngeren Leser:innen aus einem populärwissenschaftlichen psychologischen Diskurs bekannt sein. Der Begriff geht auf das Theaterstück »Gas Light« von Patrick Hamilton aus dem Jahr 1938 zurück, das 1944 unter dem Titel »Das Haus der Lady Alquist« für die Leinwand adaptiert wurde. In dem Film wird eine junge Sängerin, gespielt von Ingrid Bergmann, von ihrem manipulativen Ehemann durch perfide Taktiken langsam um den Verstand gebracht. Die Protagonistin hört Geräusche, wo keine sein können, es verschwinden Dinge auf unerklärliche Weise, und das Gaslicht im Haus flackert ständig. Der Ehemann, der hinter all diesen Vorkommnissen steckt, lässt seine Gattin in dem Glauben, sie wäre dem Wahnsinn anheimgefallen.

Mittlerweile wird in der sozialwissenschaftlichen Forschung das Konzept des Gaslighting von einigen Autor:innen auf den politischen Kontext übertragen. So beschreibt beispielsweise die Philosophin Natascha Rietdijk die Parallele zwischen »post-truth politics« als politischem Diskurs, der unter einem Mangel an Fakten leidet, und kollektivem Gaslighting.[188] Auch Journalist:innen haben den Terminus aufgegriffen, um auf aktuelle politische Entwicklungen hinzuweisen. So schrieb Rafael Behr 2018 im *Guardian* über die Tories und den Brexit: »Die letzten beiden Jahre haben sich angefühlt wie eine breit angelegte Übung im Gaslighting.«[189]

Gaslighting im politischen Kontext ist kein neues Phänomen. Es hat jedoch durch die überwältigende Verfügbarkeit von Informationen und Quellen rund um die Uhr eine neue Qualität gewonnen. Mussten sich windige Politiker:innen vor dem Internetzeitalter noch anstrengen, die Printmedien und TV-Journalist:innen für die (unbewusste) Verbreitung ihrer Fehlinformationen zu gewinnen, so profitieren die Desinformationskampagnen des Kremls von Bots und Trollfabriken, welche die Botschaften rasend schnell multiplizieren und verbreiten. Nie war es einfacher, Politiker:innen und Teile von offenen Gesellschaften, die dafür anfällig sind, zu gaslighten und damit ganz entscheidend auch das Vertrauen in den Staat und die Gesellschaft selbst zu erodieren. Denn ein zentraler Aspekt von Gaslighting, so schreibt Merriam-Webster, ist eine »psychologische Manipulation«, die dazu führt, dass das Opfer seine eigene Auffassung von der Realität anzweifelt, woraus Verwirrung und Verlust von Selbstvertrauen folgen können.[190]

Wie Paul Charon feststellt, sei insbesondere während der Amtszeit von Donald Trump eine »einzigartige Art der Informationsmanipulation« aufgekommen.[191] Für Russland war das vom amerikanischen Ex-Präsidenten betriebene Gaslighting eine ideale Ausgangssituation für seine eigenen Aktivitäten. Zwar ist es dem Kreml nicht gelungen, die euro-atlantische Gemeinschaft zu spalten, doch eine Zeitlang bestanden unter anderem in Deutschland Zweifel an der Verlässlichkeit der USA. Russland spielten die (für die meisten Menschen) offensichtlichen Lügen Trumps in die Hände: Die Ablehnung des US-Präsidenten in den meisten westlichen Gesellschaften nutzte Moskau, um die amerikanische Kritik bezüglich der Produktion einer zum damaligen Zeitpunkt verbotenen russischen Mittelstreckenrakete[192] zu unterminieren. Unter fadenscheinigen Begründungen schob Moskau abwechselnd dem »kollektiven Westen« die Schuld zu und stellte die Produktion der Rakete als Antwort auf einen angeblichen amerikanischen Vertragsbruch dar, leugnete die Existenz des Systems oder verbreitete Fehlinformationen über dessen technischen Ausstattungen.[193]

Auch unter deutschen Politiker:innen gab es einige, die zumindest zu Beginn der Debatte an den amerikanischen Anschuldigungen gegenüber Russland zweifelten und einen Teil der Schuld bei den USA suchten – ungeachtet der Tatsache, dass bereits die Obama-Administration einen russischen Vertragsbruch konstatiert hatte. Den amerikanischen Austritt aus dem INF-Vertrag sah beispielsweise die Grünen-Politikerin Katja Keul als Versuch, »die lästige Verpflichtung unbedingt loszuwerden«. Und folgerte: »… [e]uropäische Sicherheitsinteressen spielen dabei leider keine vorrangige Rolle mehr«.[194] Der FDP-Abgeordnete Bijan Djir-Sarai stellte fest: »… [j]edem war klar, wie Präsident Trump mit internationalen Abkommen umgeht, und jedem war klar, was sein Sicherheitsberater John Bolton von diesem INF-Vertrag hält, nämlich nichts«.[195] Kathrin Vogler von der Linken fügte hinzu, die amerikanische Regierung interessiere es »nicht die Bohne«, sich gemeinsam mit Russland

»um eine Ausräumung der strittigen Punkte« zu bemühen.[196] Und wenig überraschend war die AfD ganz vorne dabei, als es darum ging, die russische Seite zu verteidigen. So lobte etwa der Abgeordnete Robby Schlund Russlands Bereitschaft, »offen und kompromissbereit auf die USA zuzugehen«.[197] Wesentlich diplomatischer drückte sich der damalige Außenminister Maas aus, als er im November 2018 in einer Rede im Bundestag mahnte: »... wichtig ist, dass sich der Austausch eben nicht in gegenseitigen Schuldzuweisungen erschöpft (...). Denn: Aus zwei Monologen entsteht noch lange kein vernünftiger Dialog.«[198]

Wie in einem Musterstück von Desinformation mit Gaslighting-Effekt kamen in diesem Beispiel mehrere Faktoren zusammen, die ein weitgehend unübersichtliches Bild geformt haben. Die Aussagen eines Präsidenten, dessen Wahlkampf von Russland unterstützt worden war und der offen seine Ablehnung gegenüber der NATO zum Ausdruck brachte, haben das Vertrauen innerhalb der transatlantischen Gemeinschaft unterminiert. Dies wiederum war ein idealer Nährboden für Moskau, falsche Informationen unter anderem zu seiner Erfüllung der Verpflichtungen aus dem INF-Vertrag zu verbreiten. Ohne diesen Vertrauensverlust, den Trump selbst vorangetrieben hatte, hätten sich Amerika- und NATO-skeptische sowie russlandfreundliche Narrative wohl nicht so schnell verbreitet – beispielsweise, dass der NATO-Raketenschirm in Osteuropa destabilisierend sei,[199] dass die USA grundlos gegenseitige Inspektionsmaßnahmen ablehnten oder dass Washington selbst vertragsbrüchig geworden sei. Natürlich ist es legitim, die Sinnhaftigkeit eines amerikanischen Austritts aus dem Vertrag kritisch zu beleuchten. Allerdings ignorierte die Debatte (wie auch viele Abgeordnete), dass Russland bereits in den frühen 2000er-Jahren den USA gegenüber zu verstehen gegeben hatte, man beabsichtige, aus dem INF-Vertrag auszutreten.

So teilte der damalige Verteidigungsminister Sergei Iwanow

im Oktober 2004 seinem amerikanischen Amtskollegen Donald Rumsfeld mit, sein Land beabsichtige, aus dem Vertrag auszusteigen. 2007 fügte er hinzu, der Vertrag sei ein »Relikt aus dem Kalten Krieg«. Während der Münchener Sicherheitskonferenz (MSC) 2007[200] verlieh Putin abermals seinen Zweifeln an dem Vertrag Ausdruck.[201] Der Jahresbericht 2019 des State Department über die Einhaltung von Rüstungskontrollverträgen fand indes klare Worte zu Russlands Verschleierungstaktik. Die Antwort der russischen Seite sei stets gewesen: »... jegliches Fehlverhalten abstreiten, mehr Informationen fordern (...) und haltlose Gegenanschuldigungen äußern, wonach die USA den Vertrag verletzten. Über fünf Jahre lang hat Moskau vorgegeben, dass es nicht wisse, über welche Rakete oder Tests die USA sprächen. Erst als die USA die Bezeichnung für die Rakete – 9M729 – öffentlich machten, hat Russland die Existenz des fraglichen Marschflugkörpers zugegeben.«[202]

Auch wenn sich das Vertrauensverhältnis in der transatlantischen Gemeinschaft wieder besserte, je durchschaubarer die russische Strategie wurde und je schwerer die amerikanischen Vorwürfe der Vertragsverletzung wogen, zeigt dieses Beispiel, wie schnell unter günstigen Bedingungen tiefe Gräben entstehen können.

»Compatriots«: Die Instrumentalisierung der Diaspora

Erinnern Sie sich noch an Lisa, das dreizehnjährige Mädchen, das aus einer russlanddeutschen Familie stammt und im Januar 2016 verschleppt und von arabischen Flüchtlingen vergewaltigt worden sein soll? Aus Empörung gingen damals Tausende russlanddeutsche Mitbürger:innen auf die Straße, um gegen die Flüchtlingspolitik der Regierung zu protestieren. Bald wurde klar: Das Mädchen existierte, doch die Geschichte war frei erfunden und wurde von den russischen Medien ausgeschlachtet. Es ist nicht messbar, inwieweit sich der »Fall Lisa« auf die Landtagswahlen in Berlin und Baden-Württemberg im gleichen Jahr ausgewirkt hat. Doch gerade in den Hochburgen der Russlanddeutschen fielen die Ergebnisse für die AfD besonders hoch aus.[203] Zudem nährt dieser Fall generell Befürchtungen, dass ähnliche Vorfälle in Zukunft Wahlen, inklusive Bundestagswahlen, beeinflussen könnten.

Im »Fall Lisa« stammte das Gerücht von dem Mädchen selbst. Es handelte sich also ursprünglich nicht um einen vorsätzlichen Akt der Desinformation vonseiten Moskaus. Doch russische Medien und sogar die Regierung nutzten den Fall für sich, indem sie flüchtlingsfeindliche Narrative spannen.[204] Der Propagandasender RT Deutsch suggerierte, das Mädchen sei von der deutschen Polizei unter Druck gesetzt worden, und schimpfte auf die »russophoben Mainstreammedien«.[205] Die Kampagne gewann derart an Bedeutung, dass die deutsche Regierung den Bundesnachrichtendienst und das Auswärtige Amt anwies, die russischen Quellen von Manipulation der öffentlichen Meinung in Deutschland zu untersuchen.[206] In einer Regierungspressekonferenz im Januar 2017 sagte der Sprecher des Auswärtigen Amtes, Martin Schäfer, auf die Frage, wie er den Fall rückblickend betrachte: »Wir waren (…) an einem bestimmten Punkt dann auch bestürzt darüber, dass sich auch das offizielle Moskau des Themas in einer Art und Weise angenommen hat, die niemals dem tatsächlichen Faktenverlauf entsprach.« Schäfer fuhr fort, er könne »zur Motivlage derjenigen, die das Thema damals politisch hochgezogen haben, nichts sagen«, wenngleich »niemand bestreiten« könne, »dass es damals mindestens ein nach Zusammenwirken aussehendes Verhalten von Vertretern der russischen Medien und von russischen Offiziellen in Berlin und Moskau gegeben hat«.[207]

Deutschland, so schrieb der Russlandexperte Stefan Meister in einem Beitrag für die NATO Review im Jahr 2016, sei aufgrund seiner Rolle in der Ukrainekrise und aufgrund Angela Merkels konsequenter Position hinsichtlich Sanktionen eines der Hauptziele russischer Desinformation.[208] Doch auch der hohe Anteil von sogenannten »Russlanddeutschen« an der Gesamtbevölkerung macht Deutschland zu einem potenziell interessanten Ziel für Moskau – zwischen 1950 und 2014 allein wurden 4,5 Millionen (Spät-)Aussiedler:innen und deren Angehörige in Deutschland aufgenommen, davon stammen ca. 2,4 Millionen Personen aus der ehemaligen Sowjetunion.[209] Damit soll keineswegs angedeutet werden, dass eine Mehrheit der postsowjetischen (Spät-)Aussiedler:innen den Kurs des Kremls befürwortet. Dafür, so stellt Natalie Klauser in einem Beitrag für die Konrad-Adenauer-Stiftung über die politischen Einstellungen der russlanddeutschen Gemeinschaft fest, sei die Datenlage zu dünn. Es gebe aber einen Trend, wonach insbesondere ältere Personen über 55 Jahren für Propaganda im russischsprachigen Fernsehen empfänglich seien und die Häufigkeit des Konsums das Vertrauen in die Kreml-Linie erhöhe. Dennoch, so Klauser, diene gerade in den jüngeren Generationen vermehrt Social Media als Einfallstor für Propaganda.[210]

Auch wenn keine eindeutigen Aussagen über die russlanddeutsche Gemeinschaft getroffen werden können, so stellt allein die Existenz einer großen russischsprachigen Minderheit in Deutschland ein Potenzial aus Sicht des Kremls dar und kann daher als Anreiz für Desinformationskampagnen betrachtet werden. Auch ist bekannt, dass die AfD, ihrerseits sehr empfänglich für Kreml-Propaganda, bei russlanddeutschen Bürger:innen populär ist. So hat sich im Juli 2016 beispielweise die selbsterklärte Interessengemeinschaft »Russlanddeutsche für die AfD NRW« gegründet, die unter dem Twitter-Account @AfDrus gegen Migration, die Bundesregierung, das Gendern und die USA hetzen. Während der Twitter-Account wenige Tausend Follower:innen hat, bringt es die »Russlanddeutsche für die AfD«-Seite auf der russischen Plattform »Odnoklassniki« (»Klassenkameraden«) auf über 33.000. Der Migrationsforscher Jannis Panagiotidis sagt zum AfD-Ruck der Russlanddeutschen, die Berichterstattung, alle (Spät-)Aussiedler:innen wählten AfD, sei zwar teilweise übertrieben worden, doch der Trend sei keine »mediale Illusion«: »Es waren mehr als in der Gesamtbevölkerung.«[211]

Doch nicht nur in Deutschland ist die Sorge vor russischem Einfluss auf einzelne Bevölkerungsgruppen seit Jahren groß. Insbesondere die baltischen Staaten, in denen ebenfalls große russischsprachige Gemeinschaften leben, setzen sich mit dieser Gefahr schon lange auseinander.[212] So schreibt der estnische Auslandsgeheimdienst in seinem öffentlich zugänglichen Jahresreport 2021, Russland setze »psychologische Kriegsführung« ein, mit dem Ziel, die Perspektiven und das Verhalten eines ausländischen Publikums zu beeinflussen. Weiter heißt es, die »Ziele der psychologischen Kriegsführung schließen die politische Führung, Angehörige des Militärs und deren Familien, Zivilist:innen und bestimmte spezielle Zielgruppen mit ein, beispielsweise ethnische und religiöse Minderheiten, Oppositionsgruppen und Geschäftsleute«.[213] So füttere der Militärnachrichtendienst GRU englischsprachige Portale wie infobrics.org und inforos.ru mit Propaganda, richte sich aber auch mit spezifischen Medienplattformen gezielt an Russ:innen, die im Ausland leben.

Besorgt äußert sich auch der lettische Inlandsgeheimdienst VDD über die »Compatriot«[214]-Politik der russischen Regierung – der Vereinnahmung von Landsleuten im Ausland zu nationalen Zwecken oder, wie es Sarah Coolican formuliert: »die Diaspora als ein außenpolitisches Instrument des Heimatlandes«.[215] Basierend auf dem Konzept einer »Russkiy Mir«

(»Russische Welt«), die sich über nationale und kulturelle Aspekte definiert und sowohl Russen in Russland als auch russischsprachige »Compatriots« im Ausland einschließt,[216] sieht sich der russische Staat in der Pflicht, den Schutz der russischsprachigen Diaspora zu garantieren – und scheut zu diesem Zweck nicht davor zurück, »Gefahren« zu erfinden. So verbreiten laut dem VDD-Report in Russland sitzende Organisationen Fake News über die lettische Regierung und deren Aktivitäten. Diese betreibe eine »russophobe Politik« (ein Argument, das auch im deutschen Kontext aufgetaucht ist), zudem würden in den baltischen Staaten Journalist:innen und Menschenrechtsaktivist:innen angegriffen, die antifaschistische Standpunkte vertreten.

Darüber hinaus hat sich mit der »Latvian Russian Union« (LKS) eine Partei gegründet, welche die lettische Regierung zusätzlich diskreditiert. Und es gibt eine Fülle weiterer Informations- und Bildungsangebote für (junge) »Compatriots« in Lettland, welche die Kreml-Desinformation unters Volk bringen sollen.[217] Die Bedrohungsanalyse der litauischen Geheimdienste 2021 kritisierte in diesem Zusammenhang scharf die russische Propaganda während der Corona-Pandemie, die dazu gedient habe, »Verwirrung zu streuen und COVID-19-bezogene Verschwörungstheorien zu verbreiten« – und damit den Zusammenhalt des Westens zu schwächen.[218]

In Russland ist insbesondere die vom ehemaligen russischen Ministerpräsidenten Dmitri Medwedew[219] 2008 gegründete, dem Außenministerium unterstehende Behörde Rossotrudnichestvo (Föderalagentur für Angelegenheiten der GUS, für Fragen der im Ausland lebenden Mitbürger und für internationale humanitäre Zusammenarbeit) für den Zusammenhalt der Diaspora sowie den Schutz russischsprachiger Minderheiten im Ausland zuständig. Rossotrudnichestvo betreibt zahlreiche Büros in den GUS-Staaten und Europa. Auf Wikipedia wird die

Einrichtung mit dem deutschen Goethe-Institut und dem Institut français verglichen.[220] Doch allein die Repräsentanz von Rossotrudnichestvo in den abtrünnigen georgischen Regionen Südossetien und Abchasien, die Russland nach dem Georgienkrieg 2008 als unabhängige Regionen anerkannte, lässt einen stutzig werden.

In Berlin residiert eine Unterorganisation von Rossotrudnichestvo unter dem Namen »Russisches Haus« prominent in der Friedrichstraße – nicht weit vom Brandenburger Tor und der Russischen Botschaft. Auf seinem Telegram-Account »Russkiy Dom« informiert das Russische Haus täglich mit mehreren Beiträgen beispielsweise über seine »außenpolitischen Erfolge in 2022«, lobt die »humanitäre Hilfe« Russlands für die Zivilbevölkerung im Donbas und postet folkloristische Fotos von possierlichen Kindern auf Weihnachtsfeiern, Frauen in traditioneller Kleidung und bestürzend vertrauenerweckend aussehenden Journalist:innen, Redner:innen und Absolvent:innen von russischen Sprachkursen. Politisch scheint dieser Kanal mit der Friedenstaube im Logo nur ganz am Rande, beispielsweise wenn über ein Projekt in der abchasischen Stadt Gagra berichtet wird. Die Website des Russischen Hauses dagegen ist erstaunlich leer, auch wenn, laut einem Bericht der *Berliner Zeitung*[221], weiterhin viel Betrieb im Russischen Haus herrscht. Beispielsweise wurde ein Film gezeigt, der Ukrainer:innen als Nazis verunglimpft, sowie Filme eines Regisseurs, der Gegnern des Kremls mit »Sterilisation« gedroht hat. Trotz EU-Sanktionen, von denen auch Rossotrudnichestvo betroffen ist, hat der Berliner Senat jedoch bisher nichts unternommen, um die Propaganda-Aktivitäten des Kulturinstituts zu unterbinden, sodass das russische Außenministerium immer noch einen direkten Draht zu seinen »Compatriots« in Deutschland hat. Das Russische Haus selbst dementiert, dass das Außenministerium hier massiv Einfluss nimmt. Gegenüber den deutschen Medien teilte der Direktor, Pavel Izvolskiy, mit, das Russische Haus sei eigenständig und Rossotrudnichestvo lediglich der Betreiber.[222]

Auch in anderen Ländern unterhält Rossotrudnichestvo Repräsentanzen. 2018 waren es um die 100, wie die damalige Leiterin der Organisation, Eleonora Walentinowna Mitrofanowa, 2018 angab.[223] Das Ziel sei es, die Anzahl dieser russischen Wissenschafts- und Kulturzentren bis 2020 zu erhöhen. Diese Kulturzentren und »Russischen Häuser« haben den Auftrag, in Europa, Asien, Eurasien etc. ein positives Bild von Russland zu vermitteln, konservative Narrative zu befördern und aggressives russisches Verhalten unter dem Deckmantel humanitärer Aktivitäten zu legitimieren.[224] In strategisch wichtigen Regionen betreibt Rossotrudnichestvo gleich mehrere Büros, darunter drei in Belarus und jeweils eines in Abchasien und Südossetien (wie oben erwähnt). Auch in der Ukraine hat die Organisation zwei Büros in Kiew und Odesa betrieben,[225] um die »Compatriots« auf russische Linie zu bringen.

Tatsächlich scheint zuzutreffen, was Pavel Izvolskiy gegenüber der deutschen Presse zu verstehen gab: Die Russischen Häuser haben rechtlich einen nichtstaatlichen Status. Zwischen 2020 und 2021 wurde die Strategie Rossotrudnichestvos einer Revision unterzogen, mit dem Ergebnis, dass man die Eröffnung einer größeren Anzahl von inoffiziellen Büros abseits von Hauptstädten in kleineren Städten und in Kooperation mit lokalen Partnern plant.[226] Diese strategische Neuausrichtung zielt darauf, das Netz an Einfluss nehmenden Einheiten zu verdichten und kleinteiliger zu gestalten – und damit vermutlich auch unübersichtlicher zu machen.

Die Ziele dieser Einflussnahme sind breit gefächert. Die Russischen Häuser sprechen sowohl ein breiteres Publikum an, das am Erlernen der russischen Sprache interessiert ist, als auch junge Berufstätige und Student:innen, Expert:innen und

Journalist:innen. Und natürlich spielen die »Compatriots« eine zentrale Rolle.

Thinktanks und Expert:innen, so hat sich 2023 einmal mehr gezeigt, sind in größerem Ausmaß als bisher vermutet Ziel russischer Einflussnahme mithilfe von Compatriots. Der Fall von Natalia Burlinowa, der Präsidentin der Denkfabrik »PICREADI«, sticht hier besonders hervor. Burlinowa hat über die vergangenen Jahre hinweg zahlreiche Treffen mit europäischen und nordamerikanischen Expert:innen (insbesondere der jüngeren Generation) organisiert und diese in ihrem »Meeting Russia«-Projekt zusammengebracht, um ihnen die russische Sicht auf außen- und sicherheitspolitische Themen näherzubringen. Das allein wäre nicht weiter tragisch, doch arbeitete Burlinowa eng mit dem FSB zusammen und berichtete nicht nur über die Treffen, die sie organisierte, sondern auch detailliert über die Teilnehmer:innen nach Moskau. Heute wird sie vom FBI gesucht.[227]

Lawfare: Recht als Mittel zur Durchsetzung politischer Ziele

Obwohl *Lawfare* – oder auch *Legal Warfare* – ein wichtiges Element im Repertoire der hybriden Instrumente Moskaus ist, erfährt das Konzept immer noch wenig öffentliche Aufmerksamkeit und wird auch in der Expert:innen-Community noch oft übersehen.[228] Die erste wissenschaftlich relevante Definition des Begriffs wurde von Charles J. Dunlap in einem Essay für die Harvard University vorgeschlagen. Dunlap definiert *Lawfare* als »die Strategie, Recht einzusetzen – oder zu missbrauchen – als Ersatz für traditionelle militärische Mittel, zur Erreichung eines operationellen Ziels«.[229]

Während der Begriff *Lawfare* selbst im Russischen nicht existiert, finden sich entsprechende Stellen in der russischen

Militärdoktrin von 2014 und in der überarbeiteten Version von 2021, die besagen, dass Russland sich vorbehält, rechtliche Instrumente – neben anderen nichtmilitärischen Maßnahmen – einzusetzen, um seine Interessen beziehungsweise seine militärische Sicherheit zu verteidigen.[230] Die Tatsache, dass Recht als Mittel zur Erreichung politischer Ziele in zwischenstaatlichen Beziehungen (oder Konflikten) eingesetzt wird, wurde von Expert:innen als Trend insbesondere im Zuge der Ukrainekrise von 2014 erkannt. Es entwickelte sich eine Perspektive, die *Lawfare* als einen Bereich ansah, der sicherheitspolitische Belange betraf und daher für die Disziplin der Internationalen Beziehungen von Interesse sein sollte, nicht (nur) für die Rechtswissenschaft.[231]

Lawfare gab es natürlich schon vor 2014, und bevor dieses Phänomen im Kontext von hybriden Bedrohungen analysiert wurde, wies Dunlap darauf hin, dass Rechtsmittel nicht nur von gegnerischen Kräften gegen demokratische Staaten eingesetzt werden können, sondern dass auch demokratische Akteure von *Lawfare* als »affirmativer« Ressource profitieren – beispielsweise, wenn es um die Wiederherstellung von Rechtsstaatlichkeit in Konfliktregionen geht, um die Zerschlagung der Finanzierung terroristischer Organisationen durch Rechtsmittel oder, wie Dunlap es formuliert, um »legale ›Waffen‹«.[232] Tropin argumentiert in einem 2021 veröffentlichten Artikel zudem, dass *Lawfare* in einem breiten Sinne definiert werden sollte, und zwar nicht als reine »Manipulation« von Rechtsmitteln, sondern als »Einsatz von Rechtsmitteln, mit dem Ziel, die Aktivitäten eines Gegners zu de-legitimieren (oder die eigenen zu legitimieren) sowie die Zeit und Ressourcen eines Gegners zu binden und Vorteile bezüglich militärischer Aktivitäten oder anderer Sphären sozialer Beziehungen zu erreichen«.[233] Bachmann schreibt dazu in der NATO Legal Gazette: »Recht auf dem Schlachtfeld ist definitiv ein einzigartiges Instrument der Macht für gesetzestreue Akteur:innen und solche, die es nicht sind.«[234]

In diesem Sinne kann auch die Klage der Ukraine gegen Russland vor dem Internationalen Gerichtshof am 27. Februar 2022 als Teil von *Lawfare* verstanden werden – nämlich in dem Sinne, dass Kiew hierdurch versuchte, die aggressiven Aktivitäten Russlands zu delegitimieren. Doch Russland antwortete seinerseits im September 2022 mit einem monströsen Akt von *Lawfare*: Nach überstürzt organisierten Scheinreferenden in den Oblasten Kherson, Luhansk, Donetsk und Zaporizhzhia wurden in einer prunkvollen Zeremonie im Kreml am 30. September vier Annexionsverträge unterzeichnet, die Russland die volle Kontrolle über diese Regionen geben sollten. Ungeachtet der Tatsache, dass es sich um illegale Referenden handelte, die mitten in einem russischen Angriffskrieg stattfanden, hatte diese Zeremonie trotzdem eine große Auswirkung auf die Einschätzung nuklearer Gefahren. Die russische Militärdoktrin listet vier unterschiedliche Szenarien auf, die dazu führen könnten, dass Moskau sich für den Einsatz von Atomwaffen entscheidet. Darunter fällt auch eine Bedrohung der Existenz des russischen Staates.[235] Nun ist es ein Akt der strategischen Ambiguität, die Bedingungen offenzulassen, unter denen die Existenz Russlands gefährdet sein könnte. Unter westlichen Beobachter:innen kamen deshalb Befürchtungen auf, dass die ukrainische Gegenoffensive und der Einsatz westlicher Waffen in den annektierten Gebieten aus russischer Sicht eine Bedrohung darstellen könnten, die den Einsatz einer (taktischen) Atomwaffe rechtfertigt. Auch wenn die Zeremonie zur Unterzeichnung der Annexionsverträge bizarr wirkte und die Referenden eine Farce waren, hat Russland das strategische Kalkül dadurch – zumindest vorübergehend – beeinflusst. Dies traf insbesondere auf die westlichen Staaten zu, die sich von der Möglichkeit eines Atomwaffeneinsatzes eher beeindrucken ließen als die Ukraine. Die realen Auswirkungen lassen sich nicht abstreiten, beispielsweise wenn es um die Bereitschaft Deutschlands ging, weitere schwere Waffen an die Ukraine zu liefern.

Anhand dieser beiden Beispiele wird deutlich, dass *Lawfare* in unterschiedlichen Kontexten und zu unterschiedlichen Zwecken angewendet werden kann. Erst in Kombination mit anderen (malignen) Aktivitäten wird *Lawfare* zu einem Teil von hybrider Kriegsführung. Beispielsweise können die russischen Anschuldigungen gegenüber den USA, im Falle des INF vertragsbrüchig geworden zu sein, in Kombination mit der Desinformationskampagne rund um das eigene damals illegale Raketensystem als Teil einer hybriden Strategie betrachtet werden.

In den strategischen Dokumenten der NATO-Staaten findet *Lawfare* nur zögerlich Erwähnung. Die NATO selbst hat *Lawfare* nicht als Themenfeld in ihrem Strategischen Konzept 2022 benannt. Frankreich und Litauen dagegen haben in ihren jeweiligen sicherheitspolitischen Dokumenten *Lawfare* als relevante Bedrohung erwähnt. Frankreich benennt in seiner Strategic Review 2022 den »strategischen Einsatz von Rechtsmitteln« als möglichen »Teil einer hybriden Strategie«, die gegen französische Interessen eingesetzt werden kann.[236] Litauen, das in seiner jährlichen Nationalen Bedrohungsanalyse nicht explizit auf hybride Kriegsführung eingeht, führt die Strafanzeigen des Ermittlungskomitees der Russischen Föderation gegen drei litauische Richter in Abwesenheit als »Paradebeispiel« für *Lawfare* an. Die Richter hatten im Falle des sogenannten »Blutsonntags« ermittelt. Damals, am 13. Januar 1991, ließ der sowjetische Staatschef Gorbatschow Litauen mit Spezialeinheiten überfallen, um die Unabhängigkeitsbestrebungen des Landes zu unterbinden. Laut dem litauischen Report hatten die russischen Behörden »jahrelang persönliche Daten der Richter gesammelt, unter anderem durch Spionage«.[237] Das Europäische Parlament nahm daraufhin 2019 eine Resolution an, welche unter anderem die Verletzungen fundamentaler Prinzipien und Normen des internationalen Rechts durch Russland verurteilte und die russischen Behörden dazu aufrief, die Strafverfahren sowie die »verantwortungslose« Propaganda und Desinformation bezüglich des 13. Januars einzustellen.[238] Auch hier greifen also verschiedene hybride Strategien ineinander.

Cyber als Mittel der hybriden Kriegsführung

Cyberangriffe sind mittlerweile bereits ein Klassiker der hybriden Strategie, der im letzten Jahrzehnt zunehmend an Bedeutung gewonnen hat. Der Begriff »Cyber« wird heute auf fast alles angewandt, was mit Netzwerken und Computern zu tun hat.[239] In dem Ausmaß, in dem der Cyberspace – für den es keine einheitliche Definition gibt – für moderne Kriegsführung zwischen Staaten an Bedeutung gewonnen hat, hat sich ein eigenständiges Feld herausgebildet, das sich mit Cyberangriffen und deren Dynamik in zwischenstaatlichen Konflikten beschäftigt. In der Definition der NATO ist der Cyberraum mittlerweile eine eigenständige militärische Domäne neben den traditionellen Dimensionen Land, See, Luft sowie Weltraum. Von den zwischenstaatlichen Konflikten im Cyberraum, also Angriffen, die von staatlichen oder staatlich unterstützten Gruppen zielgerichtet gegen einen anderen Staat ausgeübt werden, sind die (üblicherweise) von nichtstaatlichen Akteur:innen ausgeübten Angriffe im Bereich des Cyberterrorismus und der Cyberkriminalität abzugrenzen. Allerdings kann es hier auch Überschneidungen geben.

Da der Krieg in der Ukraine eine sehr starke Cyberkomponente besitzt und Russland Cyberangriffe insbesondere nutzt, um auf dem Schlachtfeld seine konventionellen Angriffe vorzubereiten oder zu unterstützen, steht das Thema Cyber heute wieder hoch auf der Agenda westlicher Entscheidungsträger:innen. Allerdings gab es hier in den vergangenen Jahren stets große Unterschiede in der Bedrohungswahrnehmung: Während in Ländern wie Deutschland lange Zeit verhältnismäßig wenig Aufmerksamkeit für Cyberangriffe und die Vulnerabilität deutscher Institutionen und Infrastruktur herrschte, ist Estland bereits 2007 von einer so massiven russischen Cyberkampagne betroffen gewesen, dass das Land seine digitale Infrastruktur vollkommen neu aufgestellt hat und heute zu den Vorreitern im Bereich Cybersicherheit gehört.

22 Tage dauerte im Frühjahr 2007 die Attacke gegen Estland, die parallel zu innenpolitischen Spannungen zwischen prorussischen Interessenvertreter:innen und estnischen Nationalist:innen wegen der Umsetzung eines Monuments, das an gefallene russische Soldat:innen erinnert, aus dem Zentrum von Tallinn auf einen Militärfriedhof am Stadtrand stattfand.[240] Betroffen waren die Webseiten staatlicher Einrichtungen und des Privatsektors, beispielsweise das Außenministerium, das Verteidigungsministerium und Banken. Im Zuge sogenannter Denial-of-Service (DoS)-Attacken wurden die Seiten derart mit »Traffic« überladen, dass sie nicht mehr abrufbar waren.[241] Estland wurde daraufhin innerhalb der NATO zu einem der Länder, die Cybersicherheit signifikant vorantrieben. So wurde nur ein Jahr nach der Attacke das NATO Cooperative Cyber Defence Centre of Excellence (CCDCOE) von Estland und sechs weiteren Nationen, darunter auch Deutschland, gegründet. Tallinn hatte die Einrichtung eines solchen Zentrums bereits 2004 vorgeschlagen, als das Land der NATO beitrat. Die russische Attacke beschleunigte den Prozess. Heute bringt das CCDCOE führende Expert:innen im Cyberbereich zusammen und erarbeitet Cybersicherheitsanalysen und Empfehlungen für Entscheidungsträger:innen.

Im Portfolio der NATO ist Cybersicherheit ebenfalls nichts

Neues. In der Abschlusserklärung zum Gipfel in Prag 2002 erwähnte die Allianz Cyber zum ersten Mal als eine Bedrohung für die NATO.[242] Auf dem Gipfel von Wales 2014 widmete sich die NATO dem Thema noch ausführlicher und erwähnte auch die Möglichkeit, dass ein Cyberangriff zur Anwendung der Beistandsverpflichtung in Artikel 5 führen könnte.[243] Damit ist klar, wie ernst die Allianz die Gefahr nimmt.

Diese Beispiele von russischer hybrider Kriegsführung lassen nur ansatzweise das Ausmaß des Problems erahnen. Die Schwächen der russischen konventionellen Streitkräfte in der Ukraine dürfen nicht darüber hinwegtäuschen, dass der Kreml die Methoden seiner Einflussnahme in Europa in den letzten Jahrzehnten stetig verfeinert hat. So bemerkte die lettische Botschafterin in Deutschland, Alda Vanaga, bei einer öffentlichen Diskussionsveranstaltung der Deutschen Atlantischen Gesellschaft am 10. November 2022: »Russland wird künftig nicht mehr fähig sein, andere Länder anzugreifen, aber sie testen verschiedene hybride Taktiken.«[244]

Russlands hybride Aktivitäten im Kontext des Krieges in der Ukraine: »Cybergeddon«?

Einige Expert:innen, mit denen ich gesprochen habe, sind sich darüber einig, dass Russland in seinem Krieg gegen die Ukraine bei Weitem nicht alle Cyberinstrumente genutzt habe, die ihm zur Verfügung stünden. Auch stelle der Krieg keine wirkliche Form von Cyber-Warfare dar. Cyberangriffe spielten zwar eine wichtige Rolle, unter anderem in Kombination mit konventionellen Attacken, aber keine so herausragende, dass man schon von Cyber-Warfare sprechen könnte. Die Gründe hierfür sind vielfältig. Vermutlich spielt eine robuste Cyberabwehr der Ukraine eine große Rolle, ebenso wie die Unterstützung westlicher

Staaten und auch privatwirtschaftlicher Akteure für Kiew im Cyberraum. Kiew hat einige erfolgreiche Gegenattacken ausgeführt, die der russischen Armee erheblichen Schaden zugefügt haben.

Im Krieg in der Ukraine dominiert bisher (Stand April 2023) vor allem eine konventionell-militärische Komponente, die durch den Aspekt der nuklearen Drohungen ergänzt wird. Cyberattacken wurden von der russischen Seite vor allem dazu genutzt, konventionelle Attacken vorzubereiten. Ein durch Cyberangriffe ausgelöster Schaden war also in der Regel nicht das Ziel solcher Angriffe, sondern sie dienten dazu, einer militärischen Attacke zum Erfolg zu verhelfen. Gleichzeitig haben staatsnahe beziehungsweise staatlich unterstützte Gruppen Cyberangriffe aber auch als Drohgebärde gegen Institutionen in westlichen Staaten eingesetzt, um keinen Zweifel daran aufkommen zu lassen, dass Russland hier noch wesentlich mehr Möglichkeiten zur Verfügung stehen, als aktuell in der Ukraine eingesetzt werden. Insbesondere profitiert der russische Staat im Cyberraum von den Aktivitäten staatlich unterstützter *Advanced Persistent Threat (APT)*-Gruppen[245], Hacker-Gruppen und Cyberkrimineller, die sich mit den Zielen des russischen Staates identifizieren und dem Staat nützliche Ziele ins Fadenkreuz nehmen.[246]

Allerdings besteht auch die Befürchtung, dass Russland nach einem Ende des konventionellen Krieges in der Ukraine massive Cyberattacken gegen den Westen als Teil einer anhaltenden hybriden Strategie weiterführen wird. Auf der Münchener Sicherheitskonferenz 2023 warnte etwa die estnische Premierministerin Kaja Kallas, dass Russland weiterhin plane, die westlichen Staaten im Cyberraum zu attackieren, und aktuell lerne, welche Form von Angriffen funktionierten und welche nicht. Estland bereite sich auf »konstanten Druck« vor.[247]

Für die Wahrscheinlichkeit einer anhaltenden, massiven Cyberkampagne nicht nur gegen die Ukraine, sondern potenziell gegen alle westlichen Staaten, die Kiew sowohl mit Waffenlieferungen als auch politisch unterstützt haben, sprechen mehrere Faktoren: Zum einen hat Russland bereits vor dem Angriffskrieg gegen die Ukraine Cyberattacken zu einem integralen Teil seines hybriden Instrumentenkastens gemacht und breit angelegte Attacken gegen westliche Staaten ausgeführt (beispielsweise wurde bereits 2015 der Bundestagsserver von russischen Akteur:innen gehackt). Zweitens spricht dafür, dass Russland angesichts des Scheiterns seiner konventionell-militärischen Fähigkeiten in einer langfristigen Konfrontation sowohl mit der Ukraine als auch dem Westen unter der Schwelle eines Krieges wieder auf den Bereich zurückgreifen wird, in dem es am effektivsten ist – und das sind hybride Operationen. Cyber, so viel ist jetzt schon absehbar, wird hier eine zentrale Rolle einnehmen. Und das liegt, drittens, daran, dass die nötigen Strukturen vorhanden sind. Auch wenn die russischen Geheimdienste geschickt darin sind, die Herkunft ihrer Attacken weitgehend zu verschleiern, bestehen klare Verbindungen zwischen einzelnen Hackergruppen und staatlichen Einrichtungen.[248]

So hängt die staatlich unterstützte Gruppe APT29, die auch unter den Decknamen »Cozy Bear« und »The Dukes« auftritt, mit dem Auslandsgeheimdienst SVR zusammen. APT28, auch bekannt als »Fancy Bear« oder »Sofacy«, hat eine Verbindung zur Einheit 26165 und SANDWORM alias »Black Energy« zur Einheit 74455 des Militärgeheimdienstes GRU. Und auch der Inlandsgeheimdienst FSB unterstützt Hackergruppen, nämlich DRAGONFLY (»Energetic Bear«/»Crouching Yeti«) sowie GAMAREDON (»Primitive Bear«/»Armageddon«).[249] Gemeinsam ist all diesen Gruppen nicht nur der Verweis auf die russische Nationalallegorie, den Bären, sondern auch die Tatsache, dass ihre Akteur:innen von mächtigen Institutionen und einflussreichen Akteur:innen unterstützt werden. Anders als nichtstaatliche Akteure profitieren diese Gruppen von einem Zugang zu finanziellen, personellen und technischen Ressourcen, die es ihnen erlauben zu operieren. Zwar bewegen sie sich außerhalb staatlicher Strukturen, doch gleichzeitig haben sie aufgrund der Unterstützung durch ebensolche eine bessere Ressourcen-Grundlage.

Auch sprechen, viertens, die sogenannten »Vulkan Files« für künftig sich intensivierende russische Aktivitäten im Cyberraum. Ende März 2023 wurden die Files von einem anonymen Whistleblower geleakt. Die Dokumente betreffen den Zeitraum zwischen 2016 und 2021 und legen eine Verbindung zwischen der Firma Vulkan, dem GRU und der SANDWORM-Gruppe nahe.[250] In der Sache wenig überraschend, bestätigen die »Vulkan Files« nur die Befürchtung, die Staaten wie Estland und die Ukraine sowie andere Länder, die in den vergangenen Jahren Opfer breit angelegter und gut koordinierter russischer Cyberangriffe geworden sind, bereits hatten: nämlich, dass Moskau seine Fähigkeiten hier weiter ausbaut und laufend neue Cyberinstrumente entwickelt, mit denen es hofft, westliche Gesellschaften und demokratische Institutionen zu beeinflussen und zu unterminieren. Während wir also im Krieg in der Ukraine (bisher) keinen genuinen Cyberkrieg beobachten konnten, spielt Cyber – mal offensichtlich, mal im Hintergrund – eine große Rolle und wird insbesondere in dem Ausmaß, in dem die konventionellen Fähigkeiten Russlands nicht den erwünschten Erfolg produzieren und sich gleichzeitig abnutzen, eine immer wichtigere Rolle in den Beziehungen zwischen Russland und dem Westen spielen.

Resümee: Aufbau von mehr Resilienz in den europäischen Staaten

Die Liste an hybriden Instrumenten, über die der Kreml verfügt, ist ausgesprochen lang. Sie alle ausführlich darzustellen würde den Umfang dieses Buches sprengen. Einige, wie Energiesicherheit, habe ich nicht angesprochen, aber auch die russischen Maßnahmen in diesem Bereich sind ein Teil der hybriden Strategie des Kremls. Die Bedrohungswahrnehmung in den westlichen Staaten hat sich in den vergangenen Jahren geändert, und die hybriden Aktivitäten Moskaus werden von den NATO-Mitgliedern als ernst zu nehmende Gefahr erkannt. Gleichzeitig sind Moskaus Kapazitäten in diesem Bereich immens – und das nicht nur dank seiner finanziellen und personellen Ressourcen, sondern schlicht deswegen, weil seitens der russischen Führung keine moralischen Bedenken bestehen, die ein solches Vorgehen einhegen könnten.

Im Bereich der Desinformation stellt sich daher insbesondere die Frage, wie westliche Staaten auf die ungeheure Flut an falschen Informationen, Propaganda, punktuellen *Fake News* oder konzertierten Kampagnen antworten können. Ein Experte warf in einer Diskussionsrunde einmal in den Raum, der Westen müsse mit seiner eigenen »Propaganda« antworten. Was er meinte, war natürlich keine Propaganda im Moskauer Stil, sondern die massive Verbreitung von Fakten. Und tatsächlich haben Institutionen wie die NATO begriffen, dass es wichtig ist, die eigene Bevölkerung besser über die Aktivitäten der Allianz aufzuklären. Die jährliche Militärübung Steadfast Noon der NATO ist hierfür ein gutes Beispiel. Die NATO hat sich entschieden, ihre strategische Kommunikation hinsichtlich dieser Übung zu ändern, da sie erkannt hat, wie leicht es ist, um das Manöver herum antiwestliche Narrative zu spinnen.

Die Allianz informiert seit 2022 auf ihrer Webseite, dass es sich bei Steadfast Noon um eine Übung handelt, in der die Alliierten ihre nuklearen Abschreckungsfähigkeiten erproben – und betont dabei, dass dieses Manöver jedes Jahr stattfindet, um einem Eindruck vorzubeugen, die NATO übe wegen Russlands Invasion in der Ukraine den Atomkrieg.[251] Auch darüber hinaus ist der NATO viel daran gelegen, Aufklärungsarbeit zu betreiben und die eigene Haltung möglichst gut an eine breite Öffentlichkeit zu kommunizieren, um Fehlperzeptionen vorzubeugen. Allerdings setzt die Allianz immer noch stark auf klassische Information. Die Artikel auf der Webseite sind höchstens für ein interessiertes Fachpublikum interessant und erreichen kaum die jüngere Generation, auf die es langfristig ankommt. Auf der anderen Seite wird in der NATO durchaus diskutiert, im Rahmen der Öffentlichkeitsarbeit auch mit Influencern zusammenzuarbeiten und Plattformen wie Tik Tok zu nutzen, um nicht nur ein junges, sondern auch ein potenziell für Desinformation anfälliges Publikum zu erreichen. Auch andere staatliche Einrichtungen der westlichen Länder – von diplomatischen Vertretungen bis hin zu Ministerien – täten gut daran, diesem Beispiel zu folgen und tatsächlich der massiven Propaganda im Netz auf allen zur Verfügung stehenden Kanälen Fakten entgegenzusetzen.

Zudem ist es wichtig, dass die westlichen Staaten noch besser verstehen, mit welchen Offline-Aktivitäten der Kreml seine Einflussnahme betreibt. Das Russische Haus in Berlin ist ein prägnantes Beispiel für eine hochproblematische russische Präsenz mitten in der Hauptstadt: Es kann weiterhin dubiosen Aktivitäten nachgehen, ohne dass der Senat eingreift. Auch in Moldau, ein Land, das Russland aktiv von seinem selbst gewählten prowestlichen Kurs abzubringen und wieder in die russische Einflusssphäre zu zwingen versucht, sind (im Stil eines klassischen Kalten Krieges) »kulturelle Zentren«, die von Rossotrudnichestvo finanziert werden, aktiv.[252] Innerhalb der europäischen Gemeinschaft muss ebenfalls wesentlich mehr Aufmerksamkeit auf diese Form von verdeckter Einflussnahme und Spionage gerichtet und die jeweiligen Einrichtungen im Zweifelsfall geschlossen werden, insbesondere wenn sie mit der von der EU sanktionierten staatlichen Einrichtung Rossotrudnichestvo in Verbindung stehen. Anderenfalls lässt man Russland in seiner Instrumentalisierung von Compatriots und der Beeinflussung von Meinungen und Stimmungen in europäischen Ländern gewähren.

Auch muss sich der Westen insgesamt darauf einstellen, dass hybride Aktivitäten mittel- und langfristig das Mittel der Wahl für Russland sind, um den Westen zu konfrontieren – und das noch mehr als in der Vergangenheit. Der neue Kalte Krieg wird eine nukleare Komponente haben, aber er wird vor allem eine sehr starke Komponente der hybriden Kriegsführung mit allen dem Kreml zur Verfügung stehenden Mitteln besitzen. Die westlichen Staaten müssen sich deshalb noch besser als bisher auf ein konventionell geschwächtes Russland einstellen, das massiv in der Grauzone operieren wird.

Kapitel 5 | *Broken Glass*: Europäische Sicherheit und Verteidigung nach dem russischen Angriffskrieg

NATO und EU im Spannungsfeld zwischen Russland und China

Der neue Kalte Krieg, in dem sich der Westen und Russland befinden, wird nicht zuletzt auch durch das Verhältnis beider Seiten zu China geprägt. Wenngleich Peking mit Blick auf den Krieg in der Ukraine keine klare Stellung bezogen hat und stattdessen beide Kriegsparteien zu Verhandlungen auffordert, legen das chinesische Abstimmungsverhalten bei den Vereinten Nationen sowie die Nähe der russischen und der chinesischen Führung etwas anderes nahe. 2022 und 2023 haben sich Präsident Xi Jinping und Präsident Putin getroffen und anlässlich dieser Besuche gemeinsame Erklärungen abgegeben.[253] Peking zeigt seine Unterstützung für Moskau in einem wohldosierten Maß, lässt dabei jedoch unmissverständlich durchblicken, dass es die antiwestliche Agenda Russlands teilt. Dies schließt nicht nur eine Skepsis gegenüber einzelnen westlichen Staaten – allen voran den USA – mit ein, sondern insbesondere auch gegenüber westlichen Institutionen wie NATO und EU.

Russland und China sind sowohl für die NATO als auch für die EU relevant, wenn auch in unterschiedlichem Ausmaß und in unterschiedlichen Bereichen. Während die EU China unter anderem als wirtschaftliche Herausforderung betrachtet, konzentriert sich die NATO auf das sicherheitspolitische Problem, das insbesondere Chinas rapide Aufrüstung im nuklearen Bereich darstellt. Gemeinsam ist NATO und EU, dass es ihnen auf institutioneller Ebene jeweils an einer kohärenten Strategie zum Umgang sowohl mit Russland als auch China fehlt. Die Mitglieder der NATO und der EU haben zum Teil stark divergierende Bedrohungswahrnehmungen, was die Formulierung einer übergreifenden Strategie erschwert. Der ehemalige NATO-Generalsekretär Jaap de Hoop Scheffer merkt an: »Es ist so und war immer so, dass es keine gemeinsame Russlandpolitik gibt, weder in der NATO noch in der EU. Das ist eine Schwäche der NATO und der EU: Putin hatte und hat eine sehr klare Strategie für Europa, aber wir haben keine im Konsens beschlossene Russlandpolitik.«[254]

Mit dem Krieg in der Ukraine haben sich die nationalen Risikoeinschätzungen gegenüber Moskau einander angenähert. Doch mittel- und langfristig gesehen trifft zu, was Jaap de Hoop Scheffer mit »geography matters« beschreibt: Diejenigen Staaten, die sich in einer geografischen Sphäre befinden, die Russland gerne als »near abroad« – als »nahes Ausland« – definiert, fürchten eine russische Einflussnahme oder gar militärische Aktivitäten mehr als die westeuropäischen Staaten. »Near abroad« bezeichnet hierbei die angrenzenden postsowjetischen Staaten (darunter auch die drei baltischen Staaten Estland, Lettland und Litauen), die Moskau als eine mögliche strategische Ressource und als kulturell mit Russland verbunden ansieht. Russland wird nicht müde zu betonen, wie eng es mit diesen Ländern im politischen, wirtschaftlichen, humanitären und sicherheitspolitischen Bereich verbunden sei.[255] An Russland angrenzende NATO-Staaten wie Norwegen und Finnland haben wiederum eine andere Bedrohungswahrnehmung – sie sind sich des militärischen Potenzials Russlands bewusst, haben jedoch weniger Befürchtungen hinsichtlich einer gezielten russischen Einflussnahme, ganz einfach weil sie aus Sicht Moskaus nicht unter das Konzept der kulturell homogenen »Russischen Welt« (»Russkij Mir«) fallen.

Für Europa stellt diese doppelte Bedrohungslage eine große Herausforderung dar. Während die Gefahr vonseiten Russlands mit bereits spürbaren Folgen für die europäischen Staaten einhergeht, insbesondere im diplomatischen, sicherheits- und energiepolitischen Bereich, bleibt China eine eher vage Bedrohung, deren Ausmaß und Konsequenzen die europäischen Staaten noch nicht ganz einschätzen können. Wäre beispielsweise ein Konflikt zwischen China und Taiwan ein Szenario, in dem die NATO-Staaten gemeinsam mit den USA aktiv würden? Und wie würde die EU ihr Verhältnis zu Peking anpassen, sollte es zu einer militärischen Auseinandersetzung zwischen dem nuklear bewaffneten UNO-Sicherheitsratsmitglied China und dem von den meisten Staaten (darunter auch Deutschland) nicht anerkannten Taiwan kommen? Darüber hinaus spielt natürlich auch das Verhältnis zwischen Peking und Moskau eine große Rolle. Auch wenn die Beziehung eher einer Zweckgemeinschaft als einer auf Werten basierenden gleichberechtigten Partnerschaft gleicht, hat sie einen erheblichen Einfluss auf der internationalen Ebene. Dieser muss für die europäischen Staaten in einzelnen Bereichen nicht zwangsläufig negativ sein: Beispielsweise hat sich China, gemeinsam mit Indien, im November 2022 anlässlich des G20-Treffens auf Bali überraschend besorgt gegenüber Russlands Krieg in der Ukraine und dessen ökonomischen Auswirkungen gezeigt.[256] Auch in einem wichtigen Forum zu nuklearer Nichtverbreitung hat China nach Aussagen von Diplomat:innen versucht, die russische Position positiv zu beeinflussen (allerdings ohne Erfolg). Insgesamt ist der Aufschwung Chinas zur Weltmacht mit Einfluss auf Russland jedoch besorgniserregend für Europa.

»Geography matters«: Unterschiedliche Bedrohungswahrnehmungen innerhalb Europas

Vor dem Angriff Russlands auf die Ukraine im Februar 2022 klafften die Bedrohungswahrnehmungen im euro-atlantischen Raum gegenüber der russischen Gefahr zum Teil weit auseinander. Die kulturelle und geografische Diversität unter den Mitgliedern der EU und der NATO sorgte dafür, dass die Risikoeinschätzungen der einzelnen Staaten unterschiedlich ausfielen. In den Jahren nach der illegalen Annexion der Krim 2014 haben die sich intensivierenden Spannungen zwischen dem Westen und Russland zwar zu einer langsamen Annäherung der Bedrohungswahrnehmungen in Europa geführt. So teilten die NATO-Staaten in den vergangenen Jahren die Einschätzung, dass Russlands Aktivitäten im hybriden Bereich – dazu gehören beispielsweise Desinformation im Internet, Cyberattacken, die gezielte Einflussnahme auf demokratische Institutionen und Wahlen sowie politische und wirtschaftliche Spionage – problematisch sind. Selbst Italiens Sicherheitsbehörden haben in den vergangenen Jahren ihre Bedrohungsanalyse angepasst und sich zunehmend russischen Cyberattacken sowie Desinformation (unter anderem der »infodemia« – der gezielten, massenhaften Verbreitung von falschen Informationen, insbesondere rund um die COVID-19-Pandemie) gewidmet.[257] Doch der Grad an Besorgnis fiel in Paris und Rom gemäßigter aus als in Tallinn oder Riga.

Während sich die NATO-Staaten relativ einig darin waren, dass die russischen hybriden Aktivitäten eine Bedrohung für die demokratischen Staaten im euro-atlantischen Raum darstellen, fiel ihre Beurteilung der konkreten militärischen Bedrohung, die von Russland ausgeht, unterschiedlich aus, wie aus den öffentlich zugänglichen Jahresberichten hervorgeht, die einige Geheimdienste und andere Sicherheitsbehörden in den NATO-Staaten herausgeben.[258]

So fokussierte sich Frankreich auf eine übergeordnete strategische Analyse der Machtverhältnisse im euro-atlantischen Raum und darüber hinaus – inklusive Moskaus Annäherung an China und das russische Vorgehen in Syrien. Die baltischen Staaten dagegen konzentrierten sich sehr konkret auf Russland als die dringlichste Gefahr im gesamten Spektrum von Informationskrieg, Instrumentalisierung von russischen Landsleuten im Ausland, der Unterwanderung von demokratischen Institutionen und psychologischer Kriegsführung, Russlands Beziehungen zu ehemaligen und aktuellen GUS-Staaten[259] bis hin zur Modernisierung der russischen Streitkräfte. Polen schließt sich dieser unmittelbaren Bedrohungswahrnehmung weitgehend an, allerdings mit dem Vorbehalt, dass für Warschau im militärischen Bereich vor allem die konventionellen und nuklearen Raketensysteme Russlands sowie die russischen Großmanöver von Interesse sind, wie etwa »Zapad« (»Westen«), das zuletzt 2021 stattgefunden hat, mit Truppenstärken, wie sie zuletzt 1981 die Sowjetunion bei einer Übung im Westlichen Militärdistrikt aufgeboten hat.[260]

Für die nördlichen NATO-Mitglieder ist außerdem die Sicherheitslage der arktischen Region ein zentrales Thema. Mit der Aufnahme von Finnland und Schweden in das Bündnis sind bis auf Russland alle Anrainerstaaten der Arktis nun NATO-Mitglieder. Die schmelzenden Polkappen stellen ein fundamentales Sicherheitsrisiko aus russischer Sicht dar: Russlands arktische Küste ist über 24.000 km lang und umso exponierter, je mehr die Eisdecke zurückgeht. Auch der Wettlauf um Rohstoffe in der Arktis verschärft die geopolitischen Spannungen im Hohen Norden. Daher gewinnt die Nordflotte der russischen Streitkräfte zunehmend an Bedeutung. 2021 hat Moskau einen fünften Militärdistrikt in der arktischen Region etabliert, der mit einem entsprechenden Bedeutungszuwachs für die Nordflotte einhergeht, die in diesem Bereich operiert. Insbesondere Norwegen hat in den vergangenen Jahren daher einen großen analytischen Fokus auf die militärischen Aktivitäten der Nordflotte gelegt und die Modernisierung der russischen strategischen Raketensysteme sowie entsprechende Tests im Hohen Norden beobachtet. Auch Finnland und Schweden haben (bereits vor ihrem Status als künftige NATO-Mitglieder) eine unmittelbare Bedrohung vonseiten Russlands erkannt. Geografie spielt auch hier eine Rolle, sodass Finnland mehr noch als Norwegen die Aktivitäten der Baltischen Flotte, die in der Ostsee operiert, im Auge hatte. Aber auch unter den Anrainerstaaten der Arktis herrschte nicht unbedingt eine identische Bedrohungswahrnehmung. Schwedens Sicherheitsdienst Säkerhetspolisen stellte in seinem Jahresbericht 2020 fest, dass »es (...) nicht ausgeschlossen werden [kann], dass Russland militärische Mittel gegen Schweden anwendet«.[261] Diese Ansicht teilte der Arktis-Anrainer Kanada ebenso wenig wie viele westeuropäische NATO-Staaten.

Der Krieg in der Ukraine führt zu mehr Konvergenz

Nach dem Beginn des Krieges ließ sich eine größere Konvergenz der Bedrohungswahrnehmungen beobachten. Die NATO-Staaten haben sich kollektiv für eine Unterstützung der Ukraine ausgesprochen, wobei die NATO hier einen Balanceakt vollführen muss, denn während sich die Mitglieder natürlich in den NATO-Gremien beraten, liegt die militärische Hilfe für Kiew in der Verantwortung der einzelnen NATO-Staaten. Für die Allianz ist es wichtig, dass nicht der Eindruck entsteht, als würden die konkreten Entscheidungen über Waffenlieferungen von der NATO getroffen: Diese hat, anders als die EU, kein eigenständiges Unterstützungspaket für die Ukraine verabschiedet. Sie bietet in diesem Bereich den Regierungen, in deren Verantwortung die Waffenlieferungen liegen, lediglich eine Plattform zum Austausch und zur Auslotung von gemeinsamen Interessen. Die Einigkeit der NATO-Staaten beim Thema Ukraine wurde indes oft beschworen, ebenso wie die Tatsache, dass Präsident Putin, anstatt die NATO zu spalten, die Bündnispartner näher zusammenrücken ließ.

Doch so begrüßenswert eine gemeinsame Bedrohungswahrnehmung in der Allianz auch ist: Die aktive Phase des Krieges wird eines Tages enden, und die Wahrnehmung einer akuten militärischen beziehungsweise nuklearen Bedrohung gegen NATO-Territorium wird, zumindest für diejenigen Staaten, die geografisch weiter von Russland entfernt sind, wieder mehr in den Hintergrund rücken. Der 24. Februar 2022 wird weiterhin eine Zäsur in den Beziehungen zwischen Russland und dem Westen darstellen und den Eintritt in eine neue Ära symbolisieren, die am besten mit einem neuen Kalten Krieg beschrieben werden kann. Doch es ist sehr wahrscheinlich, dass hinter der Solidarität mit der Ukraine und der angepassten Bedrohungsperzeption wieder nationale Prioritäten hervortreten. Denn wie eingangs erwähnt, spielt Geografie eine ausschlaggebende Rolle. So werden die postsowjetischen Staaten immer wesentlich vulnerabler gegenüber möglichen russischen konventionell-militärischen Aggressionen sein als die Niederlande, Deutschland oder Frankreich. Interessanterweise dreht sich diese Wahrnehmung, wenn es um nukleare Bedrohungen geht, teilweise um. In den baltischen Staaten war man insbesondere in den ersten Monaten des Krieges sehr besorgt über eine mögliche konventionelle Aggression vonseiten Russlands, weniger über eine nukleare Eskalation. Die westeuropäischen Staaten (und insbesondere Deutschland) waren dagegen hoch alarmiert angesichts der nuklearen Drohungen des Kremls. Diese Einschätzung ist verständlich, denn während in Westeuropa ein konventionelles Vorrücken der russischen Streitkräfte kein realistisches Szenario darstellt, können russische Atomwaffen potenziell alle europäischen Hauptstädte erreichen. Demgegenüber sind die baltischen Staaten und Polen mit der wesentlich niedrigschwelligeren Gefahr eines konventionellen russischen Angriffs (oder einer verdeckten Operation unter falscher Flagge wie auf der Krim) konfrontiert.

Das Fehlen einer einheitlichen Russland- und China-Strategie

Diese traditionell unterschiedlichen Bedrohungswahrnehmungen, die sich erst mit Beginn des russischen Angriffskriegs angenähert haben, erklären das Fehlen einer einheitlichen Russlandpolitik der EU und der NATO. Die Europa-Strategie Moskaus mag destruktiv sein und auf verworrenen Narrativen fußen, doch sie ist existent und gibt den Entscheidungsträger:innen einen Katalog an Handlungsanweisungen.

Was China angeht, hat sich die NATO in den vergangenen Jahren schwergetan, den wachsenden Einfluss Pekings im sicherheitspolitischen Bereich überhaupt offiziell als ein für die Allianz relevantes Thema zu behandeln. Die Ansichten der Bündnispartner gingen hier ebenfalls weit auseinander. Während die USA ein großes Interesse daran hatten, China als ein Kernthema auf die Agenda der NATO zu setzen, betrachteten andere Mitglieder dies als eine Ablenkung vom euro-atlantischen Fokus der Allianz. Dennoch benannte die NATO 2022 zum ersten Mal China als eine ihrer strategischen Prioritäten und drückte kollektiv ihre Besorgnis über die wachsende Zusammenarbeit zwischen Moskau und Peking sowie über das Ziel beider Akteure aus, die regelbasierte internationale Ordnung infrage zu stellen.[262]

Während die NATO detaillierte Pläne zum Umgang mit akuten (nuklearen und konventionellen) militärischen Bedrohungen, die von Russland oder anderen Bedrohungsszenarien ausgehen könnten, besitzt, ist sie weit davon entfernt, eine umfassende Strategie für den Umgang mit Russland und China zu entwickeln. So fehlt etwa eine kohärente Strategie zum Vorgehen gegen hybride Gefahren sowohl vonseiten Russlands als auch Chinas – unter anderem auch deswegen, weil diese Bereiche, die stark von geheimdienstlichen Erkenntnissen abhängen, in der Verantwortlichkeit der jeweiligen Mitgliedstaaten liegen. Diese teilen über ihre jeweiligen geheimdienstlichen Vertreter:innen in Brüssel[263] ausschließlich diejenigen Informationen und Analysen, die sie mit den Bündnispartnern zu teilen *bereit sind.* Auch gibt es unter den NATO-Partnern keine einheitliche Sichtweise zu der Frage, ob und wie die Allianz im Falle eines chinesischen Angriffes gegen Taiwan reagieren würde.

Das Verhältnis zwischen Moskau und Peking

Während nicht absehbar ist, ob die EU oder die NATO künftig eine einheitliche China- oder Russlandpolitik entwickeln werden, sollten beide eng zusammenarbeiten, was ein besseres Verständnis des Verhältnisses beider Akteure untereinander angeht. Die Beziehung zwischen Moskau und Peking ist aktuell nur schwer einzuschätzen. Auf der einen Seite kann man eine stetige Annäherung zwischen Präsident Putin und seinem chinesischen Gegenpart Xi beobachten. Seit Beginn des Krieges hat China Russland den Rücken gestärkt und sich geweigert, den Überfall auf die Ukraine öffentlich zu verurteilen. Auch bei den Abstimmungen über die UNO-Resolutionen zum Krieg in der Ukraine, die Russland zu einem Abzug seiner Truppen auffordern und die territoriale Integrität der Ukraine betonen,[264] enthielt sich China mit der Begründung, die Resolutionen berücksichtigten nicht die Sicherheitsinteressen aller Akteure.

Stattdessen seien Gespräche wichtig, die von einer Logik des Kalten Krieges Abstand nähmen und sich auf kollektive Sicherheit fokussierten.[265]

In einem Statement[266] knapp drei Wochen vor Beginn des Krieges bekräftigten Peking und Moskau, ihre Freundschaft habe »keine Grenzen«, und Kooperation in allen Bereichen sei möglich. Zudem verurteilten sie den »ideologisierten Kalter-Kriegs-Ansatz« der NATO und forderten das Bündnis auf, von einer Erweiterung abzusehen. Zudem betonten die Präsidenten in ihrer Stellungnahme, dass alle Nuklearwaffenstaaten ihre »Nullsummen-Mentalität und Nullsummenspiele« aufgeben sollten und dass die Rolle von Nuklearwaffen in nationalen Sicherheitsdoktrinen reduziert werden müsse.

Ein Jahr später, am 20. März 2023, brach Präsident Xi zu einer »Reise der Freundschaft«[267] nach Moskau auf – nur drei Tage nachdem der Internationale Strafgerichtshof in Den Haag einen internationalen Haftbefehl gegen Putin und die Präsidialkommissarin für Kinderrechte, Maria Lwowa-Belowa, wegen mutmaßlicher Kriegsverbrechen in der Ukraine verhängt hatte. Die Tatsache, dass Xi trotz dieses Haftbefehls nach Moskau reiste, war ein starkes Zeichen – zum einen, dass es vonseiten Xis keine moralischen Bedenken gab, zum anderen, dass die Freundschaft zwischen Moskau und Peking tatsächlich »keine Grenzen« zu haben scheint – zumindest keine, die Xi und Putin öffentlich zeigen würden. Der von China im Februar medienwirksam während der Münchener Sicherheitskonferenz angekündigte »Peace Plan«[268] für eine Lösung des Krieges in der Ukraine (der ohne vorherige Gespräche mit Präsident Selenskyj formuliert worden war) erhielt von Putin volle Unterstützung. Dass China in diesem Plan ein Ende unilateraler Sanktionen und einen Waffenstillstand fordert, stößt im Kreml auf Zustimmung, ebenso wie die Tatsache, dass China keinen Abzug der russischen Truppen in seinem Friedensplan erwähnt.

So weit, so vorhersehbar. Doch das Verhältnis zwischen Russland und China hat auch eine erstaunliche Schwachstelle: Nuklearwaffen. In ihrer Ablehnung des Westens mögen sich Xi und Putin einig sein. Doch wer genau hinsieht, erkennt, dass die Ansichten in Sachen nukleare Risiken auseinanderklaffen. So stellt der »Peace Plan« fest: »Nukleare Proliferation und eine nukleare Krise müssen vermieden werden.« Konsequenterweise heißt es in dem gemeinsamen Statement von Xi und Putin vom März 2023, »[a]lle Nuklearwaffenstaaten sollten davon absehen, Nuklearwaffen im Ausland zu stationieren, und die im Ausland stationierten Nuklearwaffen abziehen«.[269] Das Timing ist hier ein bedeutender Faktor: Nur vier Tage nachdem die Erklärung abgegeben wurde, kündigte Putin an, in absehbarer Zeit Nuklearwaffen auf belarussischem Territorium stationieren zu wollen – und erklärte, dass die Lagerstätten für taktische Atomwaffen im Juli 2023 fertiggestellt würden.[270]

Nun könnte man anmerken, dass der Passus zu Nuklearwaffen nur einer unter vielen in einer langen Erklärung war. Doch Nuklearwaffen sind ein wichtiges Thema für Xi. Zum einen ist China nicht an einer nuklearen Konfrontation interessiert, die je nach Ausmaß katastrophale Konsequenzen für Europa, Pekings größte Handelspartnerin, haben könnte. Im schlimmsten Fall, wenn eine nukleare Eskalation außer Kontrolle geriete (was kein sehr wahrscheinliches, aber auch kein unrealistisches Szenario ist), könnte ein Atomkrieg weltweite Konsequenzen haben. Zum anderen ist Peking dabei, sein eigenes nukleares Arsenal massiv auszubauen. China rüstet seine nukleare Triade – seine Fähigkeiten an Land, zu See und in der Luft – sowohl quantitativ als auch qualitativ auf: Es stationiert neue Waffensysteme, modernisiert existierende Fähigkeiten und produziert eine größere Anzahl an Atomwaffen als jemals zuvor.[271] Das US Office of the Secretary of Defense (OSD) schätzt, dass China anstrebt, sein derzeitiges Arsenal von etwa 400 Sprengköpfen bis

2035 auf ein Arsenal von 1.500 auszubauen. Die Federation of American Scientists (FAS) geht von einer Zielgröße von etwas mehr als 700 aus. Die Gründe für diese Diskrepanz liegen in der intransparenten Natur des chinesischen Nuklearwaffenarsenals.[272] Peking war stets daran gelegen, als »verantwortungsvoller« nuklearer Akteur aufzutreten. Es strebt eine nukleare Parität mit den USA und Russland an und begleitet dieses Bestreben mit einer Positionierung als Akteur, der zwar an Rüstungskontrolle nicht interessiert ist, jedoch bestehende Verpflichtungen der Nichtverbreitung einhält und stets darauf hinweist, dass Nuklearwaffen nicht eingesetzt werden dürfen.

Strategisches Update: EU und NATO definieren ihr Verhältnis zu Russland neu

Wenngleich die NATO und die EU keine einheitliche China- oder Russlandpolitik haben, definieren sie in ihren strategischen Dokumenten eine Position, auf die sich die jeweiligen Mitgliedstaaten einigen können – so etwas wie einen kleinsten gemeinsamen Nenner.

NATO und EU, aber auch nationale Regierungen nutzen strategische Dokumente, um ihre sicherheits- und verteidigungspolitischen Prioritäten sowie ihre Maßnahmen in ausgesuchten Bereichen darzulegen. Es gibt keine feste Form für diese Art von Papieren. Es kann sich um allgemein gehaltene Aufstellungen von sicherheitspolitischen Kernthemen eines Landes oder einer Organisation handeln oder aber um eine detaillierte Aufzählung von Aktivitäten in einem bestimmten Bereich. Manchmal besteht die Funktion dieser Dokumente darin, die eigene nationalstaatliche Öffentlichkeit zu informieren, sie können aber auch der Kommunikation sowohl gegenüber Alliierten als auch Kontrahent:innen dienen. Manchmal sind diese

Dokumente aber auch unter Verschluss und nur bestimmten Entscheidungsträger:innen zugänglich.

Je einflussreicher ein Land oder eine Organisation auf internationaler Ebene ist, desto mehr Aufmerksamkeit erfahren diese Papiere. Viel beachtet werden beispielsweise die verteidigungspolitischen und nuklearstrategischen Dokumente der Atomwaffenstaaten. So wurde die britische Strategie »Global Britain in a Competitive Age« aus dem Jahr 2021 in der Expert:innen-Community und der medialen Öffentlichkeit breit diskutiert, unter anderem weil sie nach Jahrzehnten zum ersten Mal eine potenzielle Erhöhung der Obergrenzen für das britische Nuklearwaffenarsenal vorsieht. Noch größere Beachtung findet die amerikanische Nuclear Posture Review (NPR), welche die Haltung der jeweiligen US-Administration zu kritischen Themen wie Abschreckung, Modernisierung des Atomwaffenarsenals und Rüstungskontrolle sowie nuklearen Risiken in dem jeweiligen geopolitischen Umfeld beschreibt. Die NPR ist damit nicht zuletzt ein Dokument, das den NATO-Partnern zur Rückversicherung dient, indem sie den Ansatz Washingtons bezüglich euro-atlantischer Sicherheit beschreibt. Sie ist jedoch auch ein Teil der Kommunikation gegenüber potenziellen Gegenspieler:innen. In gleicher Weise ist auch die russische Nationale Sicherheitsstrategie ein Dokument, auf das sich Expert:innen und Entscheidungsträger:innen beziehen, wenn sie die außenpolitischen und militärischen Aktivitäten Russlands zu deuten versuchen.[273]

Strategische Dokumente wie diese werden mehr oder weniger regelmäßig überarbeitet, meistens wenn sich entweder die äußeren Umstände signifikant ändern und neue Prioritäten in den Vordergrund treten oder wenn die Regierung wechselt. In manchen Ländern ist diese Form der Kommunikation ausgeprägter als in anderen: So ist Washington diesbezüglich wesentlich kommunikationsfreudiger als Berlin, das zuletzt im Jahr

2016 ein öffentlich zugängliches sicherheitspolitisches Dokument (das Weißbuch für die Bundeswehr) verabschiedete und erst im Juni 2023 nach langer und kontroverser regierungsinterner Debatte seine erste Nationale Sicherheitsstrategie veröffentlicht hat.

Auf der Ebene der multinationalen Organisationen gibt die NATO im Schnitt etwa alle zehn Jahre ein neues Strategisches Konzept heraus. Darin legt sie ihre sicherheits- und verteidigungspolitischen Prioritäten dar und beschreibt das geopolitische Umfeld, in dem sich die NATO-Länder aktuell befinden, sowie die Bedrohungslage, die hieraus resultiert. Die EU ihrerseits hat 2022 erstmalig einen sogenannten Strategischen Kompass veröffentlicht. Diese Dokumente geben einen Einblick, wie die NATO- und EU-Mitglieder ihr Verhältnis zu Russland in den kommenden Jahren definieren und welche Handlungsoptionen sie daraus ableiten. Dabei fließen in diese Dokumente allein diejenigen Punkte ein, auf die sich die Mitglieder im Konsens einigen können.

Das neue Strategische Konzept der NATO: Die größte Bedrohung kommt aus Russland

Zum ersten Mal seit dem Fall des Eisernen Vorhangs benennt die NATO in ihrem neuen Strategischen Konzept 2022[274], das auf dem Gipfel in Madrid im Juni 2022 beschlossen wurde, Russland als direkte Bedrohung. So beginnt das Dokument mit einer nüchternen Feststellung: »The Euro-Atlantic area is not at peace«, in der euro-atlantischen Region herrsche kein Frieden mehr – und Schuld daran sei Russland, das »die Normen und Prinzipien« verletzt habe, die zur Stabilität der europäischen Sicherheitsarchitektur beigetragen haben. Mit diesem Satz läutet die NATO eine neue Ära ein – eine, die nicht von dem Versuch geprägt ist, trotz politischer und weltanschaulicher Differenzen eine strategische Kooperation zu verfolgen, wie es das Strategische Konzept von 2010 noch vorsah. Damals war für die Bündnispartner eine »echte strategische Partnerschaft zwischen der NATO und Russland« noch ein realistisches Ziel.[275] Und der Vorläufer von 1999[276] gestand Russland eine »einzigartige Rolle in der euro-atlantischen Sicherheit« zu und betonte das gemeinsame Interesse an anhaltendem und umfassendem Frieden. Heute wird Russland von der NATO als »bedeutendste und direkte Gefahr für die Sicherheit der Bündnispartner« gesehen. Gleichzeitig betont die NATO aber auch, sie suche nicht die Konfrontation mit Moskau.

Es ist wenig überraschend, dass sich eine der einflussreichsten Diskussionsplattformen Moskaus, der Valdai Club, eingehend mit der neuen strategischen Ausrichtung der NATO beschäftigt hat. Den Beitritt der »neutralen« Länder Schweden und Finnland bewertete ein Experte im Valdai Club als deren Transformation vom politischen »Subjekt« zum »Objekt«.[277] Alexander Grushko, stellvertretender Außenminister Russlands, bezeichnete den Gipfel als den »vorhersehbarsten in der Geschichte der Allianz«.[278] Auch bezichtigte der Minister die NATO, eine direkte Bedrohung für die Existenz des russischen Staates darzustellen. Ein weiterer Experte bezeichnete den NATO-Gipfel als reine Selbstvermarktung.[279]

Tatsächlich ist diese Aussage gar nicht so falsch, auch wenn das Wort »Selbstvermarktung« despektierlich klingt. Die NATO hat viele Ressourcen in ihre Öffentlichkeitsarbeit investiert, um einer breiteren Öffentlichkeit das neue Strategische Konzept näherzubringen und es aus seinem üblichen Expert:innen-Silo herauszuholen.

Der Prozess, der dem Strategischen Konzept 2022 vorausging, startete formal bereits im Juni 2020. Damals rief NATO-Generalsekretär Jens Stoltenberg die Initiative »NATO 2030«

ins Leben, die zum Ziel hatte, die intellektuellen Kapazitäten von Expert:innen außerhalb der NATO in die Entwicklung des neuen Strategischen Konzeptes einzubinden. Im Rahmen dieses Prozesses hat die NATO nationale Abgeordnete, Vertreter:innen des Privatsektors und der Zivilgesellschaft sowie Young Professionals nachdrücklich dazu aufgerufen, ihre Ideen einzubringen. Gerade unter jüngeren Expert:innen waren die begrenzt verfügbaren Plätze im 2020 gegründeten NATO Young Leaders Programm 2030 stark nachgefragt.[280]

So sorgte die Allianz nicht nur für eine breite Beteiligung und einen Zufluss an unterschiedlichen Perspektiven, sondern machte auch Werbung für sich selbst. In den Jahren zuvor hatte die NATO insbesondere unter den teils divergierenden sicherheitspolitischen Interessen der Mitgliedstaaten gelitten. Zudem kamen mit dem Brexit Befürchtungen über mögliche negative Auswirkungen auf die bündnispolitische Solidarität auf. Die undurchsichtige Haltung der Türkei gegenüber Russland sowie Präsident Erdoğans öffentlich angestellte Überlegungen zu eigenen türkischen Atomwaffen[281] taten ihr Übriges, um die Allianz über einen längeren Zeitraum hinweg mit der eigenen Nabelschau zu beschäftigen.

Ihrem Ansehen in den Mitgliedstaaten haben diese internen Zwistigkeiten, die sich nicht vor der Öffentlichkeit verbergen ließen, geschadet. Zwei Wörter bleiben im kollektiven Gedächtnis eng mit der NATO verbunden: »hirntot« und »obsolet«.[282] Manche fanden diese Beschreibungen durchaus zutreffend: Die NATO könne die Probleme, die Europa am meisten plagen, nicht lösen – in der Ukraine seien ihr die Hände gebunden, und dem Terrorismus, dem Klimawandel und der Flüchtlingskrise habe sie nichts entgegenzusetzen.[283] Dass die NATO als Relikt des Kalten Krieges nicht geeignet sei, den heute relevanten Gefahren zu begegnen, sah auch die Öffentlichkeit in vielen Mitgliedstaaten so. In Deutschland, Frankreich, Großbritannien und Skandinavien ging die Zustimmung zur NATO in Umfragen im Jahr 2019 deutlich zurück.[284] Es wundert daher nicht, dass die Allianz sich anstrengen musste, ihr Image nicht nur in der öffentlichen Meinung in den Mitgliedstaaten zu verbessern, sondern auch die kritischen Teile der Expert:innen-Community für sich zu gewinnen.[285]

Heute wirken Zweifel an der Daseinsberechtigung der NATO anachronistisch. Seit dem Kriegsbeginn in der Ukraine hat das Bündnis eine imagepolitische Renaissance erfahren, und die beste PR für die NATO kam aus Moskau selbst, dessen Invasion die NATO wieder enger zusammenrücken und auf ihren primären Daseinszweck konzentrieren ließ. Dementsprechend nehmen kollektive Verteidigung und Abschreckung wieder einen zentralen Stellenwert in der NATO-Strategie ein, und ihre anderen beiden Grundpfeiler, Krisenmanagement und kooperative Sicherheit, treten in den Hintergrund. Globale Themen wie Klimawandel, Migration, internationaler Terrorismus und die Auswirkungen neuer Technologien bleiben auch weiterhin wichtige Themen für das Bündnis. Und auch China wird erstmalig in einem Strategischen Konzept als Kernthema für die NATO aufgeführt – was, wie weiter oben erwähnt, seit Jahren kontrovers unter den Mitgliedstaaten diskutiert worden war. So wird die Volksrepublik, und insbesondere deren Zusammenarbeit mit Moskau, nun als Gefahr für die regelbasierte internationale Ordnung benannt.

Doch auch wenn die Allianz China mit dem Strategischen Konzept offiziell in ihren Gefahrenkatalog aufgenommen hat, wird sich die NATO in Zukunft vor allem auf die kollektive Verteidigung und Abschreckung innerhalb des Bündnisgebietes konzentrieren. Dies wird selbst dann der Fall sein, wenn die Kampfhandlungen in der Ukraine enden (unter welchen Bedingungen auch immer). Denn das Verhältnis zu Russland hat sich dauerhaft tiefgreifend verändert. Gleichzeitig verfügt auch eine

Organisation wie die NATO nur über begrenzte personelle und materielle Ressourcen, sodass die Allianz genau abwägen muss, wo ihre Prioritäten liegen.

So betonte die NATO in ihrem Strategischen Konzept 2022 die Notwendigkeit, Abschreckung und Verteidigung als Rückgrat der Beistandsverpflichtung der Allianz nach Artikel 5 signifikant zu stärken. Sie hob ebenso die »einzigartige Rolle« der nuklearen Abschreckung hervor sowie das Ziel, diese Abschreckung glaubwürdig, effektiv und sicher zu gestalten.[286]

Von »Deterrence by Punishment« zu »Deterrence by Denial«

Wie aber stärkt die NATO ihre Verteidigung und Abschreckung konzeptionell? Hier lohnt zunächst ein kurzer Rückblick auf die Geschichte der NATO und ihre Haltung zu Abschreckung und Verteidigung während und nach dem Ende des Kalten Krieges.

Seit ihrer Gründung im Jahr 1949 hat die Allianz ihre strategische Ausrichtung insgesamt acht Mal neu austariert und sich ein neues Strategisches Konzept gegeben. Grob gesagt lassen sich drei Phasen unterscheiden: die Ära vor dem Ende der Sowjetunion, die Zeit vor der Krim-Annexion 2014 und die Jahre danach.

Während des ersten Kalten Krieges hat die NATO ihre Haltung gemäß den »Trends« in der sowjetischen Militärstrategie ausgerichtet und an die Gefahren, die das Bündnis daraus für sich selbst abgeleitet hat, angepasst. Für ihre Abschreckung – die aus NATO-Sicht stets eine konventionelle und nukleare Komponente hat[287] – ersann die NATO in den 1940er- und 1950er-Jahren das Konzept von »Schwert« und »Schild«. Das »Schwert« bildeten die strategischen Nuklearwaffen der USA sowie die konventionellen militärischen Fähigkeiten der NATO, die im Ernstfall in der Lage sein sollte, auf eine feindliche Aggression mit einem massiven Gegenschlag (»massive retaliation«) zu antworten. Das »Schild« kam ergänzend in Form der sogenannten Vorneverteidigung hinzu, die manchmal auch als »Stolperdraht« (»trip-wire«) bezeichnet wird. Gemeint sind damit diejenigen Truppen und militärischen Fähigkeiten, welche die NATO möglichst weit im Osten innerhalb des Bündnisgebietes stationiert hatte, um dem Gegner jeglichen territorialen Gewinn von vornherein zu verwehren und die territoriale Integrität des NATO-Gebietes zu bewahren. Das »Schwert« als Inbegriff eines möglichen massiven Gegenschlags infolge einer sowjetischen Aggression bezeichnet der NATO-Jargon auch als »deterrence by punishment«, was sich im Deutschen etwas holprig als »Abschreckung durch Bestrafung« ausdrücken lässt. Der »Schild«-Ansatz der Vorneverteidigung durch die Stationierung von Truppen wird als »deterrence by denial« – »Abschreckung durch Verweigerung (der Erfolgsaussichten)« – bezeichnet.

Die Abschreckung der NATO vor 2014

Zugegeben, hier steckt viel Theorie drin. Verständlicher wird das Konzept, wenn man die Begriffe »Schwert« und »Schild« zunächst einmal wörtlich nimmt. Die Aufgabe des »Schildes« war es, die Motivation der Sowjetunion, einen Territorialgewinn an der Ostflanke des Bündnisses zu erzielen, von vornherein zu senken. Der Aktionsradius der sowjetischen Truppen sollte damit eingegrenzt und die Intaktheit des Territoriums geschützt werden. Das »Schwert« war dazu gedacht, dem Gegner massiven Schaden zuzufügen, wäre es zu einem nuklearen oder groß angelegten konventionellen Angriff gegen die NATO gekommen.[288]

Im Laufe der 1960er-Jahre, unter dem Eindruck der Kubakrise und der sich zahlenmäßig angleichenden Nuklearwaffenarsenale der Sowjetunion und der USA, rückte das Schwert/Schild-Konzept zugunsten der »flexiblen Antwort« etwas in den Hintergrund. Zusammenfassend gesagt, war sich die NATO selbst nicht mehr sicher, welche ihrer Fähigkeiten das Schwert und welche das Schild darstellten.[289] Waren es die konventionellen Kapazitäten der NATO, die den Gegner von einem Angriff abhielten? Oder die nuklearen? Und welche Rolle spielten sowjetische Überlegungen zur Einsatzbereitschaft von Nuklearwaffen aufseiten der NATO? Vereinfacht gesagt: Konnten die Nuklearwaffen des Westens die Sowjetunion im Ernstfall von einem konventionellen Angriff abhalten? Diese Überlegungen führten zu einem Umschwenken auf die »flexible Antwort«, die eine skalierbare Reaktion auf einen möglichen sowjetischen Angriff in den Vordergrund stellte.[290]

Die zweite Phase begann nach dem Ende des Kalten Krieges. Von nun an war die Unterscheidung, was »Schwert« und was »Schild« ist, nicht mehr zentral. Die Entspannung zwischen Ost und West führte zu einer Konzentration auf Abrüstung statt Rüstung, Nuklearwaffen verloren in den Militärdoktrinen der 1990er-Jahre an Bedeutung, und die NATO rückte von ihrer Vorneverteidigung ab.[291] In den Folgejahren befassten sich höchstens Historiker:innen mit der Bedeutung von »Deterrence by Denial« und »Deterrence by Punishment« – das Abschreckungsdenken in den westlichen Staaten schwand in den folgenden zweieinhalb Jahrzehnten. Was, wie die jüngsten Ereignisse zeigen, leider ein schwerwiegender Fehler war. Wie es der ehemalige NATO-Generalsekretär Jaap de Hoop Scheffer zusammenfasst: »Der eiserne Vorhang fiel, und die Alliierten setzten sich an den Strand und stießen darauf an. Und wer hätte es ihnen verdenken können?«

Nach 2014: Die Abschreckung kehrt zurück

Erst mit der russischen Annexion der Krim 2014 kehrte das Abschreckungsdenken, wenn auch langsam, wieder zurück. Auf dem Gipfel von Warschau 2016 beschloss die Allianz aufgrund der dynamischen Bedrohungslage an der östlichen Peripherie, die Ostflanke des Bündnisgebietes durch die sogenannte Vornepräsenz (»forward presence«) zu stärken. 2017 wurden daher vier multinationale Kampfverbände in den baltischen Staaten und Polen stationiert. Zusätzlich baute die Allianz eine kontinuierliche Präsenz auf See, an Land und im südöstlichen Europa in der Luft auf. Dieses neue Konzept wird in Expert:innenkreisen bisweilen mit »Deterrence by Reinforcement« beschrieben – Abschreckung durch Verstärkung. Die Allianz will ihre Gegner dadurch abschrecken, dass sie im Falle einer konkreten Bedrohung ihre militärischen Kräfte schnell und effektiv mobilisieren kann.

Der Ausbruch des Krieges in der Ukraine fördert nun alte Überlegungen wieder zutage. »Deterrence by Denial« ist ein Konzept, das die NATO heute wieder hochhält. Es manifestiert sich in dem Ausbau der Truppenstärken an der östlichen Peripherie. Nach dem russischen Einmarsch in der Ukraine hat die NATO vier zusätzliche Kampfverbände in Bulgarien, Ungarn, der Slowakei und Rumänien stationiert. Insgesamt beläuft sich die Stärke der unter direktem NATO-Kommando stehenden Truppen an der Ostflanke auf rund 40.000. Hinzu kommen die etwa 100.000 in Europa stationierten US-Truppen.[292] Zudem patrouillieren zu jeder Zeit (24/7/365) im Rahmen des »Air Policing« um die 30 Überwachungs- und Kampfflugzeuge an der östlichen Peripherie. Insgesamt 130 alliierte Flugzeuge sind stets in Alarmbereitschaft. Deutschland stellt zu diesem Zweck den Eurofighter, das Transportflugzeug A400M sowie das Überwachungsflugzeug P-3 Orion.[293] Damit zeigt die NATO zum einen ihre Wachsamkeit und ununterbrochene Präsenz gegenüber Russland, zum anderen kann sie aber auch schnell auf Luftraumverletzungen[294] reagieren.

Diese rasche qualitative und quantitative Aufstockung der NATO-Präsenz an der östlichen Peripherie lässt keinen Zweifel daran, dass die NATO ihren »Deterrence by Denial«-Ansatz aktuell wiederbelebt, was in NATO-Kreisen begrüßt wird. Es zeigt auch, dass eine russische Aggression gegen Staaten im Osten des NATO-Gebietes als mögliches, wenn auch eher unwahrscheinliches Szenario betrachtet wird – aber eben deswegen, weil die Allianz ihre »Stolperdrähte« wieder spannt. »Deterrence by Reinforcement« – also die Option, dass eine geringere Truppenpräsenz im Ernstfall rasch aufgestockt wird – reicht für eine Bedrohung, wie sie von Moskau ausgeht, längst nicht mehr aus.

Doch was ist mit »Deterrence by Punishment«? Schließlich hatte der von Russland angezettelte Krieg von Beginn an eine starke nukleare Konnotation. Präsident Putin hat regelmäßig eine schauerliche nukleare Rhetorik an den Tag gelegt und auch sonst mit nuklearen Szenarien unter der Grenze zum Atomwaffeneinsatz gespielt.[295] Das Statement des NATO-Generalsekretärs Stoltenberg am 12. Dezember 2022, dass ein russischer Atomwaffeneinsatz in der Ukraine »schwerwiegende, dramatische Konsequenzen« hätte,[296] kann man als Zeichen dafür deuten, dass »Deterrence by Punishment« in der Doktrin der NATO wieder eine größere Rolle spielt, auch wenn die NATO in ihrer Rhetorik hier bisher – vollkommen zu Recht – zurückhaltend auftritt.

Im Hinblick auf die sichtbare, substanzielle Stärkung der eigenen Fähigkeiten liegt der Fokus der NATO auf der konventionellen »Deterrence by Denial«-Komponente. Mit der massiven Aufstockung der Truppenstärken und militärischen Fähigkeiten an ihrer Ostflanke signalisiert die NATO, dass jegliches Vorrücken Moskaus Richtung Bündnisgebiet verheerende

Folgen für die russischen Truppen hätte – und daher nicht von Erfolg gekrönt wäre. Demgegenüber bleibt die nukleare Haltung des Bündnisses unverändert. Weder bestehen Pläne in der Allianz, die Anzahl der in fünf Mitgliedstaaten stationierten Atomwaffen zu erhöhen, noch stehen weitere Atomwaffenstandorte zur Diskussion. Die NATO geht davon aus, dass ihr aktuelle Nuklearpolitik robust und glaubhaft ist und dass sie Russland effektiv abschreckt. Die Tatsache, dass der Krieg auf das Territorium der Ukraine beschränkt geblieben ist und Russland kein NATO-Land angegriffen hat, spricht aus Sicht von NATO-Mitarbeiter:innen für die Effektivität der nuklearen Abschreckung. Auch war auffällig, wie schnell Moskau nach dem versehentlichen Einschlag einer ukrainischen Rakete jenseits der polnischen Grenze abstritt, dass es sich um ein russisches Geschoss handelte. Die Angst davor, dass die NATO den Verteidigungsfall gemäß Artikel 5 ausrufen könnte, schien groß gewesen zu sein.

Gleichzeitig ist »Deterrence by Punishment« ein Konzept, das sich im Regelfall weniger offensichtlich manifestiert.[297] Seine Glaubwürdigkeit hängt maßgeblich von der Einschätzung des Kontrahenten ab, welche die Protagonist:innen einer nuklearen Drohung mit einberechnen müssen. So betonte die NATO in ihrem Strategischen Konzept: »Die Allianz hat die Fähigkeiten und die Entschlossenheit, einem Gegner inakzeptable Kosten aufzubürden, welche die Vorteile, die ein Gegner zu erreichen hofft, überwiegen würden.«[298] Doch sie sieht abgesehen von diesem sorgfältig formulierten Paragrafen davon ab, weitere (potenziell eskalierende) nukleare Signale zu senden, und stärkt dagegen gut sichtbar die konventionelle Präsenz im Kontext von »Deterrence by Denial«. Zwar mögen Befürworter:innen von mehr »Schwert« in der Haltung der NATO eine weitere Stärkung der nuklearen Komponente fordern, jedoch spricht hiergegen, dass aus russischer Sicht der Westen bereits »eskaliert«

und dass ein paranoides Moskau die »nuklearen Drohungen« aus dem Westen sowohl selbst konstruiert als auch ernst nimmt. Was für die NATO wiederum bedeutet, dass sie sich in ihrem öffentlichen Auftreten hinsichtlich ihrer nuklearen Rhetorik und den Signalen, die sie sendet, zurückhält und nahe an dem bleibt, was in ihrem Strategischen Konzept dazu gesagt wurde.

Die europäische Sicherheit und Verteidigung in Zeiten des Ukrainekrieges

Der Krieg in der Ukraine hat insbesondere einer Organisation zu einer Renaissance verholfen: der NATO. Im öffentlichen Diskurs wird kaum über eine Rolle der EU und EU-gesteuerter Sicherheits- und Verteidigungsmaßnahmen gesprochen. Doch die Europäer haben den Krieg sehr wohl zum Anlass genommen, ihre eigene Rolle zu überdenken und im sicherheitspolitischen Bereich nachzusteuern. Im März 2022 gab die EU ihren Strategischen Kompass 2022 heraus. Analog zum Strategischen Konzept der NATO begann die Arbeit der EU-Expert:innen am Kompass, lange bevor Russland die Ukraine überfiel. Kurz vor Veröffentlichung wurde das Dokument an einigen Stellen an die geänderte Situation nach dem 24. Februar angepasst – insbesondere wurden die Aussagen zu Russland verschärft –, doch insgesamt reflektiert es Entwicklungen, die bereits vor der Invasion für die EU relevant waren.

Der Strategische Kompass steht, anders als das Strategische Konzept, nicht in einer Tradition von ähnlichen Dokumenten, die regelmäßig überarbeitet werden. Er steht vielmehr für sich allein, und zunächst war auch nicht jedem klar, welche Funktion er haben soll und in welchem Verhältnis er zu anderen Strategiepapieren wie insbesondere der EU Global Strategy (EUGS) von 2016 steht.[299] Manche zogen Parallelen zur Nationalen Sicherheitsstrategie der USA,[300] andere betrachteten den Kompass nicht unbedingt als gleichbedeutend mit einer umfassenden »grand strategy«,[301] wohl aber als Möglichkeit, die EU in Verteidigungs- und Sicherheitsfragen reifen zu lassen.[302] In der Tat ist der Kompass als eine die EU-Strategie ergänzende Analyse zu lesen, die zum ersten Mal die Bedrohungswahrnehmungen aller 27 Mitgliedstaaten zusammenführt und hieraus Handlungsempfehlungen ableitet.

Diese sind unter vier Schlagwörtern zusammengefasst: Handeln, Sichern, Investieren, Partnerschaften. Der Hohe Vertreter der EU für Außen- und Sicherheitspolitik, Josep Borrell, stellt im Vorwort fest: »Wenn Dialog, Diplomatie und Multilaterismus die Oberhand behalten sollen, so muss notwendigerweise Schlagkraft dahinterstehen.«[303] So will die EU in Zukunft schneller und entschiedener handeln, wenn sie mit Krisen konfrontiert ist. Sie will ihre Bürger:innen vor neuen Bedrohungen beschützen, in neue Ausrüstung und Technologien investieren und gemeinsam mit Partnern auf gemeinsame Ziele hinarbeiten. Dieser »Quantensprung«, den sich die EU selbst verordnet hat, soll die Gemeinsame Sicherheits- und Verteidigungspolitik (GSVP) »stärker und effektiver« machen.[304] Im Zentrum stehen Themen wie eine neue militärische Eingreiftruppe ab 2025 in einer Stärke von bis zu 5.000 Soldat:innen, bessere Koordination von geheimdienstlichen Erkenntnissen, militärische Übungen an Land und auf See und größere Anstrengungen in den Bereichen hybride Kriegsführung, Cyberverteidigung, Weltraum als Sicherheitsthema sowie maritime Sicherheit.[305]

Doch welchen Stellenwert hat die GSVP der EU im Kontext des Krieges in der Ukraine? Traditionell sieht die NATO kollektive Verteidigung im Bündnisgebiet als ihren »exklusiven Markt«.[306] Als Akteur, der Russland konventionell und nuklear abschreckt und das Territorium gegen russische Aggressionen verteidigt, kommt also nur die NATO infrage. Der Präsident des

Europäischen Rates Charles Michel, Kommissionspräsidentin Ursula von der Leyen sowie NATO-Generalsekretär Stoltenberg haben diese Aufgabenverteilung in einer gemeinsamen Erklärung im Januar 2023 nochmals betont: Die NATO bleibe die »Grundlage für die kollektive Verteidigung der Alliierten«.[307]

Wahr ist auch, dass die NATO und EU in den vergangenen Jahrzehnten um Aufgaben konkurriert haben – beispielsweise hat die EU 2015 die Operation EUNAVOR Sophia ins Leben gerufen, um den Menschenhandel im Mittelmeer zu bekämpfen, und die NATO folgte 2016 mit einer Unterstützungsmission zur Überwachung von Schleuseraktivitäten in der Ägäis zwischen Griechenland und der Türkei. Überschneidungen wie diese und die Tatsache, dass die EU und die NATO ihre militärischen Fähigkeiten und Truppen aus weitgehend identischen Pools ziehen, haben regelmäßig eine Debatte über unnötige Duplikationen ins Leben gerufen. Dennoch können beide Organisationen schlecht miteinander verglichen werden. Die EU rang in den vergangenen Jahren mit der Frage, wie ihre GSVP ausgestaltet sein sollte. Der Bereich bleibt weiterhin der am wenigsten entwickelte innerhalb der Union, auch deshalb, weil die Mitgliedstaaten in Sicherheitsfragen ungern Souveränität an eine supranationale Organisation abgeben wollen. Auch ist noch nicht geklärt, wo die Grenzen der GSVP liegen (Stichwort EU-Armee) und wie die EU ihr selbstgesetztes Ziel der strategischen Autonomie umsetzen soll. Aus diesen Gründen dominiert in der aktuellen Situation die NATO das Geschehen auf der sicherheitspolitischen Bühne in Europa.

Auf der anderen Seite hat die EU eine zentrale Rolle bei der Unterstützung für die Ukraine gespielt. Im Rahmen der Ukraine European Peace Facility (EPF) hat die EU (Stand Februar 2023) 3,6 Milliarden Euro in militärische Hilfe für die EU Military Assistance Mission Ukraine (EUMAM) investiert, darunter letale Ausrüstung im Wert von 3,1 Milliarden Euro. Die

EU hat ebenso im Oktober 2022 eine Trainingsmission für die ukrainischen Streitkräfte ins Leben gerufen,[308] innerhalb derer in einem ersten Durchlauf auf EU-Boden insgesamt 15.000 ukrainischen Soldat:innen grundlegende und aufbauende sowie kollektive und individuelle Ausbildung zukommen soll.[309] Darüber hinaus hat der Krieg eine intensive Debatte über bessere Zusammenarbeit zwischen der EU und NATO ins Leben gerufen, wie auch das Statement vom Januar betont. Darin drücken beide Organisationen ihren Willen aus, alle ihnen gemeinsam zur Verfügung stehenden Mittel zu mobilisieren, seien es politische, ökonomische oder militärische, um »unsere gemeinsamen Ziele zu verfolgen zum Wohle unserer eine Milliarde Bürger:innen«.[310]

Resümee: Europa braucht Einigkeit, Expertise und nukleare Kontinuität

Im Folgenden sollen als Abschluss dieses Kapitels einige Empfehlungen gegeben werden. Diese Liste stellt keinesfalls eine erschöpfende Aufzählung von möglichen Ansatzpunkten für EU und NATO dar, sondern gibt lediglich einige Anregungen für eine weitere Beschäftigung mit dem Thema.

Der Strategische Kompass der EU und der Prozess, der dahin geführt hat, bilden im europäischen Kontext bisher den ambitioniertesten Versuch, die Bedrohungswahrnehmungen aller EU-Mitgliedstaaten zusammenzuführen und zu analysieren. Auch wenn der Krieg in der Ukraine die Bedrohungswahrnehmungen der europäischen Staaten einander angenähert und Prioritäten verschoben hat, ist anzunehmen, dass die Risikoeinschätzungen in Zukunft dennoch unterschiedlich bleiben (»geography matters«). Diese Unterschiede würden sich weiter verstärken, sollten in den kommenden Jahren EU-Erweiterungsrunden stattfinden: Nicht nur die Ukraine hofft auf eine EU-Mitgliedschaft, auch Moldau und Staaten des Westbalkans zählen zu den aktuellen Beitrittskandidaten.[311] Es wird in einer Phase der anhaltenden Spannungen mit Russland in den kommenden Jahren von zentraler Bedeutung sein, dass die europäischen Staaten regelmäßig ihre Bedrohungswahrnehmungen abgleichen und analysieren. Insbesondere die Sorgen der östlichen EU-Staaten sind in den vergangenen Jahren in westeuropäischen Hauptstädten nicht in dem Maße ernst genommen geworden, wie es angemessen gewesen wäre. Daher wäre ein regelmäßiges Update des Strategischen Kompasses ein Weg, um einen kontinuierlichen Austausch zwischen den Staaten anzuregen.

Die Bedrohung aus Russland und das Erfordernis, Ressourcen in der kollektiven Verteidigung zu bündeln, stellen die NATO vor die Frage, inwieweit sie sich auf Missionen außerhalb des Bündnisgebietes fokussieren kann. Ohne Frage wird eine langfristige Konfrontation mit Moskau wenig Spielraum für ambitioniertes Handeln außerhalb Europas lassen. Die NATO ist mit vielfältigen globalen Risiken konfrontiert, aber ihre Ressourcen sind begrenzt. Auch muss sie sich darüber klar werden, inwieweit sie der Herausforderung China begegnen kann und will.

In der konventionellen und nuklearen Abschreckung/Verteidigung gegenüber Russland wird die Frage nach Schwert und Schild wieder relevant. Die einzelnen NATO-Länder müssen mehr intellektuelle Kapazitäten in den Bereich des Abschreckungsdenkens investieren und in der NATO bündeln. Um sich auf nationaler Ebene mit der Frage zu beschäftigen, welchen Stellenwert Abschreckung hat und ob sie hochgefahren werden muss, braucht es das, was die NATO heute als »nuklearen IQ« bezeichnet: die Fähigkeit von Expert:innen und Entscheidungsträger:innen, sich in einer adäquaten Art und

Weise auf einer theoretischen Ebene mit dem Thema auseinanderzusetzen.

In vielen europäischen Hauptstädten ist nach dem Ende des Kalten Krieges (verständlicherweise) die nukleare Expertise geschrumpft und muss heute neu erlernt werden, denn die Abschreckung aus den 1980er-Jahren ist nicht vergleichbar mit der Situation heute, im neuen Kalten Krieg. Hinderlich ist auch das in manchen NATO-Ländern anzutreffende Denken, dass eine Beschäftigung mit Abschreckung bereits einen gefährlichen Bellizismus und eine Ablehnung von Abrüstung und Rüstungskontrolle nahelegt. Das Gegenteil ist der Fall: Eine gute Kenntnis von Abschreckungslogik ist für ein Verständnis von Prozessen, die zu Abrüstung führen können, fundamental. Die beiden Felder Abrüstung/Rüstungskontrolle und Abschreckung personell und thematisch scharf zu trennen war ein Fehler, der heute nicht mehr gemacht werden darf. Die beiden Bereiche greifen heute ebenso wie im ersten Kalten Krieg ineinander.

In jedem Fall sollten aber die Nuklearwaffenarsenale in Europa quantitativ nicht erhöht werden, und es sollte auch nicht über eine Stationierung in anderen (osteuropäischen) NATO-Ländern nachgedacht werden. Die aktuelle rhetorische Zurückhaltung der NATO in nuklearen Fragen und die Tatsache, dass zwar nuanciert auf die Existenz der NATO-Abschreckung hingewiesen wird, ohne allerdings eine Änderung von deren Zusammensetzung zu suggerieren, sind der Glaubwürdigkeit der NATO-Abschreckung im Zweifelsfall eher zu- als abträglich. Den erratischen nuklearen Drohungen Russlands – wie der Ankündigung, taktische Nuklearwaffen auf dem Gebiet von Belarus zu stationieren – sollte die NATO keine eskalierenden Taten oder Worte entgegensetzen. Es liegt an beiden Seiten, den Charakter des neuen Kalten Kriegs auszugestalten, und die NATO tut gut daran, Zurückhaltung bei gleichzeitiger Geschlossenheit und klarer Botschaft zu zeigen.

Die strategische Autonomie mag momentan kein beherrschendes Thema sein. Der Krieg in der Ukraine hat die kollektive Verteidigung in den Vordergrund gerückt und bündelt die Aufmerksamkeit der europäischen Hauptstädte. Dennoch könnte es – vor dem Hintergrund, dass China für die USA immer wichtiger wird – in Zukunft Szenarien geben, in denen die USA innerhalb Europas keine Ressourcen zur Verfügung stellen kann oder will, beispielsweise im Falle einer größeren Krise auf dem Westbalkan. Hier wäre die EU gefragt, und langfristig würde auch die Frage der strategischen Autonomie wieder aktuell. Die Europäer täten daher gut daran, zumindest weiterhin intellektuelle Ressourcen in dieses Thema zu investieren.

Kapitel 6 | *Time is Running Out*: Perspektiven für strategische Risikoreduktion und nukleare Rüstungskontrolle

Der neue Kalte Krieg weist Gemeinsamkeiten zum ersten Kalten Krieg auf, unterscheidet sich von diesem aber auch in zentralen Aspekten. Der Umstand, dass nukleare Abschreckung heute wieder eine herausragende Rolle spielt, ist eine wichtige Gemeinsamkeit. Zwar sind die Atomwaffenarsenale des Westens und Russlands mittlerweile (zum Glück) nicht annähernd so groß wie in den 1960er-Jahren, als das Wettrüsten massiv an Fahrt aufnahm und die globalen Arsenale an Sprengköpfen eine hohe fünfstellige Zahl erreichten. Auch können Ost und West heute auf einige Jahrzehnte erfolgreicher Abrüstungs- und Rüstungskontrollschritte sowie eine Historie von Maßnahmen zur gegenseitigen Risikoreduktion zurückblicken, was bedeutet, dass bereits ein großer Korpus an theoretischen Ansätzen vorhanden ist, auf den die Entscheidungsträger:innen und Expert:innen in Washington und in Moskau sowie in multilateralen Foren zurückgreifen können.

Gleichzeitig besteht ein fundamentaler Unterschied in der Verteilung globalen Einflusses. Russland möchte sich weiterhin als Großmacht sehen und nutzt nicht zuletzt seine aggressive nukleare Rhetorik, die in Form subtiler oder auch offener Drohungen daherkommt, um diesen Status zu unterstreichen. Doch das Land ist ökonomisch schwächer als zu Zeiten der Sowjetunion und massiv von der Unterstützung einer anderen aufstrebenden Atommacht mit globalen Ambitionen abhängig: China. Das bedeutet nicht, dass Russland deswegen weniger gefährlich wäre – im Gegenteil. Der Westen steht einem wirtschaftlich geschwächten Russland gegenüber, das gerade eine verheerende konventionelle Niederlage in der Ukraine erlebt – eine Niederlage, die schon allein darin besteht, dass der schnelle Sieg über die ukrainischen Streitkräfte, auf den der Kreml gehofft hatte, vollkommen gescheitert ist. Moskau befindet sich in einem Dilemma, das ohne das Eingeständnis der eigenen Niederlage nicht zu lösen ist, und diese Option sieht der Kreml derzeit nicht als gangbar an.

Was einem Russland, das einem internationalen Gesichtsverlust entgehen möchte, zur Verfügung steht, sind einerseits nukleare Drohungen und der Verweis auf den mit Atomwaffen einhergehenden (tatsächlichen oder vermeintlichen) Großmachtstatus sowie andererseits seine hybriden Taktiken und Strategien, die es einsetzt, um die westlichen Staaten zu schwächen und mit kremlfreundlichen, antiwestlichen Narrativen zu unterwandern (siehe Kapitel 4). Das militärische In-die-Enge-Treiben Moskaus in der Ukraine mithilfe westlicher Waffenlieferungen ist alternativlos, gleichzeitig wird sich verstetigen, was sich bereits jetzt abzeichnet: Nukleare Drohungen und hybride Maßnahmen als einzige verlässliche Instrumente im russischen Portfolio werden in den kommenden Jahren umso mehr an Bedeutung gewinnen.

Der neue Kalte Krieg: Schlechte Nachrichten für Rüstungskontrolle und Abrüstung

Für alle Schritte, die in die Bereiche Abrüstung, Rüstungskontrolle, Nonproliferation und strategische Risikoreduktion fallen, sind das schlechte Nachrichten. Aus Sicht Moskaus laufen alle Strategien, die auf eine Stabilisierung der Situation abzielen, den russischen Interessen zuwider und dienen allein dem westlichen Interesse, Russland zu übervorteilen. Zwar heben russische Vertreter:innen weiterhin den Wert von Rüstungskontrollverträgen hervor, Russland hat jedoch ebenjene Verträge und Gespräche in den vergangenen Jahren verletzt, unterminiert und die Schuld daran dem Westen und dessen angeblichen Vertragsverletzungen gegeben. Gleichzeitig hat Moskau stets betont, dass das grundlegende Übel in einer Sicherheitsarchitektur in Europa liege, welche die Interessen des Westens berücksichtige, nicht aber die russischen. Viele westliche Expert:innen und Entscheidungsträger:innen haben dieses Narrativ übernommen und beispielsweise die Ausweitung der NATO-Mitgliedschaft als Fehler oder gar als illegitim hingestellt – in völliger Missachtung des Umstandes, dass bis in die 1980er-Jahre hinein die NATO-16[312] einer größeren Mitgliedschaft sehr kritisch gegenüberstanden. Auch ignorieren sie die Tatsache, dass diejenigen Länder im postsowjetischen Raum, die heute Mitglieder der NATO sind oder eine Aufnahme anstreben, dies aus freien Stücken tun – ganz im Sinne der in der Schlussakte von Helsinki (1972) festgelegten Freiheit aller europäischen Länder, ihre Sicherheitsbündnisse nach eigenem Ermessen zu wählen.

Auch wenn die Argumentation Moskaus auf wackeligen Füßen steht, ist sie bei einigen westlichen Vertreter:innen auf fruchtbaren Boden gefallen und hat dafür gesorgt, dass die Erosion der Rüstungskontrolle zwischen dem Westen und Russland nicht immer als das wahrgenommen wurde, was sie ist: ein Trend, der von Russlands Seite aus vor Jahren eingeleitet wurde und derzeit noch massiver betrieben wird als zuvor. Gab es bis Ende 2021 noch einige potenziell konstruktive Ansätze im Verhältnis zwischen Moskau und Washington, einschließlich Hoffnungen auf einen neuen Nachfolgevertrag für das 2026 auslaufende Rüstungskontrollabkommen New START, sind diese spätestens 2023 weitgehend verschwunden. Russland zeigt sich zunehmend destruktiv in unterschiedlichen multilateralen Foren, die sich mit Rüstungskontrolle, Abrüstung und Nonproliferation beschäftigen. Das russische Verhalten reicht dabei von aktiver Sabotage von existierenden Abkommen über Vertragsverstöße bis hin zur Blockade von Kompromissen oder der gezielten Verzögerung von multilateralen Verhandlungsprozessen.

Der neue Kalte Krieg zeichnet sich im Bereich Rüstungskontrolle, Abrüstung und Nonproliferation also durch einen Bedeutungszuwachs von nuklearen Risiken aus bei gleichzeitiger Abwesenheit von Strategien, diese effektiv einzuhegen. Dabei stehen der Westen und Russland vor der essenziellen Frage, wie sich der neue Kalte Krieg gestalten wird: Wie gefährlich wird er sein? Wird es Maßnahmen geben, welche die nuklearen Risiken auf beiden Seiten einhegen, oder nicht? Hierbei spielt der sehr technische, auf Detailregelungen fokussierte Bereich der (nuklearen) Risikoreduktion eine große Rolle. Während es auf absehbare Zeit nicht wahrscheinlich ist, dass Moskau und Washington einen neuen Rüstungskontrollvertrag zur Einhegung ihrer strategischen (oder auch taktischen) nuklearen Arsenale verhandeln, und dies vermutlich auch nur dann täten, wenn Peking mit an Bord wäre (das aber wiederum an Rüstungskontrolle nicht interessiert ist), bleiben nur punktuelle Maßnahmen, die das Verhältnis zwischen den Akteuren im neuen Kalten Krieg etwas weniger riskant machen könnten. Doch hierfür sind politischer Wille und großes Verhandlungsgeschick erforderlich – ebenso wie eine exzellente Kenntnis darüber, welche Risikowahrnehmung aufseiten des Kremls herrscht.

Wer ist für Rüstungskontrolle und Abrüstung überhaupt zuständig?

Zum Einstieg in ein sehr komplexes Themenfeld, in dem es von Akronymen nur so wimmelt, möchte ich kurz beschreiben, wer relevante Akteur:innen in der Rüstungskontrolle, Abrüstung und Nonproliferation sind. Da für Außenstehende das Feld oft unübersichtlich wirkt, werden zum Teil falsche Annahmen getroffen (zum Beispiel »Die NATO macht Rüstungskontrolle« oder »Abrüstung geht nur die Nuklearwaffenstaaten etwas an«). Ein Verständnis hiervon erleichtert es auch, die Problematik des Bereiches insgesamt besser zu durchschauen.

Wir beginnen mit der klassischen Rüstungskontrolle. In der Vergangenheit wurden Verträge zur Regulierung von (nuklearen) Waffensystemen zwischen Washington und Moskau geschlossen. Darunter fallen insbesondere die Gespräche über die Limitierung strategischer Waffen (SALT I und II)[313] sowie die START-Verträge zur Limitierung der Arsenale an strategischen Nuklearwaffen und deren Trägersystemen (zum Beispiel strategische Bomber). Auch wenn es eine separate Diskussion darüber gibt, ob bei Nuklearwaffen eine Gegenüberstellung von taktischer und strategischer Wirkung überhaupt sinnvoll ist – schließlich können Russlands Mittelstreckenwaffen durchaus strategische Ziele wie Hauptstädte in Europa erreichen –, folge ich hier aus Gründen der besseren Nachvollziehbarkeit der traditionellen Definition. Diese bezeichnet Nuklearwaffen, die eine Reichweite von mehr als 5.500 km haben, als strategisch. Alles darunter ist eine nichtstrategische beziehungsweise taktische Reichweite.

Bei den SALT-Gesprächen und den darauffolgenden START-Abkommen handelt es sich um eine Reihe bilateraler Konsultationen/Verträge,[314] mit denen die USA und die Sowjetunion, später Russland, die massiven Arsenale an strategischen Waffen seit Ende der 1960er-Jahre eingrenzen wollten. Die aktuellen Grenzwerte, die im New-START-Vertrag festgelegt wurden, der, wie der Name andeutet, Teil von Präsident Barack Obamas »Reset-Politik« gegenüber Moskau war, liegen bei 1.500 strategischen Atomwaffen auf beiden Seiten. Diese Obergrenze haben beide Staaten bisher eingehalten.

Auch der INF-Vertrag über das Verbot landgestützter konventioneller und nuklearer Mittelstreckenraketen in Europa war ein bilaterales Abkommen zwischen Moskau und Washington. Es wurde in den 1980er-Jahren zwischen den Präsidenten Reagan und Gorbatschow ausgehandelt und trat 1987 in Kraft. Hierbei handelt es sich jedoch eher um einen Vertrag, der in den Bereich Abrüstung fällt – denn es wurde damit eine ganze Kategorie an Waffensystemen aus Europa verbannt. Der Vertrag ging dadurch über eine bloße Reduzierung der Anzahl bestimmter Systeme hinaus.

Auch wenn die europäischen NATO-Partner von beiden Verträgen, INF und New START, betroffen waren – für ihre Sicherheit hat das Verhältnis zwischen Moskau und Washington maßgebliche Konsequenzen –, sind sie nur am Rande eingebunden. Die NATO selbst kann keine Verträge abschließen und »macht« daher auch keine Rüstungskontrolle. Stattdessen bietet die Allianz, insbesondere ihre Abteilung ACDC (Zentrum für Rüstungskontrolle, Abrüstung und Nichtverbreitung von Massenvernichtungswaffen)[315], den Bündnispartnern eine Plattform zum Austausch über ADN-Themen (das Akronym steht für »arms control, disarmament and non-proliferation«). Hier briefen die USA die NATO-Partner bezüglich ihres Vorgehens in der Rüstungskontrolle, und die Alliierten haben die Gelegenheit, ihre Meinung dazu zu äußern. Dieser Austausch gibt den Europäern keinen Platz am Verhandlungstisch, doch der Austausch sowohl in formellen als auch informellen Gremien darf keinesfalls unterschätzt werden. Gerade auf die Expert:innen-

Meinung in europäischen Staaten legt die Rüstungskontrollabteilung im US State Department großen Wert. Dies ist nicht zuletzt in der Durchlässigkeit des amerikanischen Systems begründet. Während es in Deutschland wenig personellen Wechsel vom Auswärtigen Amt oder BMVg in die akademische Landschaft oder in Denkfabriken gibt, ist es in den USA und auch in Frankreich völlig üblich, dass Expert:innen, die für verschiedene Institutionen im Rüstungskontrollbereich gearbeitet haben, eine Zeitlang für die Regierung tätig sind und dann wieder in den nichtstaatlichen Sektor wechseln. So findet ein permanenter Austausch statt, der die Ministerien eng mit der Welt der Denkfabriken verzahnt und für deren Ideen empfänglicher macht.

Neben den bilateralen Verträgen gibt es multilaterale Foren, in denen Staaten zusammenkommen, um über Fortschritte in der Abrüstung und Nichtverbreitung zu verhandeln. Hierzu gehören insbesondere die Konferenzen zum Nichtverbreitungsvertrag (NVV), die alle fünf Jahre bei den Vereinten Nationen in New York stattfindet.

Die Vertragsstaaten ziehen bei den New Yorker Treffen gemeinsam Bilanz über die Fortschritte, die im zurückliegenden Überprüfungszyklus gemacht wurden, und verständigen sich, wenn möglich, im Konsens auf gemeinsame nächste Schritte. Diese sind als reine Empfehlungen zu verstehen und haben keinerlei rechtlich bindende Wirkung. Dennoch wird den NVV-Konferenzen eine große Bedeutung zugemessen. Es handelt sich um ein nahezu universales Forum, in dem fast alle Staaten zusammenkommen, und existiert bereits seit über 50 Jahren (was für internationale Abkommen eine beträchtliche Lebensspanne ist). Zudem ist es eine Möglichkeit für Atomwaffenstaaten und Nicht-Atomwaffenstaaten, in einen Austausch zu treten. Auch der Iran ist Mitglied des Vertrags (nicht aber Nordkorea). Und nicht zuletzt bietet der NVV auch den sogenannten P5, den ständigen Mitgliedern des UNO-Sicherheitsrats, die Gelegenheit, sich über nukleare Risiken auszutauschen.

Ebenso wenig wie die NATO kann die EU Rüstungskontrollverträge abschließen. Die Union engagiert sich punktuell im Abrüstungs- und Nonproliferationsbereich und hat eine:n Sondergesandte:n für Nonproliferation und Abrüstung. Anders als die NATO, die eine eigenständige Nuklearpolitik und ein eigenes Abschreckungsdispositiv besitzt und in ihrer Haltung sowohl Abschreckung als auch Rüstungskontrolle als Kernthemen verfolgt, sieht sich die EU als Botschafterin für Abrüstung und Nichtverbreitung von Atomwaffen. Sie kommuniziert diese Haltung in multilateralen Foren, teilweise in der Form von EU-Statements, die entweder dazu dienen, Abrüstungsbemühungen zu unterstützen, oder aber, den Mangel derselben anzumahnen und die Staatengemeinschaft zu mehr Aktivitäten in diesem Bereich aufzurufen. Sie nimmt damit eine eher moralische Haltung ein und unterscheidet sich hierin von der zweckgebundenen Herangehensweise der NATO.

Abrüstung muss indes nicht immer im Rahmen von bilateralen Verhandlungen oder Verträgen stattfinden. So haben im Rahmen der Presidential Nuclear Initiatives (PNIs) nach dem Ende des Kalten Krieges die russische und amerikanische Seite eine Reihe von unilateralen Schritten zur Abrüstung bestimmter Waffenkategorien durchgeführt, die zwar in Verbindung miteinander standen, aber unabhängig voneinander umgesetzt wurden.[316]

Abrüstung, Nonproliferation und Rüstungskontrolle in der Krise

Michail Gorbatschow sprach 1989 in seiner Rede vor dem Europarat von dem Ziel, ein »gemeinsames Haus Europa« zu errichten, in dem Russland mit gleichen Rechten und Pflichten neben den europäischen Partnern seinen Platz finden sollte.[317] Diese Vision gilt heute weitgehend als gescheitert. In Gorbatschows Vorstellung sollte die Schaffung eines gemeinsamen Hauses Europa die Wahrscheinlichkeit eines bewaffneten Konfliktes ausschließen. Fortschritte in diplomatischen Verhandlungen in den 1970er- und 80er-Jahren, die Verbannung von landgestützten konventionellen und nuklearen Mittelstreckenraketen aus Europa sowie der Trend hin zu einer militärischen Entspannung gaben Gorbatschow kurz vor dem Zusammenbruch der Sowjetunion Anlass zu der Hoffnung, dass ein solches Ziel erreichbar wäre, wenngleich er zu diesem Zeitpunkt selbst noch nicht wusste, wie das Haus aussehen würde und wie es »eingerichtet« werden sollte.

Tatsächlich haben die europäischen Staaten im sicherheitspolitischen Bereich versucht, an einem solchen Haus zu arbeiten. Wenn man sich dieses Haus jedoch heute bildlich vorstellt, ähnelt es leider weniger einem »Zuhause« als vielmehr einem baufälligen Konstrukt, in dem sich eine unübersichtliche Anzahl an Zimmern befindet, von denen einige in sehr desolatem Zustand sind. Von diesen Räumen, die in der Metapher für unterschiedliche Maßnahmen im Bereich von ADN und Vertrauensbildung stehen, sind einige zur reinen Dekoration verkommen und haben ihre Funktion verloren, wiederum andere sehen aus, als wäre eine willkürlich marodierende Rockband hindurchgezogen.

Die Metapher des Hauses ist allein deswegen nicht vollkommen abwegig, weil sich Russland und die EU sowie die meisten NATO-Staaten rein geografisch einen Kontinent teilen. Selbst der Eiserne Vorhang konnte nichts daran ändern, dass die Schicksale von West und Ost eng miteinander verwoben waren. Aus einer Meta-Perspektive betrachtet, die für einen Moment die Frage von Schuld und Verantwortung außer Acht lässt, befinden sich die Akteure in dem Dilemma, dass sie von erodierenden sicherheitspolitischen Strukturen umgeben sind, die schon lange hätten repariert werden müssen. Da jedoch die nötigen Ressourcen ebenso fehlten wie eine gemeinsame Vorstellung, wie man die Strukturen erneuern oder ersetzen könnte, bleibt als einzige realistische Option Schadensbegrenzung – was in diesem Fall die Reduzierung nuklearer Risiken bedeutet.

Doch sehen wir uns zunächst einmal an, wie die euro-atlantische Region in eine rüstungskontrollpolitische Abwärtsspirale geraten ist.

Der Friedhof der Rüstungskontrollabkommen

Der erste Kalte Krieg wäre sicherlich anders verlaufen – und möglicherweise nicht »kalt« geblieben –, wenn Washington und Moskau nicht schon Ende der 1960er-Jahre Maßnahmen der Rüstungskontrolle und Risikoreduktion verhandelt hätten. Nachdem sich beide Seiten während der Kubakrise bis an die Zähne bewaffnet gegenüberstanden und die Welt fast an den Rand einer nuklearen Eskalation gebracht hatten, wuchs ein Bewusstsein in beiden Ländern, dass ein ungezügeltes Wettrüsten zum Nachteil beider Akteure wäre. Die amerikanische und die sowjetische Seite initiierten daher bereits relativ früh im ersten Kalten Krieg eine Reihe von konsultativen Prozessen. Hinzu kamen in den 1990er-Jahren, in dem euphorischen Klima nach dem Kalten Krieg, eine Reihe an unilateralen, aber reziproken Maßnahmen, die von den Präsidenten Gorbatschow und George H. W. Bush angestoßen wurden.

Die euro-atlantische Region kann daher auf eine jahrzehntelange Historie von Rüstungskontrolle, Risikoreduktion und vertrauensbildenden Maßnahmen zurückblicken. Trotz dieses Erbes befindet sich die Rüstungskontrolle und Abrüstung seit Jahren in einer fundamentalen Krise. Diese negative Dynamik in unterschiedlichen ADN-Prozessen hat bereits lange vor dem 24. Februar 2022 begonnen. Sie betrifft wichtige Abkommen und Verträge[318] aus dem Bereich der nuklearen ADN, aber auch die konventionelle Rüstungskontrolle sowie Vertrauens- und sicherheitsbildende Maßnahmen (VSBM). Im Bereich der Rüstungskontrolle ist 2023 New START, der letzte bilaterale Vertrag über die Begrenzung strategischer Nuklearwaffensystem zwischen Moskau und Washington, erodiert.

Der Friedhof an nicht mehr existierenden oder de facto ausgesetzten Abkommen im konventionellen und nuklearen Bereich ist dicht besiedelt. An dieser Stelle möchte ich nur exemplarisch einige nennen, deren Abgesang die euro-atlantische Region besonders schmerzhaft getroffen hat.

Dem *Vertrag über Konventionelle Streitkräfte in Europa (KSE-Vertrag)* von 1990 attestierte Präsident Putin bereits 2007 auf der Münchener Sicherheitskonferenz, dass er sich in einem »bedauernswerten Zustand« befinde[319] – und setzte kurzerhand die Implementierung aus.[320] Die USA nahmen die Entscheidung Russlands ihrerseits mit Bedauern zur Kenntnis und bezeichneten diese unilaterale Handlung als schädlich für das »erfolgreiche Rüstungskontrollregime«.[321] Obwohl der Vertrag zu einer Reduzierung der konventionellen Fähigkeiten aufseiten der NATO-Staaten und der ehemaligen Mitglieder des Warschauer Paktes beigetragen hat, wodurch massive Überraschungsangriffe auf beiden Seiten verhindert werden sollten, ist an eine Neuauflage des KSE heute kaum zu denken, insbesondere da die

Staatsduma den Vertrag im Mai 2023 formal aufgekündigt hat. Als Grund nannte der stellvertretende Außenminister Sergei Rjabkow unter anderem die mögliche Stationierung von amerikanischen Truppen im neuen NATO-Staat Finnland.[322]

Als besonders tragisch hat die deutsche Regierung den Niedergang einer wenig bekannten, aber sehr effektiven vertrauensbildenden Maßnahme empfunden, des *Vertrags über den Offenen Himmel (OH)*. Seit 2002 hat der OH gegenseitige militärische, unbewaffnete Aufklärungsflüge zwischen 34 euro-atlantischen Staaten geregelt, darunter fast alle NATO-Länder, die Ukraine, Russland und Belarus. Bei diesen Flügen mit multinationalen Crews an Bord werden mithilfe spezifischer Sensoren Daten über die militärischen Aktivitäten auf dem Territorium des einladenden Landes gesammelt. Da es für die NATO-Staaten keinen Sinn ergibt, sich gegenseitig zu überfliegen, fanden die Missionen der NATO-Mitglieder üblicherweise über Russland und Belarus statt.

Auch wenn es heute möglich ist, ähnlich gute Daten durch kommerziell verfügbare Satelliten zu gewinnen, war ein großer Vorteil der OH-Missionen, dass beispielsweise eine deutsche oder französische gemeinsam mit einer russischen Crew die Überflüge geplant und durchgeführt hat. Diese Zusammenarbeit erlaubte einen Austausch auf operationeller Ebene und ein gegenseitiges Kennenlernen der militärischen Kultur der jeweils anderen Seite. Militär-zu-Militär-Kontakte sind wenig beachtete, aber nicht zu unterschätzende Maßnahmen des Spannungsabbaus in angespannten Zeiten.

Formal ist OH noch in Kraft, hat aber seinen Nutzen in dem Moment verloren, in dem erst die USA und dann Russland ausgestiegen sind. Grund hierfür waren schwerwiegende russische Vertragsverletzungen.[323] Für Deutschland, das mit dem Airbus A319 ein absolutes State-of-the-art-Flugzeug besitzt, kam die Erosion des Vertrags als Enttäuschung, und im BMVg hielt sich noch einige Zeit die Vorstellung, man könnte den Vertrag »im Kühlschrank« zwischenlagern, bis sich die Beziehungen zwischen Moskau und Washington verbesserten – eine Idee, die sich langsam verflüchtigt.

Im nuklearen Bereich stellt der Austritt der Bush-Regierung aus dem *Vertrag über die Begrenzung antiballistischer Raketenabwehrsysteme (ABM-Vertrag)*[324] im Jahr 2002 ein Ereignis dar, welches Moskau auch zwanzig Jahre später immer noch gerne als Beweis für die feindseligen Absichten der USA anführt. Der 1972 geschlossene Vertrag stellte sicher, dass strategische Verwundbarkeiten auf beiden Seiten erhalten bleiben, um die nukleare Zweitschlagsfähigkeit zu garantieren. Im Kontext des 11. September sah Präsident George W. Bush allerdings die Notwendigkeit, die amerikanische Bevölkerung vor »zukünftigen Raketenangriffen vonseiten von Terroristen oder Schurkenstaaten« zu beschützen. Diese habe er mit seinem Freund, Präsident Putin, diskutiert.[325] Russland zeigte sich von der amerikanischen Entscheidung allerdings wenig angetan.

Rose Gottemoeller, eine der in Rüstungskontrollfragen versiertesten amerikanischen Expertin:innen, lässt in ihrem 2021 erschienenen Buch »Negotiating the New START Treaty« keinen Zweifel an den negativen Auswirkungen des Austritts aus dem ABM-Vertrag: »Dieser Schritt hat die russische Angst über das Verhältnis von Offensive und Defensive angeheizt, die in den darauffolgenden Jahren eine ständige Rolle gespielt hat, unter anderem während der Verhandlungen über den New-START-Vertrag«.[326]

Ein besonders interessanter Fall für die Expert:innen-Community war der langsame, aber viel diskutierte Niedergang des *INF-Vertrags*[327], der bodengestützte konventionelle und nukleare Mittelstreckenraketen aus Europa verbannte und damit der Ära Pershing II und SS-20 ein Ende setzte. Auf Initiative der Präsidenten Reagan und Gorbatschow 1987 abgeschlossen, blieb der Vertrag über 30 Jahre in Kraft, bevor sich die USA 2019 zum Austritt entschlossen.

Leider fiel der Austritt in die Amtszeit von Präsident Donald Trump, was bei einigen europäischen Partnern, darunter auch Deutschland, zunächst den Eindruck erweckte, es handele sich um eine persönliche Abneigung der US-Administration gegen Rüstungskontrollverträge. Tatsächlich hatte bereits die Obama-Administration Moskau seit 2013 beschuldigt, seine Verpflichtungen nicht mehr zu erfüllen.[328] Ab 2014 vermutete Washington, dass Moskau im Begriff war, eine neue landgestützte Rakete mittlerer Reichweite zu entwickeln, die heute unter der Designation 9M729 bekannt ist.[329]

Russland seinerseits konterte die amerikanischen Anschuldigungen abwechselnd mit Gegenanschuldigungen, dreisten Lügen (das betreffende Raketensystem existiere nicht) oder Versuchen der Irreführung (die 9M729 existiere, fliege aber nicht sehr weit)[330].

Das letzte Opfer der sich verschlechternden Beziehungen zwischen Russland und dem Westen war der *New-START-Vertrag*[331], der die Arsenale an strategischen Nuklearwaffen und ihren Trägersystemen in den USA und Russland begrenzt. Bis Anfang 2023 galt der Vertrag als letzter Hoffnungsschimmer der Rüstungskontroll-Community. 2026 wäre der Vertrag planmäßig ausgelaufen, und sehr viele intellektuelle Kapazitäten flossen in die Erarbeitung von Vorschlägen, wie ein Nachfolgeabkommen – im besten Falle unter Einbezug Chinas – hätte verhandelt werden können. Russland hatte im Verlauf des Jahres 2022 zahlreiche Inspektionen und Konsultationen, die im Rahmen des Vertrags hätten stattfinden sollen, verhindert. Im Februar 2023 kündigte der russische Präsident schließlich die »Aussetzung« des Vertrags an. New START sieht eine solche Aussetzung eigentlich nicht vor, aber Russland erfindet seine eigenen Regularien und hält damit den Vertrag in einem Schwebezustand –

auch wenn auf der Hand liegt, dass eine Rückkehr Moskaus zur Vertragserfüllung unwahrscheinlich ist.

Damit schneidet sich Russland ins eigene Fleisch, denn eine mögliche Aufrüstung des amerikanischen strategischen Arsenals – sollte die Stimmung im Kongress mittel- oder langfristig in diese Richtung gehen – kann nicht im Interesse Russlands liegen.

Multilaterale Foren im Schwebezustand

Der Niedergang zahlreicher Abkommen (von denen hier nur die prominentesten genannt wurden) darf nicht darüber hinwegtäuschen, dass es eine Reihe multilateraler Foren im ADN-Bereich gibt, die weiterhin existieren. Sie dienen dem Austausch zwischen einer größeren Anzahl von Staaten über Rüstungskontrolle, Abrüstung und Nichtverbreitung sowie Risikoreduktion. Doch angesichts der Spannungen in den Beziehungen zwischen Russland und dem Westen sind auch diese Foren der ständigen Gefahr ausgesetzt, vom Schwebezustand in die Irrelevanz hinüberzugleiten.

Das wichtigste Forum im ADN-Feld ist der Nichtverbreitungsvertrag (NVV). Er ist seit über 50 Jahren in Kraft, was für ein multilaterales Abkommen eine bemerkenswerte Zeitspanne darstellt. Es handelt sich um ein Regelwerk, das von internationalen Diplomat:innen und Regierungsvertreter:innen üblicherweise als Eckpfeiler von globaler Sicherheit, Nichtverbreitung von Atomwaffen und Abrüstung bezeichnet wird. Mit 191 Vertragsstaaten gehört der NVV zu den umfassendsten multilateralen Abkommen. Anders, als der Name nahelegt, geht es im NVV um drei Bereiche: die Nichtverbreitung von Atomwaffen, Abrüstung sowie die friedliche Nutzung von Atomenergie. Von den neun Atomwaffenstaaten gehören fünf (die USA, Russland,

China, Frankreich und Großbritannien) dem NVV an, die anderen vier (Indien, Pakistan, Israel und Nordkorea) nicht.

Kritische Stimmen bemängeln seit Jahrzehnten den fehlenden Fortschritt in der nuklearen Abrüstung, insbesondere aufseiten der USA und Russlands. Zu diesen Kritikern gehören unter anderem die europäischen Nicht-NATO-Staaten Österreich, Irland und Malta sowie Staaten des globalen Südens und Zentralasiens, die sich zum Großteil bereits sogenannten atomwaffenfreien Zonen angeschlossen haben.[332] Trotz dieser berechtigten Kritik am mangelnden Willen der Atomwaffenstaaten, ihre Atomwaffenarsenale weiter zu verkleinern, liegt es weiterhin im Interesse der Staatengemeinschaft, den NVV als Verhandlungsforum aufrechtzuerhalten. Doch auch hier hat die Konfrontation zwischen Russland und dem Westen ihre Spuren hinterlassen.

Im August 2022[333] fand die 10. NVV-Überprüfungskonferenz im UNO-Hauptquartier in New York statt. Für die Zivilgesellschaft ist dieses Staatentreffen, das alle fünf Jahre stattfindet, ein Highlight. Expert:innen können ihre Forschung und Projekte auf den Begleitveranstaltungen am Rande der Verhandlungen vorstellen und sich in der Diplomat:innen-Lounge mit Blick auf den Hudson River bei einem Glas Wein mit den Delegationen austauschen. Aus Sicht der Mitgliedstaaten sind die Überprüfungskonferenzen eine Gelegenheit, Bilanz zu ziehen: Welche Abrüstungs- oder Risikoreduktions-Maßnahmen waren in den vergangenen Jahren erfolgreich? Welche Fortschritte sind hinsichtlich der Nichtverbreitung zu verzeichnen? Gibt es Raum für gemeinsame Schritte von Atomwaffenstaaten und Nicht-Atomwaffenstaaten?

Der Atomwaffenverbotsvertrag: Spaltung der Staatengemeinschaft?

Im Vorfeld der Konferenz gab es berechtigte Zweifel daran, ob konstruktive Verhandlungen zwischen den Delegationen überhaupt möglich wären. Denn – und hier kommt ein anderes multilaterales Forum ins Spiel – der vorangegangene Überprüfungszyklus zwischen 2015 und 2022 war lang genug, um einen neuen Vertrag hervorzubringen: den Atomwaffenverbotsvertrag. Dieser geht auf eine zivilgesellschaftliche Initiative der Internationalen Kampagne für die Abschaffung von Atomwaffen (ICAN) zurück und hat die Gemüter nachhaltig erhitzt.

Mit dem NVV als (alleinigem) Eckpfeiler nuklearer Abrüstung waren nicht alle Vertragsstaaten zufrieden. Insbesondere die Nicht-Atomwaffenstaaten des globalen Südens hatten seit Langem den Stillstand in der nuklearen Abrüstung beklagt. Während noch Anfang der 2000er-Jahre Moskau und Washington ihre Arsenale weiter verkleinerten, stagnieren diese seit etwa 15 Jahren bei jeweils über 5.000 Sprengköpfen.

Zivilgesellschaftliche Gruppen haben sich schon immer rund um den NVV engagiert und Lobbyarbeit für Abrüstung betrieben, allerdings hat es der Bewegung bis in die frühen 2010er-Jahre an Esprit und neuen Gesichtern gefehlt. Seit 2013/14 hat mit der Internationalen Kampagne zur Abschaffung von Atomwaffen (ICAN) eine jüngere, vorwiegend weibliche und sehr aktive Initiative massiv an Einfluss gewonnen.[334] Die Aktivist:innen haben die verheerenden humanitären Konsequenzen eines möglichen Einsatzes von Atomwaffen ins Zentrum ihrer Kampagne gestellt und bei vielen Delegationen erfolgreich darauf hingewirkt, dass sie die Auswirkungen eines solchen Einsatzes auf Mensch, Natur und Klima in ihre offiziellen Statements in internationalen Foren aufnehmen. Mithilfe besonders engagierter Staaten wie Österreich hat ICAN innerhalb erstaunlich kurzer Zeit erreicht, dass 2017 ein neuer internationaler Vertrag von den Vereinten Nationen angenommen wurde: der Atomwaffenverbotsvertrag (Treaty on the Prohibition of Nuclear Weapons, TPNW).[335] Im Januar 2021 trat der Vertrag mit der Ratifikation durch den 50. Vertragsstaat in Kraft. Heute hat der TPNW 68 Mitglieder (Stand April 2023),[336] die sich unter anderem verpflichten, keine Atomwaffen zu entwickeln, zu testen oder zu stationieren.

Bei den Regierungen der Atomwaffenstaaten, aber auch in vielen NATO-Ländern stieß die Initiative insbesondere zu Beginn auf viel Gegenwind. Deutsche Vertreter:innen versuchten sie zunächst zu ignorieren. Auf französischer Seite zeigte man sich stets sarkastisch-emotional, was die Kampagne und den Vertrag anging, da nukleare Abschreckung eng mit dem französischen Selbstverständnis als souveräner Staat verknüpft ist. Die amerikanische Seite lehnte den Vertrag besonders vehement ab. Kurz vor dessen Inkrafttreten riefen die USA die Unterzeichnerstaaten dazu auf, ihre Unterschrift rückgängig zu machen, da der Vertrag »gefährlich« für bisher erreichte Abrüstungs- und Verifikationsschritte sei.[337] Im September 2021 stellte die neue US-Unterstaatssekretärin für Rüstungskontrolle und internationale Sicherheit Bonnie Jenkins jedoch klar, dass die USA andere Länder nun nicht mehr dazu anhalten würden, den TPNW nicht zu unterzeichnen[338] – was im Gegensatz zum vorherigen Verhalten ein souveräner Schritt war.

Russland lehnt den Vertrag ebenfalls ab. In einem Interview mit der Zeitschrift *Kommersant* im Jahr 2017 sagte der damalige Direktor für Nonproliferation und Rüstungskontrolle im russischen Außenministerium, Michail Uljanow, der Vertrag könnte »die Kluft zwischen Nuklearwaffenstaaten und Staaten unter dem sogenannten nuklearen Schirm auf der einen Seite und dem Rest der Unterzeichner des Nichtverbreitungsvertrags von 1968 (…) auf der anderen Seite vertiefen und zementieren«.[339]

Deutschland, wie auch alle anderen NATO-Staaten und die Atomwaffenbesitzer, hat den Vertrag nicht unterzeichnet. Die deutsche Regierung nimmt jedoch an den Staatentreffen des Vertrags teil. Auf diesen Kompromiss hat sich die Ampelregierung in ihrem Koalitionsvertrag von 2021 einigen können.

Moskaus »mysteriöse« Blockade im Nichtverbreitungsvertrag

Die Existenz dieses neuen Regelwerks spaltete die Staatengemeinschaft in Befürworter und Gegner – mit Ausnahme einiger weniger Staaten, die sich innenpolitisch zunächst nicht auf eine Position einigen konnten, wie die Schweiz und Schweden.[340] Die NVV-Community sah daher einer sehr zähen und von Kleinkriegen über den Verbotsvertrag geprägten 10. NVV-Überprüfungskonferenz entgegen. Mit dem Ausbruch des Krieges in der Ukraine rückten diese Spannungen jedoch völlig in den Hintergrund, und es herrschte ein weitgehend kooperatives Klima während der Konferenz. 190 Staaten konnten sich auf ein gemeinsames Abschlussdokument einigen, in dem sie insbesondere nukleare Risikoreduktion thematisierten und Empfehlungen zu deren Umsetzung abgaben. Die russische Delegation war die einzige, die sich am letzten Tag der Konferenz gegen das Abschlussdokument stellte und den Konsens verhinderte.

Weder das diplomatische Geschick des Vorsitzenden der Konferenz, Botschafter Gustavo Zlauvinen, noch das Einwirken Pekings auf Moskau konnte etwas an der Haltung der russischen Delegation ändern. Ein Diplomat, der die Verhandlungen begleitet hatte, bezeichnete die Haltung Moskaus als »mysteriös«. Keine der anderen Delegationen habe die russische Position unterstützt, und es sei ein »schlechter PR-Moment« für Moskau gewesen.

Manche Beobachter:innen vermuten, dass die russische Delegation ihr Mandat in New York überschritten hatte und von Moskau im letzten Moment zurückgerufen wurde. Denn zunächst habe es so ausgesehen, berichtet ein anderer hochrangiger Diplomat, als würde Russland das Dokument mittragen, nachdem die anderen Delegationen in einem zweiten Entwurf des Papiers große Zugeständnisse gemacht hatten, was einige Formulierungen bezüglich Russlands Aggressionen in der Ukraine anging.

Einer anderen Deutung zufolge hatte Russland von Beginn an darauf spekuliert, dass der Konsens von anderen Staaten blockiert würde, und war selbst davon überrascht, dass sich die Atomwaffenstaaten und die Nicht-Atomwaffenstaaten des globalen Südens auf ein gemeinsames Dokument einigen konnten.

Die Liste an Abrüstungsforen im Schwebezustand wäre nicht vollständig ohne die Erwähnung der Genfer Abrüstungskonferenz (Conference on Disarmament, CD). Während die CD und ihre Vorläufer wegweisende Abkommen im nuklearen und konventionellen Bereich verhandelt haben, zuletzt im Jahr 1996 das noch nicht in Kraft getretene, aber de facto funktionstüchtige nukleare Teststopp-Übereinkommen, galt die CD in den Folgejahren als praktisch blockiert. Nur sehr selten können sich die 65 Mitgliedstaaten der CD überhaupt auf ein Arbeitsprogramm einigen. Aufgrund dieses jahrzehntelangen Stillstandes operiert die »Genfer Blase« gewissermaßen im luftleeren Raum. Die Konferenz gehört zu den ehemals sehr erfolgreichen Relikten, welche die Rüstungskontroll-Community nicht aufgeben möchte und in die fähige Diplomat:innen Zeit und Energie investieren, auch wenn die Aussichten auf Fortschritt denkbar gering sind. Im Rüstungskontrolldiskurs spielt die CD jedoch kaum eine Rolle.

Aus diesem sehr fragmentierten, teilweise verwirrenden oder auch widersprüchlichen Bild ergibt sich eine Vielzahl von Fragen für die Zukunft der nuklearen und konventionellen Rüstungskontrolle, Abrüstung und Nonproliferation. Bis Anfang 2023 schien die dringendste Frage zu sein, wie es mit New START nach 2026 weitergehen könnte. Von der Obama-Administration ausgehandelt und 2011 in Kraft getreten, war der Vertrag zehn Jahre in Kraft, bevor er von den USA und Russland im Januar 2021 um weitere fünf Jahre verlängert wurde. Damit ist laut Vertrag die maximale Lebensspanne des Abkommens ausgereizt.[341] 2023 hat Moskau die Implementierung des Vertrags unilateral ausgesetzt. Russland hat sich nicht offiziell aus New START zurückgezogen, doch das Abkommen sieht auch kein »Aussetzen« der Implementierung vor, was die Frage aufwirft, ob sich der Kreml die Option offenhält, den Vertrag nach Belieben wieder umzusetzen, wenn die Umstände es aus russischer Sicht erlauben.

Ohne den aktuellen New-START-Vertrag, aber auch ohne ein entsprechendes Folgeabkommen ab spätestens 2026, das die strategischen offensiven Nuklearwaffenarsenale auf beiden Seiten reguliert, gäbe es zum ersten Mal seit mehr als 50 Jahren weder ein bilaterales Rüstungskontrollabkommen noch strategische Gespräche zwischen Moskau und Washington. Bis vor Kurzem und trotz steigender Spannungen zwischen Russland und dem Westen schien beiden Seiten gleichermaßen an der Regulierung ihrer nuklearen Langstreckenfähigkeiten gelegen zu sein. Anders als bei der Regulierung von taktischen Atomwaffen zog sich ein Konsens durch die Historie von bilateralen Abkommen, demzufolge es im Interesse beider Parteien liegt, strategische Systeme zu regulieren. Daran konnten auch unterschiedliche Auffassungen über den Einbezug von Drittstaaten in ein Folgeabkommen sowie divergierende Ansichten darüber, welche Waffengattungen in Zukunft zusätzlich reguliert werden sollten, nichts ändern.

Denn die Regulierung von strategischen offensiven Atomwaffen birgt für beide Akteure maßgebliche Vorteile. Auch wenn, wie der ehemalige US-Botschafter Linton Brooks 2009 bemerkte, es im Sinne tatsächlicher militärischer Fähigkeiten keinen Unterschied mache, ob ein Land 1.000 oder 1.500 Nuklearwaffen besitze, da »so oder so Ihr Tag ruiniert wäre, wenn diese eingesetzt würden«,[342] dämmen Obergrenzen den Rüstungswettlauf ein und geben beiden Seiten einen Einblick in die Arsenale des jeweiligen Opponenten. Dies geschieht insbesondere in Form von Inspektionen vor Ort, die der Transparenz und Vertrauensbildung dienen sollen: Amerikanische und russische Delegationen nahmen unter New START an insgesamt 18 Inspektionen vor Ort pro Jahr teil. Einmal pro Jahr tauschten beide Akteure zudem Informationen über ihre jeweiligen Fähigkeiten (strategische Raketen und deren Trägersysteme) aus – wie viele sie besitzen und wo diese stationiert sind. Beide Seiten informierten sich außerdem über neue Systeme, die unter New START fallen könnten, und informierten sich gegenseitig vorab über den Abschuss ballistischer Raketen.[343]

Dennoch war bis Februar 2021 nicht ganz klar, ob die neue Biden-Administration und die Kreml-Führung sich darauf einigen würden, das Abkommen bis 2026 zu verlängern. Nur knapp vor dem Stichtag am 5. Februar kam eine Einigung zustande.

Verträge wie New START sind schwierig zu verhandeln, sie erfordern diplomatisches Geschick, Finesse und ein grundlegendes Verständnis für die andere Seite. Rose Gottemoeller, die 2009 New START für die amerikanische Seite verhandelt hat, beschreibt in ihren Memoiren zu den Verhandlungen[344] eindrücklich, wie ihre persönliche Bekanntschaft mit ihrem russischen Gegenpart Anatoli Antonow einen entscheidenden Unterschied gemacht hat – ebenso wie die Tatsache, dass sie Russisch spricht. Zwar hat jede Delegation exzellente Übersetzer:innen, doch es schafft eine andere Atmosphäre, wenn die verhandelnden Diplomat:innen die Sprache des jeweils anderen sprechen. Gottemoeller beschreibt in ihrem Buch einen Prozess, der schwierig und zäh war, obwohl er noch vor 2014 stattfand. Beide Seiten mussten Kompromisse hinnehmen, die nur dank des politischen Willens der jeweiligen Regierungen ausgehandelt werden konnten.

Vor dem Hintergrund des Krieges in der Ukraine und der russischen »Aussetzung« des New-START-Vertrages ist es sehr unwahrscheinlich, dass auf absehbare Zeit ein Folgeabkommen verhandelt werden kann oder dass überhaupt Gespräche über strategische Nuklearwaffensysteme stattfinden können. Die russische Ankündigung vom März 2023, taktische Atomwaffen in Belarus stationieren zu wollen, lässt keinen Zweifel daran, dass Rüstungskontrolle keine Priorität für das Kreml-Regime hat. Es ist denkbar, dass beide Seiten sich dennoch an die derzeitigen Obergrenzen halten und diese Limits als eine Art nichtvertraglich festgeschriebene Norm etablieren. Wahrscheinlicher jedoch ist ein Trend zur Aufrüstung.

Neue nukleare und konventionelle Fähigkeiten

Ein weiteres Problem für die Rüstungskontrolle – insbesondere die Zukunft der Regulierung strategischer offensiver Fähigkeiten – besteht aus Sicht der NATO-Staaten in Russlands Entwicklung neuer, teilweise als »exotisch« bezeichneter konventioneller und nuklearer Waffensysteme, die sich aktuell teilweise in der Testphase befinden. Am 1. März 2018, etwa zwei Wochen vor den Präsidentschaftswahlen, hatte der russische Präsident anlässlich der an das Parlament gerichteten Jahresansprache[345] die Entwicklung von strategischen Waffen der nächsten Generation angekündigt. Als Gründe nannte er den Rückzug der USA aus dem Vertrag über die Begrenzung von Raketenabwehrsystemen (ABM-Vertrag) und die Stationierung von Raketenabwehr auf amerikanischem Territorium und in Europa.[346] Was Präsident Putin in seiner Rede verkündete, klang für westliche Beobachter:innen und Expert:innen wie eine Mischung aus Science-Fiction und unverhohlener, ernst zu nehmender Drohung gegen die NATO und insbesondere die USA.

Zu den von Putin anhand von Computersimulationen vorgestellten neuen Waffen gehört unter anderem die neue Interkontinentalrakete »Sarmat«, deren Reichweite »keine Begrenzung« habe. Ihr Ziel könne die Rakete sowohl mit einer Flugroute über den Südpol als auch mit einer über den Nordpol angreifen. Auch stellte Putin »Burevestnik«[347] vor: einen nuklear betriebenen Marschflugkörper »globaler Reichweite«, der – so zeigte es die Simulation[348] – vollkommen mühelos jeder Art von Raketenabwehr ausweichen und praktisch unbegrenzt lang in der Luft bleiben könne. »Burevestnik« stellt damit (zumindest theoretisch) eine perfekte Antwort auf die russische Angst vor der »globalen« amerikanischen Raketenabwehr dar.

In einem unklassifizierten Bericht des amerikanischen National Air and Space Intelligence Center (NASIC) aus dem Jahr 2021 wird »Burevestnik«, sollte die Entwicklung der Rakete erfolgreich abgeschlossen werden, als »einzigartige Waffe mit interkontinentaler Reichweite« bezeichnet.[349] Bisher wurde »Burevestnik« von Russland nur getestet, allerdings scheinen alle Tests gescheitert zu sein. Im Sommer 2019 starben bei einem solchen Test vermutlich fünf Rosatom-Expert:innen. Wie die *Moscow Times* berichtete,[350] habe das russische Verteidigungsministerium zunächst abgestritten, dass es einen Anstieg an radioaktiver Strahlung im Umkreis des Testortes gegeben habe. Amerikanische Expert:innen hätten jedoch den Tod der Rosatom-Vertreter:innen mit einem gescheiterten »Burevestnik«-Test in Verbindung gebracht, bei dem radioaktive Strahlung ausgetreten sei.

»Wirklich fantastisch« nannte Putin außerdem bei seiner Rede im Jahr 2018 »Poseidon«, eine geplante nuklear betriebene und nuklear bewaffnete Unterwasserdrohne. Wie »Burevestnik« wird auch »Poseidon« von einer Art Mini-Nuklearreaktor angetrieben, was beide Waffen nicht nur aus militärischer und strategischer Sicht besorgniserregend macht – sie stellen auch eine Gefahr für die Umwelt dar. Laut dem norwegischen Geheimdienstbericht »Fokus 2023« soll »Poseidon« im Laufe des Jahres 2023 in der Arktis getestet werden.

Des Weiteren kündigte Putin die Entwicklung der nuklearfähigen luftgestützten Hyperschallrakete »Khinzal« und der Laserwaffe »Peresvet« an, ebenso eine U-Boot-gestützte Hyperschallrakete mit dem Namen »Tsirkon«. Er stellte außerdem »Avangard« vor: einen Hyperschall-Gleitflugkörper, der angeblich mit dem 20-Fachen der Schallgeschwindigkeit fliegen und nuklear oder konventionell bewaffnet werden kann. Auf eine ballistische Rakete (wie beispielsweise »Sarmat«) montiert, kann »Avangard« vermutlich bis zu ihrem suborbitalen Scheitelpunkt geschossen werden (in etwa 100 km Höhe), bevor sich der Gleitflugkörper von der Rakete abkoppelt, um durch die Atmosphäre zu seinem Ziel zu manövrieren.[351] Putin bezeichnete das System als »wirklichen technologischen Durchbruch«. Der Präsident beendete seine Ansprache mit den Worten, er hoffe, dass potenzielle Aggressoren »zweimal nachdenken« würden, da »unfreundliche Schritte« wie die Stationierung von Raketenabwehr und NATO-Infrastruktur nahe der russischen Grenze nun militärisch ineffektiv seien und »ungerechtfertigte Kosten« nach sich zögen.

Drei Fragen stellen sich angesichts dieser neuen Fähigkeiten unmittelbar: Erstens, inwiefern wird die zu erwartende Rezession und die Tatsache, dass Russland konventionell geschwächt aus dem Krieg in der Ukraine herausgehen wird, die Entwicklung und Produktion dieser Waffensysteme beeinflussen? Es ist denkbar, dass für die Fortführung einiger Programme keine Mittel zur Verfügung stehen werden. Es ist aber genauso gut möglich, dass Russland aufgrund der massiven konventionellen Schwächung sein nukleares Arsenal um jeden Preis weiter priorisieren und dafür Abstriche an anderer Stelle machen wird. Zweitens, inwieweit beeinflussen diese »exotischen« Waffen das strategische Verhältnis zwischen der NATO und Russland? Und drittens, inwieweit stellen diese Waffen tatsächlich Neuerungen in der Kriegsführung dar, und welche Aspekte wurden von der russischen Führung übertrieben?

Zum jetzigen Zeitpunkt ist immerhin bekannt, dass Moskau seine Testaktivitäten bezüglich dieser neuen Waffensysteme zwischen 2021 und 2023 fortgeführt hat. Wie der Jahresreport des norwegischen Geheimdienstes berichtet, hat Russland »Tsirkon« und »Kinzhal« 2021 im Hohen Norden getestet.[352] Im September 2022 kamen auf Twitter Gerüchte auf, dass Russland vorhabe, in einem Zeitraum zwischen Anfang und Mitte September einen »Burevestnik«-Test auf der Insel Novaya Zemlya im Norden des Landes durchzuführen. Die Vermutungen entstanden, nachdem bekannt wurde, dass die russischen Behörden Anfang September einen Großteil der Insel sowie zwei etwa 500 km lange und circa 50 km breite Streifen westlich der Insel in der Barentssee zur temporären Gefahrenzone für den Luftverkehr erklärt hatten. Auf öffentlich zugänglichen Portalen für NOTAMS (Notice to Airmen, zu Deutsch etwa »Informationen für Luftfahrer«) waren die rot eingezeichneten Bereiche leicht einsehbar[353] – allerdings gab es keine offizielle Verlautbarung von russischer Seite, dass ein Test stattgefunden habe. Analyst:innen fanden jedoch Hinweise, wonach es sich um Vorbereitungen für einen

»Burevestnik«-Test gehandelt haben könnte.[354] Und im Januar 2023 fand vermutlich der »Poseidon«-Test im Arktischen Meer statt. Laut Medienberichten soll der Nukleartorpedo vom U-Boot »Belgorod« abgefeuert worden sein. Bisher ist es also trotz wirtschaftlicher Rezession und westlicher Sanktionen noch nicht zu einer Einstellung der Entwicklung und Tests dieser Waffen gekommen. Wobei eine Verlangsamung der Prozesse mittel- und langfristig auch nicht ausgeschlossen werden kann.

Zum strategischen Kalkül lässt sich sagen: Es handelt sich bei der Entwicklung dieser Waffensysteme um einen längerfristigen Trend. Wenngleich die Tests in jüngerer Vergangenheit (auch wegen der gestiegenen Aufmerksamkeit seitens der Medien) den Eindruck erwecken, dass sie die nuklearen Drohungen Russlands gegen den Westen im Kontext der Aggressionen gegen die Ukraine untermauern sollen, handelt es sich schlichtweg um die Fortsetzung von Aktivitäten, die Russland mit großer Sicherheit ohnehin durchgeführt hätte. Nicht umsonst hat Putin die neuen Systeme bereits 2018 angekündigt.

Diese neuen Waffen müssen daher vor dem Hintergrund der bereits seit Jahren anhaltenden, mal mehr, mal weniger subtilen russischen Drohgebärden gegen den Westen gesehen werden und nicht als ein Trend, der sich erst infolge des Krieges in der Ukraine (und westlicher Waffenlieferungen) entwickelt hat. Die Art und Weise, wie sie öffentlichkeitswirksam angekündigt und per Simulation vorgeführt wurden, ist eine deutliche Nachricht und muss von Militärplaner:innen dementsprechend ernst genommen werden. Gleichzeitig darf man auf keinen Fall die psychologische Komponente außer Acht lassen. Teil der Kreml-Strategie ist es ja eben, den Westen angesichts dieses »Weltuntergangstorpedos«[355] in Angst erstarren zu lassen. Wenn selbst seriöse deutsche Medien mit Schlagzeilen wie »›Belgorod‹: Das ist Russlands neues ›Weltuntergangs‹-U-Boot« (*Frankfurter*

Rundschau) oder »Unterwasserdrohne Poseidon: Putins teuflische Tsunamiwaffe« (*Redaktionsnetzwerk Deutschland*) aufmachen, dann zieht das sicherlich Leser:innen an, sorgt aber auch für Hysterie und befördert das, was Putin erreichen will: eine bröckelnde Solidarität mit der Ukraine – oder jedem anderen Land, das Russland zu seiner »Einflusssphäre« erklärt und überfällt.

Aus strategischer Sicht ändern diese Waffen für die NATO erst einmal wenig. Denn, und hier komme ich zum dritten oben genannten Punkt: Echte »Game-Changer«, als die Putin sie anpries, sind die neuen Fähigkeiten nicht. Nehmen wir das Beispiel der Hyperschallraketen, die westliche Beobachter:innen in besonders große Sorge versetzen. Bei diesen Raketen bestehen fundamentale Missverständnisse, die sich in der öffentlichen Debatte widerspiegeln. Zunächst einmal sind Hyperschallraketen kein technologischer Durchbruch, sondern eine Technologie, die bereits seit Jahrzehnten existiert. Es gab gute Gründe dafür, dass viele Staaten wenig an deren Entwicklung interessiert waren: Sie boten schlichtweg keinen Vorteil gegenüber ballistischen Raketen und Marschflugkörpern. Staaten wie Russland und China betreiben allerdings seit den 2000er-Jahren zunehmend die Entwicklung von Hyperschallraketen, insbesondere weil sie in der ballistischen Raketenabwehr den USA hinterherhinken. Doch auch in diesem Fall ist nicht klar, ob Hyperschallwaffen einen entscheidenden strategischen Vorteil bieten. So weisen Wissenschaftler:innen darauf hin, dass ihre Geschwindigkeit zwar dazu beiträgt, dass sie schwer oder kaum zu detektieren sind. Doch ihre Flugbahn und Geschwindigkeit führen zu einer Aufheizung der Rakete über den gesamten Flug.[356] Satellitengestützte Sensoren können aufgrund dieser Eigenschaft Hyperschallraketen während ihrer gesamten Flugzeit verfolgen.[357]

Und schließlich sehen wir, dass Russland bereits eines seiner neuen Systeme – »Kinzhal« – im Krieg gegen die Ukraine eingesetzt hat, ohne strategischen Erfolg. »Kinzhal« hat das Blatt nicht zu Russlands Gunsten gewendet.

Was folgt daraus? Alarmismus ist hier fehl am Platz, auch wenn jede Aufrüstung auf russischer Seite uns prinzipiell Sorgen bereiten sollte, denn je mehr aufgerüstet wird und je weniger Mechanismen zur Risikoreduzierung vorhanden sind, desto höher ist das Risiko einer ungewollten Eskalation oder Fehlentscheidung. Zu denken geben sollte uns außerdem die Strategie, die den neuen Systemen zugrunde liegt. Es ist eine Strategie der massiven Einschüchterung, die es dem Kreml ermöglichen soll, seine Ziele zu erreichen.

China und Rüstungskontrolle

Die Frage nach der Zukunft von Rüstungskontrolle wird noch komplexer, wenn man China miteinbezieht. Bisher ist Peking in keinerlei Abkommen eingebunden, die sein Nuklearwaffenarsenal qualitativ oder quantitativ regulieren. Doch seitdem offensichtlich wurde, dass die chinesische Führung beabsichtigt, in den kommenden Jahren ihr nukleares Arsenal massiv aufzustocken,[358] zerbricht sich die Rüstungskontroll-Community den Kopf darüber, welche Anreize es für China geben könnte, möglicherweise einem trilateralen Abkommen mit den USA und Russland beizutreten. Die Antwort ist leider sehr ernüchternd: Es gibt keinen triftigen Grund für Peking, sich selbst Schranken aufzuerlegen. Zum einen befindet sich das Land in einem langfristigen, ambitionierten Prozess, sein Arsenal zu verdoppeln, vielleicht auch zu verdreifachen – was nicht zuletzt Chinas Status als Weltmacht untermauern soll. Zum anderen merken chinesische Expert:innen und Diplomat:innen stets an, dass China keinem Abkommen mit den USA und Russland beitreten würde, solange diese beiden Staaten um ein Vielfaches größere Arsenale besitzen.

Diese Argumente sind einleuchtend, und es ist schwer zu leugnen, dass es primär den Interessen der USA und der westlichen Staaten entgegenkäme, würde China einem Abkommen beitreten, das der chinesischen Seite nicht zuletzt größere Transparenz abverlangen würde. Russland dagegen hat wiederholt betont, dass Moskau mehr daran gelegen wäre, dass Frankreich und Großbritannien in Zukunft Teil von Rüstungskontrollabkommen würden. Letztlich ist ein Abkommen zwischen Akteuren, die zahlenmäßig so unterschiedliche Fähigkeiten besitzen, schwer vorstellbar. Rüstungskontrolle zwischen den USA und Russland funktioniert hauptsächlich deswegen, weil ein gewisses Maß an nuklearer Parität vorhanden ist: Die Arsenale beider Länder spiegeln sich zwar nicht – beispielsweise ergibt es für Russland mehr »Sinn«, ein Inventar von fast 2.000 taktischen Atomwaffen mit geringerer Sprengkraft und kürzerer Reichweite zu besitzen, um Ziele in Europa abzuschrecken, während die USA weniger als 300 taktische Atomwaffen besitzen, von denen fast alle in Europa stationiert sind. Die Entwicklungen in den Arsenalen beider Seiten waren jedoch aufgrund der gemeinsamen Historie im ersten Kalten Krieg derart aneinandergekoppelt, dass man Trends auf der einen Seite als Antwort auf Aktivitäten der anderen Seite betrachten kann. Diese Art von Beziehung gibt es weder zwischen China und den USA noch zwischen Russland und China.

Chinas Strategie beinhaltet also den ungestörten Ausbau seines Arsenals, um seinen Weltmachtstatus zu untermauern und den numerischen Abstand zum US-Arsenal zu verringern. Gleichzeitig zeigt sich China jedoch in multilateralen Foren kooperativer, als dies noch vor einigen Jahren der Fall war. So war es Peking, das versuchte, vor der Abstimmung bei der NVV-Konferenz in New York positiv auf die russische Führung einzuwirken. Auch zeigte sich China in letzter Zeit eher bereit, über Transparenzmaßnahmen zu sprechen. In einer Zeit, in der sich Russland in vielen diplomatischen Foren selbst isoliert, liegt China offensichtlich daran, sich als verantwortungsvoller Atomwaffenstaat zu positionieren – auch das kann im Kontext des eigenen Großmachtstrebens gesehen werden.

Der »kleinste gemeinsame Nenner« zwischen West und Ost: Strategische Risikoreduktion und Krisenmanagement

Während die Gesprächskanäle zwischen dem Westen und Russland immer mehr ausdünnen, steigt das Risiko für gefährliche konventionell-militärische Zwischenfälle, die im schlimmsten Fall zu einer unbeabsichtigten Eskalation zwischen Russland und dem Westen führen könnten. Dies trifft nicht nur für die Zeit der aktiven Phase des Krieges in der Ukraine zu. Bereits nach 2014 kam es zu einem Anstieg an Vorfällen, die auf provokatives Verhalten der russischen Streitkräfte zurückzuführen sind. Hierzu gehörten beispielsweise zahlreiche Luftraumverletzungen vonseiten der russischen Luftwaffe, unter anderem in estnischem, litauischem, schwedischem und finnischem Hoheitsgebiet. Es kam zu Beinahe-Kollisionen zwischen militärischen und zivilen Flugzeugen. Bewaffnete russische Kampfflugzeuge flogen in einem Abstand von nur zehn Metern von einem schwedischen Flugzeug. Russische U-Boote operierten in den Territorialgewässern eines anderen Staates. Und die russische Luftwaffe simulierte Angriffe gegen spezifische Ziele auf NATO-Gebiet, unter anderem die dänische Insel Bornholm – um nur einige Beispiele zu nennen.[359]

Nicht alle Ereignisse, in die russische und NATO-Streitkräfte involviert waren, sind besorgniserregend. Laut dem Jahresbericht des NATO-Generalsekretärs kam es im Jahr 2021 unter anderem zu 290 Ereignissen, in denen russische Flugzeuge unangekündigt nahe dem Luftraum von NATO-Staaten geflogen sind – meistens im Baltikum. In wenigen Fällen kam es zu Luftraumverletzungen.[360] In der Regel werden die russischen Flugzeuge von NATO-Kampfjets identifiziert, abgefangen und aus dem betreffenden Areal herauseskortiert. Auch wenn diese Ereignisse in der Berichterstattung oft so dargestellt werden, als handelte es sich um reine Provokationen, ist unklar, welche Absichten russische Piloten tatsächlich verfolgen, wenn sie sich in der Nähe von NATO-Luftraum aufhalten oder ihn sogar verletzen oder wenn sie in gefährlicher Nähe zu anderen Flugzeugen oder Schiffen Manöver durchführen. Testen sie den Luftraum und die Reaktionszeit der NATO? Wollen sie ihrerseits potenzielle Aggressionen vonseiten der NATO abschrecken? Agieren russische Piloten unprofessionell und treffen eigene Entscheidungen? Geht es darum, Status zu signalisieren?

2022 veröffentlichte RAND einen Report[361], der nach Aussage der amerikanischen Denkfabrik die einzige publizierte Studie ist, die sich mit den Motiven hinter den »begrenzten militärischen Aktivitäten« Russlands zu See und in der Luft befasst – Aktivitäten, die zwar »weit entfernt sind von direkter Aggression, aber oft Eskalationsrisiken kreieren«. Die Studie, die das russische Verhalten *vor* dem Angriffskrieg auf die Ukraine untersucht, kommt zu dem Schluss, dass die russische Strategie weniger auf Provokation abziele. Stattdessen gehe es darum, (militärische) Verhaltensänderungen beim Gegner zu erzielen oder potenzielle Aggressionen der anderen Seite abzuschrecken. Als weitere Motive könnten, so die Studie, auch das Signalisieren von Status und das Erzwingen von Verhandlungen nicht ausgeschlossen werden. In manchen Fällen sei es auch denkbar, dass Piloten unautorisiert handelten. Dagegen gehe es den russischen Streitkräften weniger darum, Informationen über die

Fähigkeiten der gegnerischen Seite und deren Operationsweise zu sammeln oder Putins Zustimmungswerte in der eigenen Bevölkerung zu stärken.

Aufgrund des Fehlens einer systematischen Datenlage lassen sich kaum Aussagen darüber treffen, inwieweit beispielsweise Luftraumverletzungen der russischen Streitkräfte seit dem Beginn des Angriffskriegs in der Ukraine zugenommen haben. In den Medien tauchen diese Vorfälle gehäuft auf, und die Intensivierung des NATO Air Policing spricht dafür, dass die Problematik eher zu- als abnimmt. Auch finden solche Vorfälle nun vor einem anderen Hintergrund statt – der Krieg in der Ukraine erhöht die Spannungen zwischen der NATO und Russland, sodass jegliche Luftraumverletzung als wesentlich gravierender angesehen wird als vor dem 24. Februar.[362] So gab es im März 2023 einen Zwischenfall, bei dem ein russischer Jet im Schwarzen Meer in internationalem Luftraum mit einer amerikanischen Drohne zusammenstieß. Die USA verurteilten dies als »dreiste Verletzung internationalen Rechts«, während Russland jegliche Intention hinter dem Absturz der Drohne abstritt.[363] Gleichzeitig gab der russische Botschafter in Washington, Anatoli Antonow, zu verstehen, dass es keinen Grund für die US-Streitkräfte gebe, sich nahe der russischen Grenze aufzuhalten.[364] Am gleichen Tag fingen deutsche und britische Kampfjets ein russisches Luftbetankungsflugzeug ab, das sich nahe der estnischen Küste aufhielt, was der Royal Air Force zufolge lediglich eine Routine-Mission war. Angesichts der steigenden Spannungen zwischen der NATO und Russland erhöht eine Koinzidenz solcher Vorkommnisse jedoch die Nervosität auf beiden Seiten.

Während bereits relativ »harmlose« Ereignisse mit konventionellen Kräften ein gewisses Eskalationspotenzial beinhalten, das noch steigt, je angespannter die Situation zwischen Ost und West ist, sind die potenziellen Risiken umso größer, sobald eine nukleare Komponente im Spiel ist. Um dies zu illustrieren, lohnt ein Blick in die Geschichte. Viele der gefährlichen Beinahe-Zusammenstöße, im Englischen »nuclear close calls« genannt, sind heute nur wenigen bekannt und waren dennoch hochgradig gefährlich. Dass diese Ereignisse nicht in einem Desaster mündeten – also einem Austausch von Nuklearwaffen zwischen den Atommächten –, liegt zum einen daran, dass die USA und die Sowjetunion im ersten Kalten Krieg wichtige Maßnahmen der Risikoreduktion verhandelt und implementiert haben. Zum anderen mag auch Glück eine Rolle gespielt haben.

Der amerikanische Journalist Eric Schlosser hat sich intensiv mit der Historie der »nuclear close calls« auseinandergesetzt. 2013 erschien sein Buch »Command and Control«,[365] das eine umfassende Sammlung dieser Ereignisse darstellt. Schlosser wurde mit Erscheinen seines Buches nicht nur zu einer prominenten Stimme im Diskurs, die eindringlich vor der trügerischen Sicherheit von Atomwaffenarsenalen warnte, sondern auch zu einer Art Aushängeschild für die Abrüstungs-Community, insbesondere für deren jüngere Vertreter:innen. Bereits zwei Beispiele aus Eric Schlossers Recherche zeigen zum einen, dass das Risiko von Fehlinterpretationen und ungewollter Eskalation im ersten Kalten Krieg real war, und zum anderen, dass Vorkommnisse, die ein großes Risikopotenzial beinhalten, bei Abwesenheit internationaler Spannungen weniger kritisch sind.

Beispiel 1: Im Jahr 1980, in einer Phase intensiver Spannungen zwischen Washington und Moskau, wurden die USA von ihrem Radarsystem vor erst 220, dann 2.200 anfliegenden Raketen gewarnt. Während die Carter-Administration in höchste Alarmbereitschaft verfiel und die amerikanischen Crews bereits dabei waren, die Motoren ihrer Nuklearbomber zu starten, stellte sich das Ereignis gerade noch rechtzeitig als falscher Alarm aufgrund eines fehlerhaften Computerchips heraus.[366] Aufgrund der angespannten Lage war ein tatsächlicher sowjetischer Angriff kein unrealistisches Szenario.[367]

Beispiel 2 dagegen zeigt, wie sich die Risikokalkulation in Abwesenheit von internationalen Spannungen ändert. 1995 startete eine amerikanische Forschungsrakete von einer Insel nahe der norwegischen Küste. Ein russischer Radar missinterpretierte den Raketenstart als eine nukleare Bedrohung, die Moskau innerhalb von 15 Minuten mit Hunderten von Sprengköpfen treffen könnte. Soweit bekannt, war dies das einzige Mal, dass der »nukleare Koffer« von Präsident Jelzins Berater:innen geöffnet wurde.[368] Der Präsident hatte zehn Minuten Entscheidungszeit – nach vollen acht Minuten stellte das Warnzentrum fest, dass die Flugbahn der Rakete keine Bedrohung darstellte. Grund für das Missverständnis war, dass die amerikanische Benachrichtigung über den Raketenstart aus einem unbekannten Grund nicht an die relevanten Stellen kommuniziert worden war.[369] Die Situation war hochgefährlich, doch die Entspannung zwischen Russland und dem Westen in den 1990er-Jahren führte wohl dazu, dass Präsident Jelzin zögerte, den nuklearen Knopf zu drücken.

Derartige Zwischenfälle versuchen die Atommächte mithilfe des technologischen Fortschritts zu verhindern oder zumindest die Wahrscheinlichkeit ihres Auftretens zu reduzieren. Doch das Risiko liegt niemals bei null – insbesondere, wenn es kein »Sicherheitsnetz« in Form von bilateralen Gesprächen und anderen Maßnahmen der Risikoreduktion gibt und die Gefahr für einen nuklearen Rüstungswettlauf steigt. So schreibt der sicherheitspolitische Experte Michael Stimson, die Jahre 1947 bis 1961 seien am gefährlichsten gewesen, »als es noch kein Sicherheitsnetz gab, das diese intensive Phase geopolitischer Konkurrenz begleitet hätte, und als die Entwicklung und Stationierung neuer nuklearer Arsenale in vollem Gange war«. Zudem habe keine Seite »die Kapazitäten gehabt, festzustellen, ob sie im Rüstungswettlauf die Nase vorne hatte oder hinten lag«.[370] Die Kubakrise gab schließlich den Ausschlag dafür, dass Maßnahmen der Risikoreduktion verhandelt und erfolgreich implementiert wurden. Und auch wenn Risikoreduktion keine Garantie für nukleare Sicherheit ist, tragen gemeinsam verhandelte Maßnahmen dazu bei, dass die Gefahr von gefährlichen Zusammenstößen, Missverständnissen und Fehleinschätzungen abgemildert wird – was im gegenseitigen Interesse liegt, da kein Staat in einem Atomkrieg untergehen will. Allerdings sind diese Maßnahmen nur so effektiv, wie sie von den Akteuren zuverlässig umgesetzt werden.

Was genau bedeutet Risikoreduktion und wie kann sie das Verhältnis zwischen Russland und dem Westen sicherer machen?

Für Risikoreduktion, oft auch als Risikominimierung oder Risikomanagement bezeichnet, gibt es keine einheitliche Definition. Dennoch lässt sich das Kernanliegen leicht auf den Punkt bringen.

So beschrieb 1984 der amerikanische Politikwissenschaftler Joseph Nye Risikoreduktion als »Bemühungen, das Risiko eines Atomkriegs zu reduzieren«, die »höchste politische Priorität« verdienten. Er warnte außerdem davor, dass die Abwesenheit eines Nuklearkriegs seit 1945 nicht zu einer selbstgefälligen Haltung führen dürfe.[371] Um dieses Risiko zu reduzieren, haben sich die Staaten unterschiedliche Maßnahmen ausgedacht, doch gibt es kein übergreifendes Abkommen, das diese einzelnen Schritte zusammenfasst. Das liegt unter anderem daran, dass die Akteure teils divergierende Risikowahrnehmungen haben und wenig Interesse, diese transparent zu machen[372] – nicht zuletzt, weil sie eigene Verwundbarkeiten nicht offenlegen wollen.

Schließlich ist nukleare Abschreckung auch immer ein Spiel mit Informationen, die entweder bewusst zugänglich gemacht oder zurückgehalten werden. Doch Risikoreduktion zielt nicht allein auf Maßnahmen im nuklearen Bereich ab, sondern auch auf nichtnukleare Fähigkeiten. Ihr Kernziel ist stets, hoch gefährliches Verhalten in Krisenzeiten zu verhindern.[373]

Anders als bei Abrüstung und Rüstungskontrolle geht es bei der Risikoreduktion nicht um eine Reduktion der Anzahl von Atomwaffen, sondern darum, ihren *Einsatz* zu verhindern. Sie ist daher als eine Ergänzung zu Rüstungskontrolle und Abschreckung zu verstehen.[374] Aus diesem Grund ist Risikoreduktion unter einigen zivilgesellschaftlichen Vertreter:innen und bei Staaten, die weder Atomwaffen besitzen noch anderweitig von nuklearer Abschreckung profitieren, nicht unumstritten. Manche sehen Risikoreduktion als einen Versuch der Atomwaffenstaaten, von den mangelnden Fortschritten in der Abrüstung abzulenken. Außerdem besteht die Befürchtung, dass die Atomwaffenbesitzer versuchen könnten, ihre Arsenale zu legitimieren, indem deren Existenz »sicherer« gemacht wird. Dem halten andere Expert:innen und Vertreter:innen der Atomwaffenstaaten entgegen, dass Risikoreduktion keinen Ersatz für Abrüstung oder Rüstungskontrolle darstelle und dass beides Hand in Hand gehen müsse.[375] Von einem pragmatischen Standpunkt aus könnte man argumentieren, dass der Vorwurf vieler zivilgesellschaftlicher Vertreter:innen außerhalb von Krisenzeiten nicht unberechtigt ist. Doch in einer fundamentalen Krise, wie sie die euro-atlantische Region seit dem 24. Februar 2022 erlebt, sind Abrüstungsschritte bis auf Weiteres unrealistisch, und Risikoreduktion stellt den kleinsten gemeinsamen Nenner dar.

Um das Konzept der Risikoreduktion noch besser zu verstehen, ergibt es Sinn, sich zunächst die Arten von Risiken anzusehen, die eingehegt werden sollen. Anschließend lohnt eine Betrachtung der möglichen Maßnahmen, die zur Risikoreduktion angewandt werden können, sowie der Umstände, die erfolgreichen Risikoreduktionsmaßnahmen zuträglich sind. Schließlich werfen wir einen Blick auf einige Beispiele für Risikoreduktion im ersten Kalten Krieg und darauf, welche Maßnahmen möglicherweise im neuen Kalten Krieg dazu beitragen könnten, die Beziehungen zwischen Ost und West weniger gefährlich zu machen.

Welche Arten von Risiken gibt es und wie wahrscheinlich ist es, dass sie eintreten?

Seit Beginn der nuklearen Ära werden verschiedene potenzielle Gefahren mit Nuklearwaffen assoziiert, darunter Unfälle mit Atomwaffen oder deren Weiterverbreitung, der Diebstahl einer Waffe oder spaltbaren Materials, Rüstungswettlauf und der intentionale oder nichtintentionale Einsatz einer Nuklearwaffe.[376] Ein intentionaler Einsatz wäre ein Szenario, in dem ein Staat gezielt eine Atomwaffe gegen einen anderen Atomwaffenstaat oder einen Nicht-Atomwaffenstaat einsetzt.[377] Während also die Kubakrise die Welt an den Rand einer nuklearen Katastrophe brachte, weil sich die Beziehungen zwischen den USA und der Sowjetunion dramatisch verschlechtert hatten, hätten technische Fehler wie der im letzten Abschnitt genannte im Jahr 1980 beinahe eine nukleare Katastrophe wegen einer Fehlinterpretation ausgelöst.

Aufgrund der dynamischen Entwicklungen in den Beziehungen zwischen Atomwaffenstaaten kann die folgende Liste an möglichen Risiken schwerlich vollständig sein. Möglicherweise gibt es Risiken, die noch nicht erkannt wurden. Die Aufzählung soll daher vor allem einen generellen Eindruck davon geben, welche Risiken im ersten Kalten Krieg und darüber hinaus als besonders gefährlich angesehen wurden. Hierzu gehören:

- Falscher Alarm; Fehlfunktion der Frühwarnsysteme; menschliches oder technisches Versagen
- Fehlinterpretation von militärischen Großmanövern und anderen militärischen Aktivitäten
- Unbeabsichtigte militärische (Beinahe-)Zusammenstöße; provokatives oder riskantes Verhalten von Streitkräften wie zum Beispiel bewusste Luftraumverletzungen oder militärische Aktivitäten in territorialen Gewässern eines anderen Staates
- Unsicherheit bezüglich der Nukleardoktrin eines anderen Staates; Potenzial für Fehlinterpretationen und Missverständnisse
- Ungezügelte oder eskalierende nukleare Rhetorik, insbesondere in Krisenzeiten
- Regionale Konflikte mit Potenzial zur Eskalation auf die nukleare Ebene
- Gefahren durch neue Technologien wie zum Beispiel Cyberattacken gegen nukleare Kommando- und Kontrollzentren
- Rüstungswettlauf und Entwicklung von destabilisierenden militärischen Fähigkeiten (zum Beispiel Hyperschallwaffen und Waffensysteme mit besonders geringer Sprengkraft)[378]

Selbstverständlich sind nicht alle Risiken so geartet, dass sie unmittelbar in einen Atomkrieg münden würden. Ein Fehlalarm während einer akuten Krise zwischen zwei nuklear bewaffneten Akteuren beispielsweise ist wesentlich gefährlicher als eine gezielte Luftraumverletzung eines Akteurs in Friedenszeiten.

Auch sollten die genannten Risiken nicht als fix betrachtet werden, sie sind veränderlich und hängen sehr davon ab, wie sich die Beziehungen zwischen Staaten zu einem gegebenen Zeitpunkt gestalten. So gibt es beispielsweise keinen festen

Grenzwert, ab dem die Entwicklung von Atomwaffen mit besonders kleiner Sprengkraft überproportional destabilisierend wäre. Man kann auch nicht von vornherein genau sagen, in welchem Kontext Hyperschallwaffen eine besonders große Gefahr in der Perzeption eines anderen Staates darstellen.

Umso wichtiger ist es für beide Seiten, die Bedrohungswahrnehmung der jeweils anderen Seite zu verstehen, um nicht (unbewusst) durch bestimmte Aktivitäten das Eskalationspotenzial zu erhöhen. Dies gilt auch in einer Situation, in der Russlands aggressives Verhalten keinen echten Dialog erlaubt. Denn die Tatsache, dass der Westen ein besseres Verständnis der russischen Bedrohungswahrnehmung entwickeln muss, bedeutet kein Schuldeingeständnis des Westens oder eine größere Akzeptanz der Haltung des Kremls. Stattdessen hilft ein besseres Verständnis der »Blackbox«[379], als die Joseph Nye die Sowjetunion bezeichnet hat – eine Beschreibung, die auch auf das System Putin zutrifft –, die Drohgebärden Moskaus besser einzuordnen, und erlaubt eine bessere Prognose, welche militärischen Aktivitäten des Westens eine problematische russische Antwort hervorrufen könnten.

Die Wahrscheinlichkeit, dass sich die genannten Risiken zu einem konkreten Szenario entwickeln, ist aufgrund der Komplexität der Atomwaffenarsenale und ihrer unterschiedlichen Komponenten schwer abschätzbar. Das Risiko eines Fehlalarms ist ein gutes Beispiel. Sowohl auf amerikanischer als auch auf russischer Seite befinden sich mehrere Hundert strategische Langstrecken-Atomwaffen dauerhaft (also auch in Friedenszeiten) in höchster Alarmbereitschaft, die im Fachjargon als »hair trigger alert« bezeichnet wird. Nach einer entsprechenden Entscheidung der amerikanischen beziehungsweise russischen Führung können diese Waffen innerhalb weniger Minuten abgeschossen werden. Hinzu kommt, dass die Flugzeit von Interkontinentalraketen heute sehr gering ist (um die 30 Minuten)[380], diejenige von U-Boot-gestützten ballistischen Raketen kann sogar noch geringer sein (um die zehn Minuten).[381]

Beide Staaten behalten sich zudem die Option vor, eine nukleare Gegenattacke nach einer entsprechenden Warnung zu starten, noch bevor eine bestätigte Detonation auf ihrem Territorium stattgefunden hat. Diese Strategie bezeichnet man als »launch-on-warning«. Vereinfacht gesagt sieht sie einen Gegenschlag vor, wenn eine feindliche Nuklearwaffe in der Luft ist, ihr Ziel aber noch nicht erreicht hat. Damit wäre, so die Annahme, ein Staat auch im Falle eines »Enthauptungsschlags«, der die jeweiligen Kommando- und Kontrollzentren ausschalten könnte, noch zweitschlagsfähig. Auch schließen weder Russland noch die USA in ihrer Doktrin aus, in einer Krise Nuklearwaffen als Erste einzusetzen.[382] Problematisch an dieser hohen Alarmbereitschaft ist, dass sich im Extremfall der Entscheidungszeitraum auf beiden Seiten massiv verkürzt. Im Falle eines falschen Alarms entsteht somit ein immenser Druck auf die Entscheidungsträger:innen.

Mögliche Maßnahmen der Risikoreduktion

Es gibt eine große Bandbreite an Möglichkeiten, wie nukleare Risiken angesprochen und im Idealfall reduziert werden können. Man kann sich Risikoreduktion am besten als eine Art reichhaltiges Menü an Maßnahmen vorstellen, aus denen die Akteure je nach Gusto wählen können und die entsprechend dem Verhältnis zwischen den Akteuren und dem Stand ihrer Beziehung zueinander angepasst werden können. In diesem Menü können die folgenden Elemente (oder eine Kombination davon) enthalten sein:[383]

- Transparenz bezüglich militärischer Aktivitäten, Übungen und Fähigkeiten, sowohl im konventionellen als auch im nuklearen Bereich
- Andere vertrauensbildende Maßnahmen, z. B. Einladung von Beobachter:innen zu militärischen Übungen oder auf militärische Stützpunkte
- Robuste Kommunikationskanäle auf der politischen und militärischen Ebene, sowohl auf höchster als auch auf operationeller Ebene (sogenannte »Hotlines«)
- Dialog zwischen politischen, diplomatischen und militärischen Führungspersönlichkeiten in Friedens- und Krisenzeiten
- Vermeidung aggressiver nuklearer Rhetorik, insbesondere in Krisenzeiten; Vermeidung zweideutiger/missverständlicher Aktivitäten
- Öffentliche Statements politischer Führungspersönlichkeiten, die militärische Zurückhaltung ausdrücken
- Militärisch-zivile Instrumente, zum Beispiel in der Luftfahrt, um Zusammenstöße zu vermeiden
- Etablierung von Zonen, in denen aufgrund erhöhter militärischer Aktivitäten besondere Vorsicht herrschen sollte, weshalb spezielle Regeln der Kommunikation und Kooperation zwischen beiden Seiten vereinbart werden, um das Risiko von Zusammenstößen zu senken
- Etablierung von militärischen Schutzzonen in Krisenregionen (wie z. B. um das ukrainische Atomkraftwerk Saporischschja herum)
- Einrichtung gemeinsamer Krisenzentren zur langfristigen Verbesserung der Beziehungen
- Dialog über nukleare Doktrinen
- Reduzierung der Alarmbereitschaft von Atomwaffen
- Reduzierung der Rolle von Atomwaffen in offiziellen Militärdoktrinen

- Gespräche über die Sicherheit von Nuklearwaffensystemen und -arsenalen
- Gespräche über die Auswirkungen neuer Technologien auf nukleare Sicherheit (inklusive darüber, welche Technologien der Sicherheit zuträglich sind)

Aus diesem Menü haben sich die USA und die Sowjetunion beziehungsweise später Russland während und nach dem ersten Kalten Krieg bedient, seit in der Kubakrise offensichtlich wurde, dass Atomwaffen die Beziehungen zwischen den Blöcken nicht per se sicherer machen, sondern ein inhärentes Risiko für gefährliche Entwicklungen bergen. Doch auch hier gibt es kein Erfolgsrezept, und einige Maßnahmen sind hoch umstritten. Hinzu kommt das Problem, dass Risikoreduktion zwischen West und Ost bereits schwierig ist – noch komplexer wird es, wenn Risikoreduktion auf andere Akteure, insbesondere China, ausgedehnt werden soll.

Auch herrschen unterschiedliche Auffassungen darüber, welche Maßnahmen der Sicherheit eines Staates zuträglich sind und welche genau das Gegenteil bewirken könnten. Zum Beispiel tendieren westliche Vertreter:innen dazu, mehr Transparenz zu fordern. Und tatsächlich sind die USA wesentlich transparenter, was die Herausgabe von Informationen über ihr Atomwaffenarsenal angeht, als Russland.[384] China lehnt Transparenz bezüglich seines Atomwaffenprogramms weitgehend ab.[385]

Ein anderes Beispiel ist die Reduzierung der Alarmbereitschaft von Atomwaffen. Während insbesondere Abrüstungsbefürworter:innen dafür plädieren, die Alarmbereitschaft aller Atomwaffen auf das niedrigstmögliche Niveau herabzusetzen, sehen andere hierin eine potenziell spannungssteigernde Maßnahme. Ein hochrangiger Diplomat fasste es in einem Briefing für Expert:innen folgendermaßen zusammen:[386] Die Akteure könnten die Alarmbereitschaft ihrer Arsenale auf null herunterfahren. Wenn dann eine Seite, um ein Signal zu senden, die Alarmbereitschaft von null auf eins erhöht, könnte dieser Schritt von der anderen Seite als wesentlich eskalierender angesehen werden, als wenn der betreffende Akteur zum Beispiel von Stufe fünf auf Stufe sechs ginge.

Nach dieser Logik würde ein Absenken der Alarmbereitschaft aller Atomwaffen auf null eine Art Dichotomie erzeugen, wo heute eine Eskalationspyramide besteht. Auch wenn rein intuitiv eine Stufe eins auf der Eskalationsleiter wesentlich weniger problematisch klingt als Stufe fünf, so ist letztlich die Interpretation der Atomwaffenstaaten ausschlaggebend.

Diese Beispiele sollen lediglich einen Eindruck davon vermitteln, dass es keine einfachen Lösungen gibt, auch wenn in der Vergangenheit erfolgreich Risikoreduktionsmechanismen implementiert worden sind. Was für die eine Seite risikominimierend klingt, kann von der anderen Seite als das genaue Gegenteil aufgefasst werden.

Zusätzlich kommt es erheblich auf die Umstände an, unter denen Verhandlungen zur Risikoreduktion stattfinden. Einzelne Persönlichkeiten können einen erheblichen Unterschied machen. Während heute russische Diplomat:innen dazu tendieren, ohnehin schwierige Verhandlungen noch steiniger zu machen, hat Rose Gottemoeller bei ihren Verhandlungen zu New START von dem kooperativen Verhalten ihres russischen Gegenparts profitiert. Diese persönlichen Verbindungen gehen heute zunehmend verloren, insbesondere weil sich vormalige Gesprächspartner:innen auf der russischen Seite der Propaganda des Kremls anschließen.

»Brown fox and lazy dog«: Risikoreduktion im ersten Kalten Krieg

Der Kalte Krieg hat eine Reihe an Maßnahmen der Risikoreduktion hervorgebracht, von denen einige heute noch in Kraft sind. Besonders prominent ist die erste Hotline, die zwischen den USA und der Sowjetunion nach dem Ende der Kubakrise eingerichtet wurde und die noch heute die Staatsoberhäupter in Washington und Moskau miteinander verbindet. Die erste Nachricht der Amerikaner am 30. August 1963 an die sowjetische Führung lautete: »The quick brown fox jumped over the lazy dog's back 1234567890«. Die Nachricht beinhaltete alle Buchstaben des Alphabets und alle Zahlen, um festzustellen, ob der Teleprinter funktionierte. Die Antwort der Sowjets kam auf Russisch und bestätigte, dass das System auch auf ihrer Seite funktionierte.

Die Hotline wurde unter anderem während des Sechs-Tage-Kriegs 1967 genutzt. Beide Seiten versicherten sich damals, dass sie nicht beabsichtigten, militärisch in die Krise einzugreifen.[387] Seitdem hat die Hotline zwar technische Upgrades erfahren, im Prinzip entspricht sie jedoch der ursprünglichen Idee, eine direkte und feststehende Verbindung zwischen den beiden Hauptstädten zu garantieren.

Doch so sinnvoll und logisch die Idee einer Hotline zwischen Washington und Moskau war (und so nützlich sie im Prinzip heute noch ist), hatte der Kommunikationskanal seine Grenzen. Ein sehr unterhaltsamer Artikel in der *New York Times* aus dem Jahr 1983 beschreibt die kulturellen Unterschiede, die sich bereits bei einer so simplen Maßnahme wie einer direkten Telefonverbindung zwischen zwei Hauptstädten zeigen. So wollte Präsident Jimmy Carter die Hotline in Nicht-Krisenzeiten für einen privaten, unbürokratischen Austausch zu Fragen der Rüstungskontrolle nutzen. Die Idee scheiterte. Präsident Carter nutzte die Hotline dennoch, um dem sowjetischen Staatsoberhaupt Leonid Breschnew im Privaten seine Entrüstung über die Invasion in Afghanistan mitzuteilen – wiederum ohne Erfolg. Sogar die erste Nachricht der USA an die Sowjetunion über die Hotline irritierte die Führung in Moskau, so die *New York Times* weiter: Warum sprang der schnelle braune Fuchs über den Rücken des faulen Hundes? Was sollten all die Tiere? Als die sowjetische Seite verstanden hatte, dass Washington lediglich alle Buchstaben getestet hatte, beschrieb sie ihrerseits in lyrischer Sprache die Schönheit des Moskauer Sonnenuntergangs.[388] Bisher sind keine ähnlichen Zwischenfälle bei der Etablierung weiterer Hotlines, wie derjenigen zwischen Russland und China, bekannt.

Auch ist der Erfolg dieser Hotlines schwer einzuschätzen. Ihre Nutzung ist sicherlich ausbaufähig, wie auch der Artikel der *New York Times* anlässlich des 20-jährigen Bestehens der ersten Hotline anmerkte. Immerhin scheint die Idee an sich Bestand zu haben. Denn nach dem Beginn des russischen Angriffskrieges auf die Ukraine wurde bekannt, dass Anfang März 2022 ein Kommunikationskanal zwischen den amerikanischen und russischen Streitkräften eingerichtet wurde.[389] Auf amerikanischer Seite endet die Hotline im Hauptquartier des U.S. European Command in Stuttgart, auf russischer im Nationalen Verteidigungsmanagement-Zentrum. Sie dient dazu, das Risiko für eine direkte Konfrontation zwischen Russland und den USA zu senken. Allerdings liegt auch hier das Problem weniger in der Natur der Maßnahme als in ihrer Nutzung. Bis November 2022 wurde die Hotline offenbar nur einmal verwendet.[390]

Eine weitere, weniger technische als vielmehr politische Maßnahme zur Risikoreduktion haben sich 1985 die Präsidenten Ronald Reagan und Michail Gorbatschow am Ende eines dreitägigen Treffens in Genf einfallen lassen. Mit dem

Statement »Ein Nuklearkrieg kann nicht gewonnen und darf niemals geführt werden« wollten die beiden Staatsoberhäupter zum Ausdruck bringen, dass jeder Krieg zwischen der Sowjetunion und den USA katastrophale Konsequenzen hätte und um jeden Preis vermieden werden muss. Ebenso hielten sie in ihrer gemeinsamen Erklärung fest, dass die strategische Stabilität gestärkt werden müsse und keine der beiden Großmächte nach militärischer Überlegenheit strebe.[391]

Die in Rüstungskontrollkreisen als »Reagan-Gorbachov-Statement« bekannte Formel wurde nur kurz vor dem russischen Einmarsch in der Ukraine, im Januar 2022, von allen fünf ständigen Sicherheitsratsmitgliedern in einer gemeinsamen Erklärung wiederholt.[392] Im Vorfeld zu der Erklärung gab es einen intensiven Austausch zwischen offiziellen Regierungsvertreter:innen und Expert:innen, unter anderem organisiert von den Denkfabriken European Leadership Network (ELN) und Fondation pour la Recherche Stratégique (FRS). Denn nicht nur in Russland und China musste hart für eine Bekräftigung des Statements geworben werden. Auch Frankreich hatte Vorbehalte, nicht zuletzt, weil einige Vertreter:innen in der Reagan-Gorbatschow-Formel eine mögliche rhetorische Unterminierung des Abschreckungsdispositivs sehen.

Dass sich die USA, Russland, China, Frankreich und Großbritannien doch noch darauf einigen konnten, diese Formel zu wiederholen, schien daher zunächst ein sehr positives Zeichen zu sein, wurde jedoch nur wenige Wochen später durch den russischen Angriff auf die Ukraine konterkariert. Der Wert solcher deklaratorischen Schritte sollte dadurch nicht grundsätzlich infrage gestellt werden. Doch auch hier zeigt sich, dass der Kontext und die persönlichen Beziehungen zwischen Reagan und Gorbatschow eine große Rolle gespielt haben. Obwohl die 1980er-Jahre von großen Spannungen geprägt waren (nur zwei Jahre zuvor hatte die NATO-Übung »Able Archer« stattgefunden, welche die Sowjetunion als Vorbereitung des westlichen Bündnisses auf einen Atomkrieg missinterpretiert hatte), bestand ein Wille zur Kooperation, der heute nur schwer erkennbar ist.

Zudem wurden im ersten Kalten Krieg eine Reihe von bilateralen Abkommen mit dem Ziel geschlossen, die Risiken eines Atomkriegs oder gefährlicher militärischer Zusammenstöße zwischen den Armeen der USA und der Sowjetunion zu minimieren. Darunter fallen beispielsweise ein Abkommen zwischen den USA und der Sowjetunion über Maßnahmen zur Reduzierung des Risikos eines Atomkriegs von 1971,[393] ein Abkommen zur Prävention von Zwischenfällen auf Hoher See (INCSEA) von 1972[394] und ein weiteres Abkommen zur gegenseitigen Benachrichtigung beim Abschuss von ballistischen Raketen von 1988.[395]

Ein weiterer wichtiger Baustein waren Inspektionen vor Ort. Sowohl die amerikanischen als auch die sowjetischen Entscheidungsträger:innen wussten, dass jeder Vertrag nur so gut ist wie seine Verifikationsbestimmungen. Darunter fallen diejenigen Instrumente, die den Vertragsparteien dabei helfen, festzustellen, ob sich die andere Seite auch an das Abkommen hält. Dem ehemaligen amerikanischen Präsidenten Reagan schien das russische Sprichwort »doveryai, no proveryai« (Vertrauen ist gut, Kontrolle ist besser) besonders gut zu gefallen. In einer Aufzeichnung eines Treffens zwischen Reagan und Gorbatschow stellt Letzterer amüsiert fest: »Sie wiederholen das bei jedem Treffen.«[396]

Tatsächlich war die Verifikation von Waffensystemen vor Ort eine wichtige Errungenschaft, die den beiden Staatsoberhäuptern zuzuschreiben ist. Inspektionen in militärischen Anlagen sind ein Weg, die von beiden Seiten deklarierten Arsenale zusätzlich zu überprüfen. Im Jahr 1986 verständigten sich die amerikanische und die sowjetische Führung erstmals darauf, einige ihrer Militäranlagen für die andere Seite zu Inspektionszwecken zu öffnen. Dies hatte einen positiven Nebeneffekt, wie der Experte Michael Krepon bemerkt: Die Verantwortung für die Umsetzung der Verträge fiel zunehmend Männern und Frauen in Uniform sowie der militärischen Bürokratie zu. Daraus folgte ein hoher Grad an Professionalisierung der Vor-Ort-Inspektionen, und es wurde einer Politisierung der Vereinbarungen vorgebeugt.[397]

Heute verpflichtet der New-START-Vertrag die USA und Russland, zweimal im Jahr Informationen über die Standorte ihrer strategischen Offensivwaffen auszutauschen. Es wird davon ausgegangen, dass das New-START-Inspektionsregime außerordentlich robust ist und zur effektiven Zusammenarbeit zwischen Moskau und Washington beigetragen hat.[398]

Resümee: Mögliche Maßnahmen im neuen Kalten Krieg

Doch was davon ist heute noch umsetzbar? »Vertrauen ist gut, Kontrolle ist besser« ist sicherlich kein Motto, das auf die aktuelle Situation anwendbar wäre, und es ist schwer vorstellbar, wie westliche Staaten mit Russland in absehbarer Zeit effektive Maßnahmen der Risikoreduktion verhandeln könnten, da die russische Führung eher Maßnahmen zu verfolgen scheint, die die Risiken weiter *erhöhen*. Dies hat insbesondere die vorsätzliche Unterminierung der Sicherheit um das Atomkraftwerk Saporischschja eindrücklich gezeigt. Dennoch wird die aktive Phase des Krieges in der Ukraine irgendwann vorbei sein. Mittel- und langfristig müssen sich beide Seiten dann entscheiden, welche Form von neuem Kaltem Krieg sie wollen, welche Risiken sie in Kauf zu nehmen bereit sind und welche sie lieber eindämmen wollen. Wenn sich West und Ost dafür entscheiden, das Risikoniveau so niedrig wie möglich zu halten, dann bietet es sich an, bestehende Maßnahmen der Risikoreduktion und des Krisenmanagements zu stärken und gleichzeitig neue auf den Weg zu bringen.

Hierzu gehört zum einen die dauerhafte Stärkung von robusten *Militär-zu-Militär-Kanälen*. Diese haben in der Vergangenheit eher weniger Beachtung gefunden. Doch die direkten Kontakte zwischen Soldat:innen auf der operationellen Ebene sind wichtig, um das gegnerische Verhalten in Krisenzeiten besser einschätzen zu können. Salopp gesagt: Nur wer den braunen Fuchs kennt, weiß, warum er über den Rücken des faulen Hundes springt. Seit dem Zerfall des Vertrags über den Offenen Himmel fehlt der euro-atlantischen Gemeinschaft nun ein wichtiges Instrument des Austauschs zwischen den Streitkräften der NATO und Russlands. Es ist sehr unwahrscheinlich, dass der OH-Vertrag auf absehbare Zeit wiederbelebt wird, doch gleichzeitig muss die Militär-zu-Militär-Kommunikation auch über die akute Phase des Krieges in der Ukraine hinaus weiterbestehen und gestärkt werden, um dauerhaft das Risiko für Fehlkalkulationen möglichst gering zu halten.

Entscheidungsträger:innen in den NATO-Staaten müssen zudem ein *besseres Verständnis der russischen Motive* hinter militärischen Signalen und Provokationen entwickeln. Die bereits zitierte RAND-Studie aus dem Jahr 2022, die mittels einer Kombination aus Fallstudien und quantitativer Methoden eine Reihe an gefährlichen militärischen Zwischenfällen zwischen Russland und westlichen Staaten untersucht hat, stellt bisher eine der wenigen fundierten Sammlungen solcher Zwischenfälle und ihrer Analyse dar. Je besser die russische Strategie verstanden wird, desto realistischer kann die NATO die Risiken einschätzen, die von Russland ausgehen. Dies gilt nicht nur für militärische Zwischenfälle im konventionellen Bereich, sondern auch für die übergeordnete Militärdoktrin Russlands und das Abschreckungsdispositiv. Es herrscht immer noch große Unklarheit darüber, ob und wie sich Letzteres infolge des russischen Angriffskriegs geändert hat.

Es ist weiterhin wichtig, dass der bisher konstruktive Dialog – das sogenannte *P5-Format* – zwischen den fünf Atomwaffenstaaten USA, Russland, China, Frankreich und Großbritannien fortgesetzt wird. Hier sollten insbesondere Gespräche über nukleare Doktrinen im Vordergrund stehen. Konkret bedeutet dies ein besseres Verständnis aller Beteiligten darüber, unter welchen Umständen die anderen Atomwaffenbesitzer einen Einsatz von Atomwaffen erwägen würden. Hierzu gehört auch die Eskalation von konventionellen Szenarien in einen nuklearen Konflikt. Im Kontext des Krieges in der Ukraine wurde sehr deutlich, dass der Westen kein gefestigtes Verständnis davon hat, welche konventionellen Bedrohungen Russland dazu veranlassen könnten, eine Atomwaffe einzusetzen. Zum Teil mag dies der strategischen Ambiguität geschuldet sein, die Russland (aber auch andere Atomwaffenstaaten) nutzt, um gegnerische Staaten darüber im Unklaren zu lassen, ob es bereit wäre, Atomwaffen einzusetzen. Gleichzeitig ist aus russischen Expert:innen-Kreisen zu hören, dass der Kreml sich seinerseits im Unklaren über die »Spielregeln« des Westens im Ukrainekrieg ist. Demzufolge liegen Gespräche über Nukleardoktrinen im allgemeinen Interesse.

China ist in der Rüstungskontrolle ein sehr unwilliger Akteur, und es ist nicht absehbar, dass Peking in absehbarer Zeit einen entsprechenden Vertrag unterschreiben wird. Doch zeigt Peking Interesse an nuklearer Risikoreduktion. China hat sowohl das erwähnte Reagan-Gorbatschow-Statement, dass ein Nuklearkrieg nicht geführt werden darf, mitgetragen als auch versucht, während der NVV-Überprüfungskonferenz positiv auf Moskau einzuwirken. China ist an einer nuklearen Eskalation nicht interessiert, dies zeigen auch die entsprechenden Stellen im chinesischen »Peace Plan« für die Ukraine und dem

Xi-Putin-Statement von 2023 (siehe Kapitel 5). Diese Haltung müssen sich die anderen P5-Staaten zunutze machen, um, wo möglich, Druck auf Russland auszuüben.

Und schließlich müssen jegliche Gespräche im Bereich der nuklearen Risikoreduktion sowie die mögliche Verhandlung entsprechender Maßnahmen im Sinne einer *Kompartmentalisierung* immer als eigenständig betrachtet werden. Die Situation in der Ukraine sollte nicht Teil solcher Gespräche sein. Zum einen, weil Kiews Interessen hier im Mittelpunkt stehen sollten und die Ukraine auch nicht Partner von möglichen Gesprächen zu Risikoreduktion im P5-Format ist. Zum anderen eröffnet eine Abkopplung des Themas einen Spielraum, um überhaupt einen Austausch führen zu können, ohne dass dieser ex post an unterschiedlichen Standpunkten scheitern würde.

Die hier genannten möglichen Maßnahmen – und auch dies ist keine erschöpfende Liste – stellen allesamt sehr technische Instrumente dar. Im neuen Kalten Krieg können die Akteure zwar auf eine lange Historie an Risikoreduktionsmechanismen zurückblicken. Viele Instrumente sind jedoch nach dem Ende des ersten Kalten Krieges in Vergessenheit geraten oder wurden schlicht nicht mehr als relevant betrachtet.[399]

Der Fokus lag auf ambitionierten Abkommen wie New START oder dem Vertrag über den Offenen Himmel. Da die Zukunft von großen Rüstungskontrollschritten sehr ungewiss ist und auf absehbare Zeit keine ambitionierten Verhandlungen zu erwarten sind, wird es an Russland und dem Westen liegen, realistische, kleinere Schritte der Risikoreduktion zu verhandeln und – sobald dies wieder möglich ist – in diesem Bereich gemeinsame Interessen zu definieren. Die Kommunikation zwischen Ost und West hat auch nach dem Beginn des Krieges in der Ukraine nicht vollkommen ausgesetzt, wie die Etablierung der Militär-zu-Militär-Hotline im März 2022 gezeigt hat. Gleichzeitig blockieren russische Diplomat:innen Verhandlungen in allen Bereichen, die (momentan) für Moskau nicht relevant sind – zum Schaden der Staatengemeinschaft.

Es ist daher wichtig zu betonen, dass Risikoreduktion kein Kompromiss und kein Zugehen auf Russland darstellt, sondern einen Katalog von möglichen Maßnahmen, die gerade in Zeiten höchster Krise verhandelt werden sollten, um das Risiko eines Atomkriegs weitestmöglich zu begrenzen. Dementsprechend trifft das, was in der Expert:innen-Community über Rüstungskontrolle gesagt wird, noch mehr auf Risikoreduktion zu: »You don't do risk reduction with your friends« – mit Freunden muss man über Risikoreduktion nicht sprechen.

Kapitel 7 | *(No) Man's World?* Die Rolle der feministischen Außen- und Sicherheitspolitik

Warum feministische Außen- und Sicherheitspolitik?

2017 arbeitete ich im Teilnehmermanagement der Münchner Sicherheitskonferenz, und eine der Konferenz-Veranstaltungen, die mir besonders im Gedächtnis geblieben sind, war eine Diskussionsrunde, an der die damalige schwedische Außenministerin Margot Wallström teilnahm. Nachdem Wallström 2014 Schweden zum ersten Land erklärte, das eine feministische Außenpolitik verfolgte, avancierte die Ministerin zu einer Ikone der feministischen Bewegung und Schweden zu einem Vorbild für progressive Staaten. Drei Jahre später folgte die Regierung Trudeau in Kanada, die sich ebenfalls zu einer feministischen außenpolitischen Agenda bekannte. Premierminister Justin Trudeau wurde bereits zuvor in feministischen Kreisen dafür gefeiert, dass er 2015, auf die Frage hin, weshalb er sein Kabinett paritätisch besetzt habe, mit dem so lakonischen wie prägnanten Satz »Because it's 2015!« antwortete.

Auch Deutschland bekennt sich mittlerweile zu einer feministischen Außen- und Entwicklungspolitik und hat Anfang 2023 zwei dementsprechende Strategien veröffentlicht. Die Regierungsbeteiligung der Grünen hat hier eine maßgebliche Rolle gespielt: Ohne sie hätte sich Berlin vermutlich auf absehbare Zeit nicht in den noch kleinen, doch stetig wachsenden

Club der Staaten mit feministischer außenpolitischer Agenda eingereiht. Und auch wenn dies nur ein erster Schritt in dem Bestreben ist, die deutsche Außenpolitik gleichberechtigter, inklusiver und nachhaltiger zu gestalten, geht Berlin mit gutem Beispiel voran und kann hoffentlich auch andere europäische Staaten dazu ermutigen, sich ebenfalls zu einer feministischen Agenda zu bekennen.

Doch was genau bedeutet feministische Außenpolitik? Zunächst einmal gründet sie sich auf der Annahme, dass Frauen und marginalisierte Gruppen in sicherheitsrelevanten Diskussionen und Entscheidungen nicht in dem Maße berücksichtigt werden, wie es ihnen als gleichberechtigtem Teil der Gesellschaft mit eigenen Interessen zustünde. Die Möglichkeiten politischer Partizipation für Frauen, schwarze Menschen, People of Color und Menschen mit Migrationshintergrund sowie andere marginalisierte Personen sind begrenzt, ihre Erfahrungen werden oft ignoriert, ihre Stimmen überhört, und sie werden diskriminiert.[400] Ein Ziel feministischer Außenpolitik besteht daher darin, die Sichtweisen und Erfahrungswirklichkeiten dieser Menschen in einem traditionell männlich dominierten Feld sichtbar zu machen. Sie will auf mehr Teilhabe für Frauen und marginalisierte Gruppen in außenpolitischen Prozessen hinwirken und diese gleichzeitig so gestalten, dass sie die Vulnerabilitäten dieser Personen stärker berücksichtigen. Dabei spielen sowohl *wertegeleitete* als auch *pragmatische* Argumente eine Rolle. Auf der einen Seite fungiert Geschlechtergerechtigkeit nämlich als intrinsischer Wert: Sie ist ein Wert, der für sich selbst steht und keiner weiteren Rechtfertigung bedarf. Auf der anderen Seite haben Untersuchungen festgestellt, dass Ansätze, welche die Bedürfnisse von bisher unterrepräsentierten Gruppen einbeziehen, der gesamten Gesellschaft zugutekommen, was wiederum ein extrinsisches Argument darstellt.[401] Es gibt also unterschiedliche, ineinandergreifende Argumente dafür, dass eine feministische Agenda im Interesse von Staaten liegen sollte.

Welche Maßnahmen und Bereiche sollte der feministische Ansatz in der Außenpolitik aber umfassen? Eine vereinfachte Antwort hierauf lautet: das, was Staaten daraus machen. Denn die Agenda der feministischen Außenpolitik ist theoretisch breit angelegt. Das Handbuch der feministischen Außenpolitik Schwedens beispielsweise fasst die Ziele mithilfe der »3 R«-Formel zusammen: Rechte, Repräsentanz und Ressourcen. Die Strategie setzt auf die umfassende Umsetzung von fundamentalen Menschenrechten für Frauen und Mädchen, auf ihren Schutz vor Gewalt, auf ihre gleichberechtigte Teilhabe an politischen Entscheidungen sowie auf Geschlechtergerechtigkeit und gleiche Möglichkeiten. Um ein paar praktische Beispiele zu nennen: Feministische Außenpolitik kann sowohl zum Ziel haben, mehr Frauen und marginalisierte Personen in diplomatische Spitzenpositionen zu bringen,[402] als auch darauf abzielen, dass multilaterale Verhandlungen diverser werden. Feministische Außenpolitik kann explizit auf sicherheitsrelevante Themenbereiche gerichtet sein, zum Beispiel darauf, dass Staaten sich stärker für Abrüstung einsetzen und die humanitären Auswirkungen jeglicher Einsätze von Massenvernichtungswaffen ganz oben auf ihre politische Agenda setzen. Sie kann aber auch hoch tabuisierte Bereiche wie den fehlenden Zugang zu Menstruationshygiene in Entwicklungsländern thematisieren.[403]

Insgesamt zielt das Konzept der feministischen Außenpolitik nicht nur darauf ab, die Interessen von Frauen angemessen zu repräsentieren, sondern vielmehr darauf, das bestehende System so zu transformieren, dass die bisher überrepräsentierten Minderheitsinteressen (von weißen, heterosexuellen Cis-Männern) nicht länger über die Interessen der eigentlichen Mehrheit gestellt werden. Allein Frauen und Mädchen machen die Hälfte der Bevölkerung aus, hinzu kommen Menschen, die beispielsweise wegen ihres Migrationshintergrundes, ihrer Religion oder ihrer Hautfarbe diskriminiert werden, Menschen mit körperlicher Beeinträchtigung und Personen aus dem neurodiversen Spektrum sowie die gesamte Bandbreite der LGBTIQ+-Community. Damit will die feministische Perspektive auf Außenpolitik und Sicherheit die bisherige fundamentale Schieflage korrigieren und die Interessen der faktischen Mehrheit adäquat abbilden.[404]

Feministische Außenpolitik: kein neuer Trend!

Oft wird feministische Außenpolitik als neuer Trend bezeichnet. Das ist nicht ganz zutreffend, denn die Bemühungen, die Perspektive von Frauen auf internationaler Ebene zu stärken und Diskriminierung abzubauen, geht auf ältere Initiativen zurück, wie insbesondere die Frauenrechtskonvention von 1979 (Convention on the Elimination of All Forms of Discrimination Against Women, CEDAW), die UNO-Resolution 1325 zu »Frauen, Frieden, Sicherheit« sowie die Milleniums-Entwicklungsziele (Millennium Development Goals, MDGs, 2000–2015) beziehungsweise die Ziele für nachhaltige Entwicklung (Sustainable Development Goals, SDGs, 2016–2030) der Vereinten Nationen. Was sich dagegen geändert oder vielmehr weiterentwickelt hat, ist das »Branding«: Zum ersten Mal wird ein politischer Bereich von Staaten dezidiert als feministisch gekennzeichnet.[405]

Die Natur dieser grundlegenden Initiativen legt bereits nahe, dass die feministische Agenda nicht rein auf außenpolitische Themen zugeschnitten ist. Sie bezieht ebenso Entwicklungszusammenarbeit, Verteidigungspolitik, Handel und Diplomatie mit ein. Diese Bereiche sind ohnehin nicht scharf voneinander abgrenzbar und beeinflussen sich gegenseitig, und diese Überschneidungen spiegeln sich im feministischen Ansatz wider.

Welche Staaten verfolgen eine feministische Außenpolitik?

Bis heute (Stand April 2023) haben acht Staaten weltweit Feminismus als Teil ihrer Außenpolitik verankert: Schweden, Kanada, Frankreich, Luxemburg, Mexiko, Spanien, Libyen und zuletzt Deutschland. Hinzu kommt, dass über 100 Staaten nationale Aktionspläne zur Umsetzung der UNO-Resolution 1325 (»Frauen, Frieden, Sicherheit«) aus dem Jahr 2000 implementieren. Doch nicht alle Staaten können oder wollen sich das Wort »feministisch« auf die Fahne schreiben. Auch in Deutschland ging der neuen Strategie zur Umsetzung einer feministischen Außenpolitik ein langer Prozess voraus, der ohne ein grün geleitetes Auswärtiges Amt vermutlich nicht oder zumindest nicht so zügig zu einem konkreten Ergebnis gekommen wäre. Wenngleich vorherige Bundesregierungen sich durchaus den in der Strategie aufgeführten Zielen verpflichtet fühlten, polarisiert das Wort »Feminismus« und wird unter Umständen auch von Verfechter:innen der Idee als zu »radikal« und für die Bevölkerung schwer verdaulich betrachtet. Und Fakt ist: Mit einer feministischen Agenda lässt sich schlecht Wahlkampf führen. Das gilt zumindest so lange, wie nicht in breiteren Bevölkerungsschichten akzeptiert ist, dass es darum geht, die Lebensbedingungen der Menschen insgesamt besser und gerechter zu gestalten – wovon alle Mitglieder einer Gesellschaft langfristig profitieren.

Feministische Außenpolitik in der Kritik

Am feministischen Ansatz in der Außenpolitik hat es konstruktive Kritikpunkte gegeben, die nicht das Anliegen an sich in Abrede stellen, sondern vielmehr einzelne Komponenten oder deren Umsetzung hinterfragen.

Es wird aber auch Kritik vorgebracht, die einem fehlenden Verständnis des Konzeptes entspringt und gar nicht erst versucht, konstruktiv auf die Debatte einzuwirken.

In den Bereich der konstruktiven Kritik fällt die Beobachtung, dass die Umsetzung der feministischen Agenda in denjenigen Staaten, die sie adaptiert haben, noch nicht systematisch genug erfasst und ausgewertet wird. Auch gibt es Unterschiede dahingehend, ob sich die feministische Agenda von Staaten auf Frauen und Mädchen konzentriert oder vielmehr weitere benachteiligte Gruppen miteinbezieht. So richtet die von Margot Wallström initiierte feministische Agenda ihre »3 R« vor allem an den Interessen von Mädchen und Frauen aus[406] und wird daher teilweise als zu enger Ansatz kritisiert, der beispielsweise die Rechte der LGBTIQ+-Community nur am Rande berücksichtigt.[407] Dieser Schwachstelle bewusst, erweiterte das Auswärtige Amt den schwedischen Ansatz hin zur »3 R+D«-Formel: Im Fokus sollen Rechte, Repräsentanz und Ressourcen von Frauen und marginalisierten Gruppen stehen. Das »D« steht für die Forderung nach mehr Diversität.

Auch gibt es Kritik, welche die Spannungsfelder aufzeigt, auf die die feministische Politik keine allgemeingültige Antwort hat (oder haben kann): Entspricht es zum Beispiel einem feministischen Ansatz, wenn der Anteil von Frauen im Militär und in Spitzenpositionen in Verteidigungsministerien steigt, aber gleichzeitig die staatlichen Ausgaben für Rüstung und Waffenexporte angehoben werden? Wie verträgt sich Krieg – auch die legitime Verteidigung gegen einen Aggressor – mit der feministischen Agenda, insofern als diese Frieden und Mediation über Verteidigung stellt? Sind Sanktionen zulässig, wenn diese sich negativ auf vulnerable Gruppen auswirken? Noch harscher wurde teilweise die neue deutsche Strategie zur feministischen Außenpolitik kritisiert, etwa als »Wohlfühlpaket für die eigene Wählerschaft«,[408] welche die Realität für Frauen und Mädchen in Afghanistan vollkommen ignoriere – ein Kapitel, in dem sich die deutsche Außenpolitik als besonders inkompetent hervorgetan hat. Ich habe selbst einige Kritikpunkte an der deutschen feministischen Agenda, die ich im nächsten Abschnitt darlegen werde und die, wie ich hoffe, ebenfalls konstruktiv sind.

Alle diese Punkte sind relevant und berechtigt und müssen in einer offenen Debatte thematisiert werden. Doch daneben steht die vorhersehbar destruktive (und selten rein rationale) Kritik aus dem rechten politischen Lager, welches den Kerngedanken feministischer Außenpolitik entweder nicht verstanden hat oder sich davon provoziert fühlt. Im Zentrum der Kritik steht meist eine befürchtete Ausgrenzung oder Übervorteilung von weißen Personen oder Cis-Männern. Da ich in diesem Kapitel die Frage, worum es in der feministischen Außenpolitik geht, bereits behandelt habe, werde ich auf diese Form der Kritik nicht gesondert eingehen.

Die deutsche Strategie zu einer feministischen Außen- und Entwicklungspolitik

Das Auswärtige Amt hat im März 2023 Leitlinien für eine feministische Außenpolitik veröffentlicht. Im gleichen Monat stellte auch das Bundesministerium für wirtschaftliche Zusammenarbeit und Entwicklung (BMZ) seine Strategie zu einer feministischen Entwicklungspolitik vor.[409] Auch die Nationale Sicherheitsstrategie, die unter Federführung des Auswärtigen

Amts (AA) ausgearbeitet wurde, enthält Referenzen zur feministischen Außen- und Sicherheitspolitik.

Beim Lesen der BMZ-Strategie und der AA-Leitlinien fällt ein wichtiger Unterschied gleich ins Auge: Das Team um Entwicklungsministerin Svenja Schulze hat es geschafft, ein für eine breitere Öffentlichkeit verständliches Dokument zu formulieren. Die Leitlinien, die unter der Federführung von Außenministerin Annalena Baerbock entstanden sind, setzen dagegen viel Vorwissen voraus. Das BMZ-Papier erlaubt einer interessierten Leser:innenschaft einen »sanften« Einstieg in das Thema, unter anderem indem Fachbegriffe in einem Glossar erklärt werden.[410] Das Auswärtige Amt dagegen geht davon aus, dass Termini wie »gendersensible Exportkontrolle« und »humanitäre Rüstungskontrolle« keiner grundlegenden Definition bedürfen. Damit stellt sich zwangsläufig die Frage, an wen sich die Strategiepapiere richten: an die deutsche Öffentlichkeit oder an ein Expert:innen-Publikum? Zweifelsohne ist Letzteres ein wichtiger Adressat. Und auch die Signalwirkung nach außen in Richtung anderer europäischer Regierungen darf nicht unterschätzt werden. Doch es geht auch immer um Legitimation vonseiten der Bevölkerung. Diese hat einen Anspruch darauf zu verstehen, wofür staatliche Gelder ausgegeben werden und weshalb Deutschland Mittel für Maßnahmen aufwendet, die in den Bereich der feministischen Außen- und Entwicklungspolitik fallen. Hierfür ist es aber notwendig, dass die strategischen Dokumente, die diese Politik erklären, einer breiten Öffentlichkeit möglichst zugänglich gemacht werden.

Insgesamt breiten die AA-Leitlinien auf 80 Seiten einen Masterplan aus, der so viele Prioritäten formuliert, dass der Erfolgsbewertung (»Monitoring«) erstaunlicherweise nur drei Absätze gewidmet sind, wohingegen das BMZ immerhin auf knapp einer Seite (von 36) darlegt, wie es die Umsetzung seiner Strategie beobachten und bewerten wird.

Man kann dem Auswärtigen Amt vorwerfen, zu viele Fliegen mit einer Klappe schlagen zu wollen. Ebenso, dass es bei der Formulierung eines Ansatzes, der Barrieren abbauen will, vielmehr sprachliche Barrieren *errichtet* hat. Doch ungeachtet dessen sind beide Dokumente wichtige Signale sowohl an die Zivilgesellschaft als auch in Richtung der internationalen Gemeinschaft. Die Bundesregierung geht mit gutem Beispiel voran und sollte klarstellen, dass es sich bei der (Weiter-)Entwicklung feministischer Politik um einen fortlaufenden Prozess handelt. Wie die AA-Leitlinien schon feststellen, ist der Masterplan für eine feministische Außenpolitik keine »Zauberformel«, sondern dient als Orientierung und als moralisch-pragmatischer Kompass.

Krieg und das klassische Frauenbild

Wenden wir uns nun einer Frage zu, die insbesondere seit dem Beginn des Krieges in der Ukraine an Relevanz gewonnen hat: Was hat feministische Außenpolitik im Krieg zu suchen? Ist es nicht ein Luxusproblem, in Zeiten fundamentaler Krise die feministische Agenda stärken zu wollen? Eine Antwort, die man oftmals von Verfechter:innen eines feministischen Ansatzes hört, ist, dass *gerade in Kriegszeiten* die feministische Agenda vorangetrieben werden muss. In der Schnelllebigkeit des medialen Diskurses kommen jedoch die Argumente, die diese Sichtweise unterstützen, oft zu kurz. Die Aufmerksamkeitsspanne der Öffentlichkeit ist inmitten anhaltender Panzerdebatten und angesichts eines Krieges, der sich auf unbestimmte Zeit hinzieht, kürzer geworden. Umso wichtiger ist es, sich genauer anzusehen, was es bedeutet, eine feministische Außen- und Sicherheitspolitik gerade in Kriegszeiten zu stärken.

Zunächst einmal ist ein Grundprinzip feministischer Außen- und Sicherheitspolitik, dass die vulnerabelsten Menschen in unseren Gesellschaften besonders geschützt werden müssen – sowohl im Krieg als auch in Friedenszeiten. Dieser Schutz, beispielsweise vor sexualisierter Gewalt, Menschenhandel oder Ausbeutung auf der Flucht, wird umso relevanter während Krisen, da marginalisierte Personen am stärksten von den negativen Auswirkungen von Konflikten und Kriegen betroffen sind.

Schwieriger wird es mit dem Aspekt der gleichberechtigten Teilhabe von Frauen und marginalisierten Gruppen im Kontext aktiven Kriegsgeschehens. Hier befinden wir uns auf einem Terrain, in dem sich die feministische Außenpolitik nicht eindeutig verortet. Feministische Außenpolitik überschneidet sich zwar mit anderen Feldern wie Sicherheit und Verteidigung. Ihr Fokus liegt jedoch meist nicht auf der Rolle von Frauen im Krieg, sondern betont die besondere Verwundbarkeit von Frauen, Mädchen und unterdrückten Gruppen in Konflikten – denn deren Rechte sind in der Regel diejenigen, die als erste außer Kraft gesetzt werden. Dieser blinde Fleck resultiert nicht zuletzt aus der Tatsache, dass feministische Außenpolitik sich prinzipiell mit Kriegen, auch wenn sie der Verteidigung gegen einen Aggressor dienen, schwertut.

Der russische Angriffskrieg in der Ukraine schien den Fokus auf Frauen und Mädchen in ihrer Rolle als Opfer insbesondere zu Beginn des Krieges zu verstärken: In der Medienberichterstattung kamen Frauen vor allem in ihrer Rolle als Zivilist:innen, Fliehende und Opfer des Krieges vor. Das trifft auch zu: Frauen, Mädchen und benachteiligte Gruppen leiden im Krieg disproportional. Sie sind betroffen von Flucht und sexualisierter Gewalt, und ihr Schutz muss daher höchste Priorität haben. Doch gleichzeitig schadet diese Zuspitzung auf die Rolle der Frau als Schutzsuchender der feministischen Agenda. Ein Meinungsbeitrag in der *ZEIT* fasst das Dilemma treffend zusammen: »Die besondere Empathie mit Frauen als Opfer ist gut gemeint. Aber sie unterstützt unwillentlich auch den Rückfall in die klassischen Rollenbilder, die mit fast jedem Krieg einhergehen: Männer zu den Waffen, um Frauen und Kinder zu beschützen.«[411] In dieser stereotypen Wahrnehmung sind Frauen ohnmächtige Opfer und Männer handlungsfähige Täter oder Beschützer (in jedem Fall aber aktiv). Doch die Realität sieht oft anders aus, und diese verkürzte Wahrnehmung schadet sowohl der feministischen Agenda als auch Männern selbst.

Sexualisierte Gewalt im Krieg: Männer als die unsichtbaren Opfer

Ein anschauliches Beispiel für eine teilweise verzerrte Wahrnehmung, die sowohl der feministischen Agenda als auch Männern schadet, ist das Thema der sexualisierten Gewalt. Auf der einen Seite sind Frauen, Mädchen und marginalisierte Personen am häufigsten von sexualisierter Gewalt betroffen. Doch auf der anderen Seite werden auch Männer und Jungen zu Opfern von Vergewaltigungen und anderen gewaltvollen Handlungen – nur ist diese Form von Gewalt wesentlich stärker tabuisiert. Die Betroffenen sprechen in der Regel nicht darüber, wenn sie vom Gegner »feminisiert« oder »entmannt« werden. Daraus ergeben sich mindestens zwei Probleme: Zum einen kommt männlichen Betroffenen kaum oder keine Unterstützung zu (wie beispielsweise psychologische Behandlung). Und zum anderen wird sexualisierte Gewalt folgerichtig als »rein weibliches« Phänomen angesehen, das es den Gegner:innen einer aktiven Teilhabe von Frauen in der Armee erlaubt, unter dem Deckmantel der besonderen Schutzwürdigkeit von Frauen gegen deren Gleichberechtigung im Militär zu argumentieren. Um es noch einmal zu betonen: In der Tat sind Frauen und marginalisierte Personen viel häufiger von sexualisierter Gewalt betroffen. Die Betroffenheit von Männern und Jungen darf daneben aber nicht ausgeblendet werden.

Doch wie groß ist das Problem der sexualisierten Gewalt in Konflikten gegen als männlich gelesene Personen? Auch wenn die Datenlage sehr lückenhaft ist, gibt es klare Indikatoren, die dafür sprechen, dass das Problem in den meisten Konflikten auftritt, in denen es prinzipiell zu dieser Form von Gewalt kommt. Wie Sandesh Sivakumaran feststellt, »kommt es viel häufiger zu sexualisierter Gewalt gegen Männer, als oft angenommen wird. Sie wird zuhause ausgeübt, in der Gemeinschaft und im Gefängnis; von Männern und Frauen; im Konflikt und in Friedenszeiten.«[412] Auch wenn es verhältnismäßig wenig Informationen hierüber gibt, ist sich die Wissenschaft sicher, dass sexualisierte Gewalt gegen Männer in allen möglichen Kriegen und Konflikten stattgefunden hat: von Kriegen im alten Griechenland und Ägypten bis hin zum Nordirlandkonflikt, im Tschetschenienkrieg, in Ruanda, dem Sudan, in der Demokratischen Republik Kongo und im Irak, um nur ein paar Beispiele zu nennen.

Der Umstand, dass Forscher:innen und Expert:innen-Komitees zwar um das Problem wissen, aber nicht dessen Ausmaß kennen, erklärt sich zum einen durch die Betroffenen selbst (so sie überlebt haben). Als stigmatisierte Männer, die durch sexualisierte Gewalt vom Gegner »feminisiert« und »entmannt« wurden, liegt dieser Personengruppe wenig daran, ihr Leid anderen Menschen anzuvertrauen und damit ihr »Versagen« (»Ein echter Mann wird nicht vergewaltigt«) einzugestehen. Andererseits ist es auch die mediale Berichterstattung, die hier einen blinden Fleck produziert. Die Forscherin Annette Bringedal Houge hat die Berichterstattung zu sexualisierter Gewalt im Bosnienkrieg in der führenden norwegischen Zeitung *Aftenposten* untersucht. Sie kam zu dem Ergebnis, dass die Vergewaltigungen von Frauen und Mädchen – die bei Weitem den größeren Teil ausmachten – in der Öffentlichkeit breit diskutiert wurden. Doch die Vergehen an Männern, die in dem Bericht einer von der UNO eingesetzten Expert:innengruppe 1993 festgehalten sind,[413] wurden fast gar nicht thematisiert. Das Anerkennen männlicher Opfer sexualisierter Gewalt, so die Autorin, könne jedoch wertvolle Erkenntnisse über das Funktionieren von Männlichkeit und Patriarchat im Kontext des Krieges liefern, und ein Schweigen darüber schade der feministischen Agenda ebenso wie den stigmatisierten Männern.[414]

Frauen und marginalisierte Gruppen in der ukrainischen Armee: Immer mehr Sichtbarkeit

Wie bereits im vorangegangenen Abschnitt mitschwang, ist die gleichberechtigte Teilhabe von Frauen und marginalisierten Menschen im Kontext von Militär und Kriegen keine Priorität der feministischen Außenpolitik. Auch die Strategie des Auswärtigen Amtes äußert sich hierzu nicht. Ich halte dies für einen blinden Fleck. Denn die Forderung nach Gleichberechtigung sollte nicht in Bereichen enden, in denen sich die feministische Außenpolitik schwertut. Der Krieg in der Ukraine hat gezeigt, dass auch viele ukrainische Frauen aktiv ihr Land unterstützen wollen, sei es in zivilen Rollen oder an der Front. Ebenso gibt es Männer, die dies legitimerweise ablehnen und das Land lieber verlassen hätten, wenn es die rechtliche Lage ermöglicht hätte.

Nach offiziellen Zahlen machen Frauen 22 Prozent der ukrainischen Armee aus.[415] Etwa 50.000 Frauen arbeiten in unterschiedlichen militärischen Strukturen, davon sind etwa 5.000 an der Front. Eine Frau, Hanna Maliar, ist stellvertretende Verteidigungsministerin. Frauen werden in der ukrainischen Armee immer mehr akzeptiert, was sich auch darin zeigt, dass der »Tag der Verteidiger« im Jahr 2021 in »Tag der Verteidiger und der Verteidigerinnen der Ukraine« umbenannt wurde.[416] Auch die russische Invasion hat dazu beigetragen, dass sich das Bild von Frauen in der ukrainischen Öffentlichkeit ändert. Sprachen sich in einer Umfrage 2018 noch etwas über die Hälfte für Geschlechtergerechtigkeit in allen Bereichen der Armee aus, stieg dieser Anteil im April 2022 auf 80 Prozent.[417] Nur sechs Prozent der Befragten wandten sich eindeutig gegen gleiche Möglichkeiten für Frauen. Gleichzeitig zeigten sich in einer anderen Umfrage des Instituts Info Sapiens fast 60 Prozent der befragten ukrainischen Frauen bereit, selbst in den bewaffneten Widerstand zu gehen, um das Vorrücken der russischen Armee zu stoppen.[418] Zuvor hatten bereits die Maidan-Proteste ab 2014 dazu geführt, dass auch Frauen sich mehr mit der Möglichkeit des aktiven Militärdiensts zur Verteidigung ihres Landes beschäftigten. Zudem setzt die ukrainische Regierung aktuell verschiedene Strategien um, die für mehr Geschlechtergerechtigkeit auch im Militär sorgen sollen. Dazu gehören der jüngst überarbeitete Nationale Aktionsplan für die Umsetzung der »Frauen, Frieden, Sicherheit«-Agenda der UNO[419] sowie die Nationale Strategie für die Gewährleistung gleicher Rechte und Chancen für Frauen und Männer bis 2030, die im August 2022 veröffentlicht wurde.[420]

Die Integration von Frauen nicht nur im Verteidigungsministerium, sondern auch in aktiven (Kampf-)Rollen in der Armee fügt sich zudem gut in Präsident Selenskyjs Narrativ ein: die Ukraine als progressives, demokratisches Land, das sich vom Macho-Militarismus und dem militarisierten Sexismus Russlands abhebt.[421] Diese Erzählung der Ukraine *über* die Ukraine hat einen strategischen Effekt, nämlich die Sicherung der Sympathien des Westens. Sie hat aber gleichzeitig auch zu einer veränderten Haltung gegenüber Frauen im Militär in der ukrainischen Öffentlichkeit geführt.

Dennoch ist es noch ein langer Weg bis zur vollständigen Gleichstellung von Männern und Frauen in der ukrainischen

Armee. Wie die Expertin Jenny Mathers schreibt, zweifeln männliche Kameraden und Vorgesetzte immer noch an den Fähigkeiten und dem Einsatz von Soldatinnen. Zudem stehen Frauen weiterhin vor vielen Hürden, wenn es um eine Karriere in der Armee geht.[422] Doch anders als in einem autoritären Staat werden die Bedingungen für Frauen im Militär von der Politik, von Expert:innen und der Zivilgesellschaft beobachtet und ausgewertet. Kampagnen wie »Invisible Battalion«, die Lobbyarbeit für bessere Arbeitsbedingungen für Frauen in der Armee betreiben, tragen dazu bei, dass sich die Konditionen für Frauen im ukrainischen Militär verbessern. Seit 2015 deckt die NGO Missstände in den Streitkräften auf. Darunter fällt zum Beispiel, dass Frauen, die sich nach der illegalen Annexion der Krim für eine aktive Kampfrolle im Militär entschieden, nicht den gleichen rechtlichen Schutz und die gleiche soziale Sicherung erhielten wie ihre männlichen Kollegen. Auch konnten sie nicht für militärische Auszeichnungen nominiert werden.[423]

»Invisible Battalion« hat indes echte Veränderungen herbeigeführt: Der erste Teil der Kampagne »Invisible Battalion 1.0: Women's Participation in Combat during the Anti-Terrorist Operation« mündete 2018 in der Verabschiedung des Gesetzes »Über die Gewährleistung gleicher Rechte und Chancen für Frauen und Männer im Militärdienst der ukrainischen Armee und anderen militärischen Einrichtungen«.[424] Von 2018 bis 2019 widmete sich »Invisible Battalion 2.0« den Herausforderungen, vor denen Veteraninnen bei der Rückkehr in ein ziviles Leben stehen, und gründete das »Ukrainian Women Veteran Movement«. Die Bewegung bringt Veteraninnen zusammen, bietet Workshops und psychologische Unterstützung an und sorgt für mehr öffentliche Sichtbarkeit für herausragende Leistungen von Soldatinnen, die anderenfalls unsichtbar blieben. 2020 ist schließlich »Invisible Bataillon 3.0« angelaufen, mit dem Ziel, sexuelle Belästigung im ukrainischen Militär zu untersuchen und Ansätze zu erarbeiten, die sich an westlichen Standards orientieren. Eine weitere Bewegung, die sich explizit für die Sichtbarkeit der LGBTIQ+-Community im Militär einsetzt, ist die »Association of LGBT Soldiers«.[425] Durch die Arbeit der Initiative ist die Rolle von queeren Personen in Sicherheit und Verteidigung heute sichtbarer als noch während der Maidan-Proteste.

Der Krieg des Kremls gegen die queere Community

Der Kreml dagegen führt seinen Krieg in der Ukraine nicht nur gegen Kiew, sondern auch gegen westliche liberale Werte und insbesondere gegen nichttraditionelle Lebensformen. Dazu gehören gleichgeschlechtliche Liebesbeziehungen ebenso wie beispielsweise ein »kinderloser Lebensstil«[426]. Erst im Dezember 2022 unterzeichnete Präsident Putin ein Gesetz, welches das Verbot der Verbreitung von LGBTQ-bezogenen Informationen an Minderjährige nochmals verschärft. Das neue Gesetz sieht ein Verbot jeglicher »LGBTQ-Propaganda« vor. Wer heute in Russland öffentlich sagt, dass nichtheterosexuelle Lebensformen normal seien, oder sich beispielsweise in den sozialen Medien mit einem gleichgeschlechtlichen oder mit Transgender-Partner:in zeigt, muss mit hohen Geldstrafen rechnen.[427] Moskau bettet diese Gesetze in krude Narrative ein, suggeriert eine Verbindung zwischen nichttraditionellen Lebensstilen und der Verführung Minderjähriger und unterstellt, dass homosexuelle Lebensweisen oder die Entscheidung, das Geschlecht zu wechseln, »ansteckend« seien. Auch gebildete Russ:innen glauben, dass ein einziger Christopher Street Day aus einem braven heterosexuellen Jugendlichen einen schwulen Abtrünnigen machen kann.

Doch gefährlicherweise sind diese Narrative, auch wenn sie

uns im Kreml-Kontext überspitzt vorkommen, im Westen anschlussfähig. In der Gewissheit, dass der Hass auf die LGBTQ+-Community (idealerweise kombiniert mit der Ablehnung von Gleichberechtigung und Gender-Mainstreaming) in bestimmten Teilen der westlichen Gesellschaften auf fruchtbaren Boden fällt, hoffte die Kreml-Führung eventuell auch auf die ukrainischen Konservativen und deren mögliche Sympathien für den russischen Kampf gegen den westlichen Lebensstil. Doch das Gegenteil war der Fall: Die Ukraine stellt sich auch in diesem Bereich konträr zu Russland. Im Dezember 2022, als Russland die Rechte seiner LGBTQ+-Community weiter einschränkte, verbot Kiew Anti-LGBTQ-Hassreden.[428] Und im März 2023 brachte die Parlamentarierin Inna Sowsun einen Gesetzesentwurf zur Legalisierung der gleichgeschlechtlichen Ehe in die Werchowna Rada ein.[429] Sowsun begründete ihren Antrag mit den fehlenden Rechten von Partner:innen in gleichgeschlechtlichen Beziehungen. Würde eine Person im Krieg verwundet, könne ihr:e Partner:in nicht, wie es in heterosexuellen Beziehungen der Fall ist, im Ernstfall Entscheidungen über die medizinische Versorgung treffen.[430]

Die russische Armee: Machismo in Reinform

Anders als zu den Zeiten der Sowjetunion dienen heute nur noch wenige Frauen in der russischen Armee, und die Kompetenz von Soldat:innen wird von den männlichen Kameraden angezweifelt, während die traditionelle Rolle der Frau als Mutter überbetont wird.[431] Um die 41.000 Frauen dienten 2020 in den russischen Streitkräften, was etwa vier Prozent der Angehörigen im aktiven Dienst entspricht – ein Wert, die sich seit den frühen 2000er-Jahren mehr als halbiert hat. Dieser Trend läuft dem eklatanten Personalmangel in den russischen Streitkräften zuwider.[432] Neben genderbasierten Stereotypen hält Frauen die immer noch gängige Praxis der Dedowschtschina (»Herrschaft der Großväter«) vom Militärdienst ab. Dabei handelt es sich um brutale und ritualisierte Verhaltensregeln, (sexuellen) Missbrauch und Strafen, die ältere Rekruten in der russischen Armee gegenüber jüngeren anwenden. Jedes Jahr sterben Dutzende Rekruten aufgrund der Dedowschtschina-Praktiken, manche begehen Selbstmord.[433] Man kann davon ausgehen, dass sich diese Kultur der ritualisierten Demütigung und des körperlichen Missbrauchs zwischen Soldaten in der russischen Armee auch auf das Verhalten im Einsatz auswirkt. Wenig erstaunlich ist es, dass der Anteil an Frauen in einem derart toxischen Umfeld sehr gering ist. Zudem sind die Einsatzmöglichkeiten für Frauen äußerst eingeschränkt.[434]

Mit dem Macho-Sexismus in der russischen Armee geht eine Maskulinisierung des politischen Entscheidungsapparates einher. Zum Beispiel ist lediglich eine Frau, Valentina Matvienko, Mitglied des Nationalen Sicherheitsrates. In einem Hintergrundgespräch zu der Rolle von Frauen im Krieg in der Ukraine fasste eine Expertin die Situation auf der russischen Seite folgendermaßen treffend zusammen: »Dieser Krieg ist geprägt von maskulinen Männern, die maskuline Dinge tun wollen, die ihre Stärke usw. zeigen wollen.«

Resümee: Frauen stärken … auf allen Ebenen

Gerade in Zeiten von allgegenwärtigen Krisen und Krieg muss sich die Politik mit feministischer Außenpolitik beschäftigen, anstatt das Thema zu einem Luxusproblem für Friedenszeiten zu deklarieren. Konservative Vertreter:innen nutzen den Krieg in der Ukraine als Gelegenheit, dafür zu plädieren, dass jetzt eben *nicht* der Zeitpunkt sei, sich mit einer feministischen

Agenda auseinanderzusetzen, da es um die Sicherheit Europas gehe. Dabei ignorieren diese Stimmen vollkommen, dass es feministischer Außenpolitik gerade um diese Sicherheit geht, und zwar auf einer gesamtgesellschaftlichen Ebene.

Die Ukraine hat, auch wenn Frauen im Militär weiterhin benachteiligt sind und das von Selenskyj erlassene Gesetz ausschließlich Männer zum Verbleib im Land verpflichtet, seit den Maidan-Protesten die Rechte von Frauen im Militär ausgeweitet. Es ist kein Zufall, dass dies in einer Zeit geschah, in der die sicherheitspolitische Situation für Kiew zunehmend prekär wurde. Die Bestrebung, eine Anschlussfähigkeit an westliche liberale Werte herzustellen, mag aus Sicht Kiews womöglich eine wichtige Rolle gespielt haben. Doch der Rückhalt für Frauen in der Armee kommt, wie sich in Umfragen zeigt, aus der Bevölkerung und nicht nur aus der Politik. Zudem haben die ukrainischen Frauen in den letzten zehn Jahren zunehmend für sich in Anspruch genommen, ihrem Land in der Armee zu dienen – und zwar in allen relevanten Bereichen.

Eine feministische Außenpolitik muss daher neben dem Ziel des besonderen Schutzes für benachteiligte Gruppen (das von höchster Priorität ist) das Recht von Frauen und marginalisierten Personen an einer gleichberechtigten Partizipation auch im militärischen Bereich stärker anerkennen und unterstützen. Dass sich einige Strömungen der feministischen Debatte mit Kriegshandlungen an sich schwertun, darf nicht der legitimen Selbstbestimmung derjenigen Frauen zuwiderlaufen, die sich dafür entscheiden, eine Karriere in der Armee zu verfolgen, und die legitimerweise in alle Bereiche eingebunden werden wollen. Solange der Fokus allein auf der Rolle von Frauen als Opfer eines Konfliktes liegt, wird auch das konservative Narrativ, das Frauen keine nützliche Rolle in den Streitkräften zugesteht, bestärkt. Dieses Dilemma muss die Debatte über feministische Außenpolitik aushalten. Auch geht es darum, die Bedürfnisse von Veteraninnen mehr in den Blick zu nehmen: Wie kann sichergestellt werden, dass sie die nötige Hilfe bekommen, um sich in Friedenszeiten wieder in die Gesellschaft einzugliedern, wie wird ihnen eine bessere psychologische Betreuung zuteil? Wie kann sichergestellt werden, dass Veteraninnen nicht einem hohen sozialen Druck ausgesetzt sind, ihre Erfahrungen zu verschweigen und sich wieder in traditionelle Rollen zu begeben (wenn sie dies nicht selbst wollen)? All diesen Fragen sollte sich eine feministische Außenpolitik widmen.

Zudem ist es wichtig, dass eine breitere Aufmerksamkeit für sexualisierte Gewalt gegen Männer im Krieg hergestellt wird. Dass es sich hierbei nicht um Einzelfälle handelt, verdeutlichen die Beispiele weiter oben. Frauen und Mädchen sind in einem völlig anderen Ausmaß betroffen als Jungen und Männer. Doch die Annahme, dass Frauen die alleinigen Opfer solcher Gräueltaten sind und sich daher nicht für den Militärdienst (oder bestimmte Bereiche) eignen, ist ein Mythos. Insgesamt schaden das fehlende Wissen und die mangelnde Berichterstattung über das Thema der feministischen Agenda, weil sie Konstrukte von Männlichkeit befördern, patriarchale Annahmen untermauern und traumatisierte Männer unsichtbar machen, die dadurch nicht an Hilfe kommen. Auch wird das spezielle Risiko ausgeblendet, dem schwule und bisexuelle (oder als solche von einem Feind wahrgenommene) Männer ausgesetzt sind.

Nicht zuletzt sollte die feministische Außen- und Sicherheitspolitik ein Interesse daran haben, die Bedingungen für Frauen in der Armee zu verbessern, weil es sich beim Verteidigungsbereich immer noch um ein patriarchalisch geprägtes Milieu handelt, dessen Muster durch eine diversere Aufstellung durchbrochen werden sollten.

Um den Bogen zu den deutschen Leitlinien für eine feministische Außenpolitik zurückzuschlagen: Die feministische Agenda braucht die Unterstützung der Bevölkerung, um sich dauerhaft im politischen Diskurs zu verankern. Sie benötigt außerdem den Rückhalt von Angehörigen bestimmter Bevölkerungsschichten, wie beispielsweise Journalist:innen, Mitarbeiter:innen der Bundeswehr, Expert:innen und Politiker:innen, aber auch Vertreter:innen der Wirtschaft, die über große Netzwerke und Ressourcen verfügen. Nicht zuletzt sollte die Bundesregierung gerade dort eine Debatte über feministische Außen- und Sicherheitspolitik anstoßen, wo andere Staaten vor dieser Terminologie zurückschrecken. Beispielsweise gibt es in Ländern wie der Türkei unter Politiker:innen und in Fachkreisen durchaus ein Interesse am Austausch über mehr Gleichberechtigung in unterschiedlichen Feldern, solange der Terminus »feministisch« vermieden wird.

Kapitel 8 | *No Future?* Die Kooperation mit der jüngeren Generation von Russ:innen

Weshalb noch mit russischen Expert:innen reden?

Es ist Dezember 2022, und ich sitze mit zwei ukrainischen und zwei russischen Kolleg:innen bei To-go-Kaffee in einer freudlosen Wartehalle im Flughafen einer südosteuropäischen Stadt.[435] Die Stimmung ist seltsam: Es mischen sich Erschöpfung, Traurigkeit und Hoffnung. Wir sind erschöpft, weil wir eine dreitägige Konferenz hinter uns haben, die voller konstruktiver, aber anstrengender Gespräche war. Weil wir selbst beim Frühstück und Abendessen über die Situation in der Ukraine gesprochen haben, über die zersplitterte russische Opposition im Ausland, über die Auswirkungen des russischen Angriffskrieges auf die euro-atlantische Sicherheit. Auch über sehr persönliche Dinge haben wir geredet. Darüber, wie der Krieg Familien spaltet und Existenzen vernichtet. Wie schwierig es ist, als russische:r Expert:in im Ausland ein neues Leben aufzubauen. Darüber, wie schrecklich es ist, dass die in Russland lebenden Verwandten einiger ukrainischer Teilnehmer:innen die Propaganda der Kreml-gelenkten Staatsmedien glauben und nicht gegen den Krieg demonstrieren. Traurig wird es auch, als eine ukrainische Expertin erzählt, dass ihre Mutter kürzlich zum Vater in die Ukraine zurückgekehrt ist und dass sie immer nervös ist, wenn sie ihren Eltern Nachrichten über einen Messenger-Dienst schickt.

Zusätzlich zur anhaltenden Bombardierung fallen Strom und Internet zu diesem Zeitpunkt immer wieder aus, sodass sie oft stundenlang nicht weiß, ob ihre Nachrichten die Eltern erreichen.

Doch es schwingt auch ein wenig Hoffnung mit an unserem kleinen Tisch. Ist es nicht ein gutes Zeichen, dass wir hier zusammensitzen und reden? Es ist alles andere als selbstverständlich, dass die beiden Ukrainer:innen mit den Russ:innen über ihre Familien sprechen, über ihre Jobs und wie sich ihr Leben seit dem 24. Februar 2022 geändert hat, während wir alle auf unsere Flüge warten und eine Tüte Gummibärchen herumgereicht wird. Einer unserer Kollegen ist bereits früh am Morgen wieder nach Kiew aufgebrochen, er hatte für die Konferenz eine Ausreisegenehmigung der Regierung bekommen. Es hatte ihm sehr viel daran gelegen, teilzunehmen. Ein anderer Experte reiste aus Moskau an. Beide kennen sich seit Jahren und würden auch in der aktuellen Lage nicht aufhören, miteinander zu sprechen. Doch wir wissen auch, dass ein Austausch, wie er zwischen uns stattfindet, mittlerweile ungewöhnlich, ja außergewöhnlich ist und dass der Spielraum für Treffen zwischen jüngeren ukrainischen und russischen Expert:innen immer kleiner wird. Insbesondere trifft dies zu, wenn die betreffenden russischen Expert:innen noch in Russland leben. Etwas einfacher ist es für die im Ausland lebenden Russ:innen. Die ukrainischen Expert:innen auf der anderen Seite stehen immer wieder aufs Neue vor der schwierigen Entscheidung, ob sie es mental auf sich nehmen wollen, weiterhin mit ihren russischen Kolleg:innen Kontakt zu halten. Eine Teilnehmerin der Konferenz hatte mir gesagt, sie habe Angst vor der Kritik ihrer ukrainischen Kolleg:innen, wenn sie weiterhin mit Russ:innen im Austausch bleibe. Gleichzeitig ist einer ihrer Mentoren ein junger oppositioneller Russe, mit dem sie auch eine Freundschaft verbindet. Es ist nicht einfach.

Ebenso wie die ukrainische Expertin möglicherweise wegen ihrer Kontakte zu russischen Expert:innen kritisiert wird, sind in der sicherheitspolitischen Community oft Stimmen zu hören, die einem Austausch mit Russ:innen – auch der jüngeren Generation – sehr negativ gegenüberstehen. Manche Kolleg:innen aus dem sicherheitspolitischen Umfeld haben mir zu verstehen gegeben, sie hielten es für unwahrscheinlich, dass sich auch nur eine einzige ukrainische Person bereit erklären würde, mit russischen Expert:innen zu reden. Russische Expert:innen, so die Meinung mancher, würden ohnehin ausschließlich Kreml-Propaganda wiederholen, sodass ein echter Meinungsaustausch ausgeschlossen sei. Diese Befürchtung ist nicht unbegründet: Es gibt russische Expert:innen, jung wie alt, die mit Beginn des Krieges ihre Aussagen in erschreckender Weise den brutalen Signalen aus Moskau angepasst haben. Sie sind radikaler in ihren Aussagen geworden oder haben sich vollkommen zurückgezogen. Bei manchen kann man nur erahnen, wo sie ideologisch stehen. Manche suchen aber auch gezielt den Austausch mit westlichen Expert:innen, und man merkt schnell, dass sie die Narrative des Kremls verinnerlicht haben und andere von ihrer Meinung überzeugen wollen.

Oft wird die Trennlinie gezogen zwischen denjenigen russischen Expert:innen, die Russland verlassen haben, und denjenigen, die noch im Land sind. Mit Ersteren sei ein Austausch möglich, mit Letzteren nicht. Diese Unterscheidung ist nachvollziehbar, steht aber auf wackligen Beinen. Zum einen wird vielen Russ:innen, die das Land verlassen, unterstellt (ob zu Recht oder zu Unrecht), dass sie aus Angst vor dem Militärdienst oder anderen Repressalien fliehen – aber nicht primär aus einer oppositionellen Haltung heraus. Auf der anderen Seite gibt es durchaus russische Oppositionelle, die den Krieg verurteilen und das Land trotzdem nicht verlassen können oder wollen. Vielleicht haben sie Eltern, die sie nicht zurücklassen möchten, oder sie hegen die Befürchtung, dass sie sich als Angehörige einer weithin verhassten Nationalität im Ausland keine vernünftige Existenz aufbauen können. Kann man diese Menschen verurteilen und den Kontakt zu ihnen abbrechen?

Tatsächlich macht man es sich zu einfach, wenn man kategorisch jeden Kontakt mit russischen Wissenschaftler:innen und Expert:innen ablehnt. Man muss fallweise entscheiden, mit welchen Russ:innen ein offener und konstruktiver Austausch noch möglich ist. Es mögen wenige sein, aber der Kontakt zu ihnen gewährt Einblicke in das akademische und soziale Denken einer russischen Gesellschaftsschicht, die zwischen die Stühle geraten ist. Vom Westen werden diese Leute verurteilt, weil sie das Land nicht verlassen haben und es nicht schaffen, sich in einer effektiven Opposition zu organisieren, die das verbrecherische Kreml-Regime stürzt. Gleichzeitig sind sie Fremde in einer russischen Gesellschaft, die den Krieg mehrheitlich befürwortet.

In den letzten eineinhalb Jahren wurde ich Zeugin mehrerer zwischenmenschlicher Begegnungen, die meine Weltsicht herausgefordert haben. Es gab Momente, in denen russische Expert:innen, auch solche, die noch in Russland leben, tiefes Mitgefühl mit dem Schicksal ihrer ukrainischen Kolleg:innen gezeigt haben. Ukrainische Wissenschaftler:innen, die eigentlich nicht mit ihren russischen Counterparts sprechen wollten, habe ich auf einer gemeinsamen Wanderung im Wald begleitet, während wir über den historischen Spaziergang Ronald Reagans mit Michail Gorbatschow sprachen. Ein queerer russischer Experte, der bereits vor dem Krieg aus dem akademischen System »entfernt« worden war, hat sich lange beim Frühstück mit einer Professorin unterhalten, die immer noch Teil desselben Systems ist. Momente wie diese mögen noch so klein und unbedeutend erscheinen. Sie dürfen auch nicht darüber hinwegtäuschen, dass der Raum für Austausch und Begegnungen immer kleiner wird. Aber die Tatsache, dass die Ukrainer:innen und Russ:innen, mit denen ich in den letzten Jahren aus beruflichen Gründen zu tun hatte, teilweise große Risiken auf sich nehmen, um diesen Austausch weiterzuführen, ist dennoch beachtlich. Es geht dabei um Reputation, um Fragen der mentalen Belastung, aber auch um die Sorge davor, auf dem Schirm der russischen Behörden zu landen – mit kaum absehbaren Folgen.

Die Grauzone

Und dann gibt es da noch eine andere Gruppe von Expert:innen, die mehr oder weniger Teil des russischen Systems zu sein scheinen und die entweder in Russland oder im Ausland leben. Bei ihnen ist unklar, ob sie den Kontakt mit ihren westlichen Kolleg:innen womöglich pflegen, um Informationen zu sammeln oder um falsche Informationen zu streuen – oder ob sie glauben, dass sie das System von innen heraus erodieren können. Manch eine:r lässt im persönlichen Gespräch überraschend Putin-kritische Bemerkungen fallen, würde aber niemals in einer größeren Runde oder bei einem virtuellen Treffen den Kreml für seinen Überfall auf die Ukraine verurteilen. Diese Expert:innen machen es einem schwer, abzuschätzen, ob ein Austausch noch sinnvoll und für beide Seiten nützlich ist.

Doch in aller Regel suchen Kreml-nahe Wissenschaftler:innen eher selten den Kontakt zu Plattformen, die einen Austausch mit ukrainischen Mitgliedern unterstützen. Sobald diese Menschen merken, dass sie ihre Propaganda nicht unwidersprochen verbreiten können, sondern sie sich – so meine Erfahrung – von selbst aus Netzwerken ab, welche die Akzeptanz der ukrainischen Souveränität und ihre vollständige territoriale Integrität als Basis für jede Diskussion voraussetzen.

Dennoch sind sich alle Teilnehmer:innen solcher Netzwerke und Treffen darüber im Klaren, dass es gewisse Risiken gibt, die schwer vorhersehbar sind. Umso mehr ist es an den Koordinator:innen solcher Treffen zwischen ukrainischen und russischen Expert:innen, ein möglichst sicheres Umfeld zu schaffen, in dem ein Austausch stattfinden kann. Dazu gehören beispielsweise eine sorgfältige Auswahl von Tagungsorten, ein sehr restriktiver Einsatz von sozialen Medien und ein Bewusstsein unter den Teilnehmenden, dass die Ergebnisse der Diskussionen nicht oder nur anonymisiert geteilt werden dürfen.

Die Arbeit deutscher Stiftungen in Russland

Russische Expert:innen, mit denen es sich weiterhin lohnt zu sprechen, sind nicht einfach zu identifizieren. Der Kontakt zur russischen Zivilgesellschaft wird maßgeblich durch das Verbot von in Russland tätigen Organisationen und Stiftungen erschwert. Nur kurz nach der Verbannung der russischen NGO Memorial im Dezember 2021 wurde im April 2022 das sogenannte Gesetz über ausländische Agenten (»foreign agents law«) verschärft. Als Folge dieses strengeren Vorgehens der Kreml-Führung gegen ausländische NGOs und Stiftungen mussten neben Human Rights Watch, Amnesty International und dem Carnegie Endowment for International Peace auch die deutschen parteinahen Stiftungen Moskau verlassen. Ihnen allen wurde die Registrierung entzogen.[436] Diese Entwicklung war nicht überraschend, denn das »foreign agents law« bestand bereits seit 2012, und Vorläuferregelungen waren schon in den 2000er-Jahren in Kraft. So erließ der Kreml 2006 mehrere Gesetzesänderungen, welche die Handlungsfreiheit von NGOs in Russland einschränkte, inklusive deren Finanzierung. Zum Beispiel konnte der Kreml auf dieser gesetzlichen Basis Individuen, die aus staatlicher Sicht »unerwünscht« waren, die Gründung einer NGO verbieten.[437]

Unter der Präsidentschaft von Dmitri Medwedew wurden 2009 wiederum einige Erleichterungen für NGOs geschaffen. Die meisten konnten dank dieser Entschärfungen weiterhin in Russland tätig sein. Auch die hohen bürokratischen Hürden und Rechenschaftspflichten für NGOs wurden etwas reduziert. Als Putin 2012 allerdings zum dritten Mal an die Macht kam, schlug der Trend wieder ins Gegenteil um, und eine Reihe von Gesetzen wurde verschärft. Von nun an mussten sich Organisationen, die sich an politischen Aktivitäten beteiligten, als »ausländische Agenten« registrieren lassen, sofern sie Unterstützung aus dem Ausland erhielten. Dabei spielte es keine Rolle, ob aus dem Ausland stammende Gelder von diesen Organisationen für politische Aktivitäten ausgegeben wurden oder nicht. Damit schränkte der Kreml die Finanzierung von NGOs maßgeblich ein, denn Gelder vonseiten staatlicher Institutionen sind für NGOs kaum verfügbar. Außerdem blieb die Definition von »politischen Aktivitäten« unspezifisch, und nicht zuletzt kratzt der Begriff »ausländische Agenten« am Image von NGOs, ruft er doch Erinnerungen an die Sowjetzeiten und die Ära der Spione hervor.[438]

Nach den Maßnahmen im April 2022 wurde die gesetzliche Regelung im Juli 2022 abermals verschärft: Nunmehr kann das »foreign agents law« auf alle Individuen oder Einrichtungen, die »unter ausländischem Einfluss stehen«, angewendet werden. Die betroffenen Institutionen müssen sich nicht nur als »ausländische Agenten« registrieren und regelmäßige, dubiose Überprüfungen über sich ergehen lassen, sie müssen auch jegliche Inhalte, die sie produzieren, dementsprechend kennzeichnen. Dies kommt einer De-facto-Stigmatisierung dieser NGOs und anderer zivilgesellschaftlicher Einrichtungen oder Akteur:innen gleich.[439]

Von den parteinahen Stiftungen, die Moskau verlassen mussten, sind einige mit ihren Russland-Büros in umliegende Länder umgezogen. So unterhält die Hanns-Seidel-Stiftung nun ein Büro für Mitteleuropa, Osteuropa und Russland in Bukarest. Die Friedrich-Naumann-Stiftung ist mit ihrem Moskauer Büro nach Tiflis umgezogen und steuert von dort aus ihre Projektarbeit. Die Konrad-Adenauer-Stiftung, die Friedrich-Ebert-Stiftung, die Heinrich-Böll-Stiftung und die Rosa-Luxemburg-Stiftung sind ebenfalls betroffen und haben ihre Projektarbeit zu Russland teils eingestellt. Damit kommen möglicherweise nützliche Kontakte in die russische Expert:innen-Community und die Zivilgesellschaft zum Erliegen. Gleichzeitig sehen es die Stiftungen verständlicherweise nicht mehr als ihre Aufgabe an, dort Kontakte herzustellen, wo sie nicht erwünscht sind. Somit gelingt es dem Kreml, die russische Zivilgesellschaft noch mehr vom Westen abzuschneiden.

Extrempositionen helfen nicht

Auch vonseiten des Auswärtigen Amtes werden Gespräche mit jeglichen russischen Expert:innen und der Zivilgesellschaft zunehmend kritischer gesehen. Die eher unbekümmerte Haltung der Vorgängerregierungen ist einem grundlegenden Misstrauen gewichen, und es bestehen Zweifel, ob Kontakte nach Moskau, auch zu Oppositionellen oder zumindest Kreml-kritischen Vertreter:innen, noch Sinn ergeben. Die Frage, ob und in welcher Form Kontakte nach Russland oder zu Russ:innen möglich und sinnvoll sind, polarisiert stark. Als Mitarbeiterin einer Organisation, die zum jetzigen Zeitpunkt (Stand April 2023) immer noch Gespräche zwischen Ukrainer:innen und Russ:innen organisiert, habe ich gelernt, mit Kritik an unserem Vorgehen umzugehen, und habe akzeptiert, dass es sehr unterschiedliche Meinungen hierzu gibt. Allerdings habe ich auch positives Feedback erhalten. Ausschlaggebend waren hierfür vermutlich weniger die Argumente, die auf die Nützlichkeit solcher Treffen für beide Seiten abzielen, beispielsweise durch Informationsaustausch, als vielmehr die Tatsache, dass diese von ukrainischen Vertreter:innen geschätzt und zum Teil mitgestaltet werden. Auch unter ukrainischen Expert:innen gibt es natürlich unterschiedliche Haltungen – jede und jeder hat eine ganz persönliche Schmerzgrenze, die es zu respektieren gilt.

Das Argument »Extrempositionen helfen nicht« wird oft von denjenigen angeführt, die eine Äquidistanz zu Russland und zur Ukraine herstellen wollen – die also unter dem Deckmantel des »Friedens für Europa« einen Dialog mit Putin und einen schnellen Waffenstillstand auch dann fordern, wenn dies territoriale Abtretungen für Kiew bedeuten würde. Eine solche Haltung ist vollkommen inakzeptabel, und ich meine etwas anderes, wenn ich dafür plädiere, Extrempositionen zu vermeiden. Zur Veranschaulichung ein Beispiel:

Der Petersburger Dialog, eine ehemals renommierte Plattform für deutsche und russische Parlamentarier:innen, Journalist:innen, Unternehmer:innen und Wissenschaftler:innen, wurde 2001 von Ex-Bundeskanzler Gerhard Schröder und Putin gegründet – im selben Jahr, in dem Letzterer seine berühmte Rede im Bundestag hielt. Laut der Website der Organisation verstand sich das Forum als »bilaterale Tagung (…) die sich gesellschaftlichen Zeitfragen und Fragen der deutsch-russischen Beziehungen widmet. Teilnehmer sind Experten und Multiplikatoren aus allen Bereichen der Gesellschaften Deutschlands und Russlands.« So weit, so unauffällig (bis auf die Tatsache, dass die Gesellschaft Russlands fast ausschließlich aus Männern zu bestehen scheint). Finanziert wurde der Dialog von politischen und privaten Stiftungen, deutschen und russischen Wirtschaftsunternehmen sowie von der deutschen und der russischen Regierung. Der Petersburger Dialog war bis zu seiner Auflösung Anfang 2023 in unterschiedliche Arbeitsgruppen aufgeteilt, darunter beispielsweise eine AG Politik, eine AG Zivilgesellschaft, eine AG Kirchen in Europa und eine AG Gesundheit.

Die deutsche Seite hatte bei Gründung des Forums offensichtlich Wert darauf gelegt, eine möglichst große Diversität hinsichtlich der Mitglieder herzustellen. Das gesamte deutsche politische Spektrum war repräsentiert: Unter den Teilnehmenden des Dialogs fanden sich Journalist:innen (u. a. vom Deutschlandradio), Vertreter:innen der parteinahen Stiftungen, ehemalige Minister:innen wie Sabine Leutheusser-Schnarrenberger und der derzeitige Botschafter in Moskau, Alexander Graf Lambsdorff. Nach der illegalen Annexion der Krim 2014 und dem Beginn des Krieges im Donbas hatten fünf Stiftungen und Vereine erklärt, an den Sitzungen des Petersburger Dialogs nicht mehr teilnehmen zu wollen.[440] Das Forum existierte dennoch noch knapp weitere zehn Jahre, auch wenn immer wieder Kritik sowohl an der deutschen als auch russischen Leitung des Dialogs und den Mitgliedern aufkam: zu viele russlandfreundliche Lobbyist:innen, zu viele Putin-Anhänger:innen.

Während man argumentieren kann, dass sich auf deutscher Seite Politiker:innen, Wirtschaftsvertreter:innen, Osteuropakundler:innen sowie NGO-Vertreter:innen die Waage hielten,[441] sah es auf der russischen Seite ganz anders aus.[442] Eine geradezu erstaunliche Anzahl von russischen Mitgliedern wurde mit dem Orden »Für die Verdienste um das Vaterland« ausgezeichnet, darunter viele ehemalige Regierungsmitglieder. Und viele der russischen Mitglieder tauchen heute auf Sanktionslisten auf, beispielsweise Jewgeni Primakow, Putin-Vertrauter und Leiter der ebenfalls sanktionierten Föderalagentur für Angelegenheiten der Gemeinschaft Unabhängiger Staaten (Rossotrudnitschestwo), der Politiker und ehemalige Senator Aleksei Puschkow sowie die Journalistin und Chefredakteurin des Senders Russia Today (RT), Margarita Simonjan.[443] Die Liste der mittlerweile sanktionierten Teilnehmer:innen geht noch weiter: Waleri Golubew, ehemaliger Vize-CEO des sanktionierten Unternehmens Gazprom;[444] German Gref, der sowohl auf der amerikanischen als auch der britischen Sanktionsliste steht und die russische Sberbank leitet;[445] Dmitri Patruschew, sanktionierter Landwirtschaftsminister und Sohn des ehemaligen FSB-Direktors Patruschew, der 2016 in den Vorstand von Gazprom berufen wurde.[446] Ebenso der ehemalige Wirtschaftsminister Alexander Schochin und der ehemalige stellvertretende Ministerpräsident Witali Mutko, der bereits im Zusammenhang mit der systematischen Manipulation bei den Olympischen Spielen mediale Aufmerksamkeit auf sich gezogen hat:[447] Beide stehen auf der ukrainischen Sanktionsliste. Auch Michail Schwydkoi ist ein bemerkenswertes Mitglied des Dialogs. Der ehemalige Kulturminister Russlands ist heute Putins Beauftragter für internationale Kulturzusammenarbeit und verbreitet die These, dass die Sanktionen als Angriff gegen die russische Kultur vom Westen »orchestiert« wurden.[448]

In Berlin glaubte man weiterhin an Dialog, und daher ist es wenig verwunderlich, dass sich die deutschen Mitglieder auch nach 2014 im Petersburger Dialog mit Putin-nahen Politikern und Unternehmern trafen.[449] Wie aus der Webseite hervorgeht, haben das Auswärtige Amt und alle parteinahen Stiftungen zwischen 2015 und 2021 die Initiative weiterhin unterstützt, neben Unternehmen wie Gazprom.[450] Erst Anfang 2023 wurde der Petersburger Dialog offiziell ausgesetzt. Auf der Webseite heißt es: »Angesichts des verbrecherischen Angriffskrieges und der Frontstellung gegen die westlichen Demokratien ist ein Dialog in diesem Format nicht mehr möglich.«

Angesichts der Kritik am Petersburger Dialog insbesondere nach 2014 ist es eine legitime Frage, weshalb die Plattform unter deutscher Beteiligung weitergeführt wurde, noch dazu mit Unterstützung des Auswärtigen Amtes. Das Beispiel Petersburger Dialog zeigt deutlich, wie die deutsche Regierung ein Auge zugedrückt hat, wenn es um Formate ging, in denen sich Leute tummelten, die höchstens Ex-Kanzler Schröder als »lupenreine Demokraten« bezeichnet hätte. Man darf davon ausgehen, dass sich viele der deutschen Teilnehmer:innen aus dem akademischen und NGO-Bereich mit den besten Absichten in dem Forum engagierten und auf eine echte Annäherung (vor 2014) oder einen positiven Einfluss Deutschlands auf Russland (nach der illegalen Annexion der Krim) gehofft hatten. Und doch ist es irritierend, dass von deutscher Seite akzeptiert wurde, dass auf russischer Seite so gut wie keine Kreml-kritischen Stimmen zu finden waren. Auch ist auffällig, dass der Altersdurchschnitt der russischen Teilnehmer:innen sehr hoch war: Schon vor zehn Jahren befanden sich diese Leute in einflussreichen Positionen und werden ihre Ansichten und Haltungen seitdem nicht tiefgreifend geändert haben. Die homogene und Putin-freundliche Zusammensetzung der russischen Gruppe in der Initiative wurde in der Hoffnung auf Dialog hingenommen. Und natürlich haben auch wirtschaftliche Interessen eine große (wenn nicht entscheidende) Rolle gespielt, denn nicht nur hat Gazprom den Dialog unterstützt, es befanden sich auch mindestens drei (ehemalige) hochrangige Gazprom-Vertreter unter den russischen Teilnehmern. So folgte beispielsweise der ehemalige russische Ministerpräsident Wiktor Subkow dem früheren Präsidenten Dmitri Medwedew in der Rolle als Aufsichtsratsvorsitzender von Gazprom. Waleri Golubew ist der ehemalige Vize-CEO von Gazprom, und auch bei Sergei Gustow handelt es sich um einen einflussreichen Gazprom-Manager.

Hier möchte ich den Bogen schlagen zu meinem Ausgangspunkt: Der bedingungslose Glaube der deutschen Politik an Dialog und die heilende Wirkung wirtschaftlicher Beziehungen zwischen Ost und West auch nach der Annexion der Krim stellt einen Extremfall in der deutschen Haltung dar und spiegelt sich in der Tatsache wider, dass Nord Stream 2 noch bis zum Beginn des Krieges vorangetrieben wurde. Die russische Invasion traf das politische Berlin als Schock und sorgte dafür, dass das Pendel nun in die andere Richtung ausschlägt. Derzeit dominiert die Furcht vor jeglicher Form von Kontakt zu russischen Vertreter:innen. Die frühere Bereitschaft, auch mit erwiesenermaßen problematischen Russ:innen den Dialog aufrechtzuerhalten, ist nun einem prinzipiellen Abwehrreflex gegen russische Vertreter:innen aus allen Bereichen, inklusive der Zivilgesellschaft, gewichen.

Doch ein vollständiger Abbruch von Kontakten kann weder im Interesse der deutschen akademischen Welt noch der (Außen-)Politik liegen. Leider hat die deutsche Politik das Wort »Dialog« so inflationär gebraucht, dass es sich zu einem beliebten Schlagwort aller »Russlandversteher:innen« entwickelt hat und sofort mit einem blinden Zugehen auf die russische Regierung und einem Waffenstillstand in Putins Sinne assoziiert wird. Dialog im eigentlichen Sinne hat aber zunächst nichts mit Verhandlungen zu tun, sondern dient dem gegenseitigen Informationsaustausch. Dieser Austausch muss nicht einmal als etwas Altruistisches angesehen werden, sondern kann auf transaktionaler Basis stattfinden: in einer Art und Weise, dass alle Gesprächspartner:innen davon profitieren. Deutsche Expert:innen, Einrichtungen und auch die Politik täten gut daran, weiterhin – gut dosiert – Möglichkeiten zum Austausch zu nutzen. Natürlich muss dieser in Foren stattfinden, die möglichst wenig öffentliche Aufmerksamkeit auf sich ziehen, um die russischen Teilnehmer:innen nicht zu kompromittieren und um nicht den Anschein von institutionalisierten Gesprächen zu erwecken. Außerdem muss der Austausch in dem Wissen stattfinden, dass ein Verständnis davon, wie sich die russische akademische Landschaft und die Zivilgesellschaft aktuell entwickeln und welche Signale sie aus Regierungskreisen empfangen, für die deutsche Politik von Vorteil ist. Was es dazu stetig braucht, ist eine engmaschige Zusammenarbeit zwischen Politik und Russlandkenner:innen sowie Vertreter:innen verschiedener Netzwerke, die einschätzen können, inwiefern und an welchen Stellen ein relevanter Austausch mit einzelnen Personen sinnvoll und möglich ist.

Grenzgänger:innen

In der nuklearen Community bestehen die Kontakte zu russischen Kolleg:innen teilweise fort. Ehrlicherweise muss man sagen, dass nicht alle Gesprächsformate zu nuklearen Risiken derzeit sinnvolle Ergebnisse produzieren. »Wir wissen überhaupt nicht, worüber wir mit den russischen Teilnehmer:innen sprechen sollen«, erzählte mir eine westliche Kollegin. Auf der anderen Seite habe ich selbst an Formaten teilgenommen, in denen die Anwesenheit russischer Expert:innen tatsächlich einen Mehrwert darstellte. Sie können das nukleare Denken des Kremls wesentlich besser einschätzen als ihre westlichen Kolleg:innen, insbesondere wenn diese kein Russisch sprechen und die Debatte in den russischen Medien nicht mitverfolgen können.

Russ:innen, die auf beiden Seiten gut vernetzt sind, können hier eine doppelte Funktion als Übersetzer:innen ausfüllen. Zum einen erfordert die gesamte russische Nukleardoktrin eine sprachliche, aber auch kontextabhängige Interpretation, die vor allem Muttersprachler:innen und exzellente Kenner:innen russischer Politik leisten können. Auf der anderen Seite reißen der Kreml sowie Kreml-nahe Plattformen wie das prominent besetzte, staatsnahe Diskussionsforum »Valdai Club« Aussagen von amerikanischen und NATO-Repräsentant:innen regelmäßig aus dem Kontext und schüren in der russischen Öffentlichkeit Angst vor angeblichen westlichen Aggressionen. Russische

Expert:innen, die wiederum im Westen gut vernetzt sind und die Haltung der NATO in Nuklearfragen verstehen, können hier als Faktenchecker agieren.

Einer der wenigen Expert:innen, die als »Grenzgänger:innen« fungieren, ist der Nuklearexperte Petr Topychkanow. Im Januar 2023 nahm er an einem Gespräch mit dem staatsnahen Institut für Weltwirtschaft und Internationale Beziehungen (IMEMO) teil und sprach die russische Sorge vor Nuklearwaffen im neuen NATO-Mitgliedsland Schweden an. Topychkanow erklärte, dass sich die schwedische Haltung zu nuklearer Bewaffnung nicht geändert habe.[451] Die drei Moderator:innen versuchten ihren einzigen Studiogast mehrmals zu der Aussage zu drängen, dass die schwedische Öffentlichkeit kein Mitspracherecht hätte, würde die NATO sich kollektiv entscheiden, Nuklearwaffen in Schweden zu stationieren. In einem eingespielten Erklärvideo heißt es: »Länder geben ihre Souveränität im Austausch gegen den Nuklearschirm auf.« Der Experte ließ sich von den provokativen und teils konfusen Fragen nicht aus der Ruhe bringen und beharrte auf seiner Aussage, dass sich an der nuklearen Strategie der NATO mit dem Beitritt Schwedens auf absehbare Zeit nichts ändern werde: »Sehen Sie, wie realistisch ist es, dass Nuklearwaffen in Schweden auftauchen? Wie? Warum?« Zum Ende der nur elf Minuten langen Sendung wurden die Moderator:innen immer unruhiger und unterbrachen ihn häufig. Als der Experte darauf hinwies, der russische Präsident habe selbst gesagt, dass Schweden und Finnland keine strategische Herausforderung für Russland darstellten, wurde die Sendung mit einem knappen Dank an Topychkanow abrupt beendet.

Der russische Experte tritt im IMEMO-Kanal mitnichten als Oppositioneller auf, sondern nimmt eine neutral-analytische Haltung ein. Diese mag ihn für manche als Gesprächspartner disqualifizieren, doch seine Einblicke, insbesondere in das nukleare Denken des Kremls, sind ungemein wertvoll für ein besseres Verständnis der russischen Abschreckungslogik. Und umgekehrt stellt er der russischen Propaganda öffentlich eine nüchterne Analyse der NATO-Abschreckung entgegen. Er erreicht damit potenziell ein Publikum, das westlichen Expert:innen verschlossen bleibt. Denn auch wenn beispielsweise die NATO einen russischsprachigen Twitter-Kanal betreibt, ist davon auszugehen, dass die Informationen, die dort geteilt werden, lediglich ein der NATO gegenüber ohnehin positiv eingestelltes Publikum erreichen.[452]

Zugegebenermaßen mag es sehr wenige Expert:innen wie Topychkanow im sicherheitspolitischen Bereich geben (oder auch Diplomat:innen, die noch bereit sind, auf einer vernünftigen Ebene mit westlichen Counterparts zu sprechen). Und auch für sie wird es immer schwieriger, ihre Netzwerke im Westen und in Russland aufrechtzuerhalten. Doch sie können, auch wenn sie sich nicht in oppositionellen Kreisen bewegen, zu einer Unterminierung von Propaganda auf russischer Seite beitragen und gleichzeitig die Kreml-Logik für den Westen übersetzen. Angesichts der Tatsache, dass der neue Kalte Krieg mit Russland auf unbegrenzte Dauer vorherrschen wird, täte das politische Berlin gut daran, Kommunikationskanäle zu einzelnen Forscher:innen und Akteur:innen aufrechtzuerhalten, die diese Art von Einblicken und Analysen liefern können. Zumindest Denkfabriken und akademische Einrichtungen sollten ihre Kontakte nicht vollständig abbrechen, auch wenn dies viel Fingerspitzengefühl erfordert. Die Entscheidung, mit wem ein Dialog aufrechterhalten werden kann, hängt weniger von gegenseitigem Vertrauen ab als vielmehr von einer sorgfältigen Abschätzung, ob die Einblicke, die ein russischer Experte oder eine Expertin liefern kann, von Nutzen für westliche Einrichtungen sind – mit anderen Worten: davon, was sich die jeweilige Person selbst von dem Austausch erwartet. Auch die Einschätzung ukrainischer Expert:innen kann ausgesprochen hilfreich bei der Auswahl von Gesprächspartner:innen sein. Insbesondere Netzwerke, in denen ukrainische und russische Expert:innen bereit sind, miteinander in Kontakt zu treten, sollten daher finanziell und ideell, aber auch beispielsweise durch die Bereitstellung sicherer Tagungsorte unterstützt werden.

Reflexionen junger ukrainischer und russischer Expert:innen

Bereits in den Jahren nach der illegalen Annexion der Krim war offensichtlich, dass die jüngere Generation in der gesamten euro-atlantischen Region ein schweres Erbe antreten würde. Die Spannungen nahmen zu, und die Kooperationsmöglichkeiten zwischen Russland und dem Westen schwanden. Heute steht die Generation derjenigen, die allmählich in einflussreiche Positionen aufrücken, sei es in den Außen- und Verteidigungsministerien, im diplomatischen Dienst oder als Wissenschaftler:innen und Expert:innen, vor den Ruinen einer europäischen Sicherheitsarchitektur, die nie ganz zusammengewachsen ist. Gleichzeitig bleibt ihnen wenig Zeit, eine generationelle Lücke zu füllen, die in vielen westlichen Ländern ab den 1990er-Jahren im sicherheitspolitischen Bereich entstanden ist. Strategische Stabilität und Abschreckung sowie die Verteidigung des NATO-Territoriums waren bis vor Kurzem keine Themen, die in den westlichen Hauptstädten ganz oben auf der Agenda standen. So nachvollziehbar diese Entwicklung war: Sie führte dazu, dass heute wichtige Expertise fehlt.

Gleichzeitig gibt es unter meinen Kolleg:innen viele außerordentlich kluge und fähige Expert:innen im sicherheits- und verteidigungspolitischen Bereich. Und es gibt immer noch ukrainische und russische Expert:innen, denen am gegenseitigen Austausch gelegen ist und die daran glauben, dass diese Kontakte langfristig einen Sinn haben. Es ist schwer zu beurteilen, ob diese punktuellen Gespräche Anlass zur Hoffnung geben. Doch ohne diese Initiativen gäbe es ihn definitiv nicht.

Zum Abschluss dieses Kapitels möchte ich daher junge ukrainische und russische Expert:innen aus dem politikwissenschaftlichen und zivilgesellschaftlichen Bereich, mit denen ich in den vergangenen Jahren zusammengearbeitet habe und die ich nach ihrer Meinung gefragt habe, zu Wort kommen lassen. Insbesondere hat mich interessiert, weshalb sie sich auch nach dem Beginn des Krieges dazu entschieden haben, im Austausch miteinander zu bleiben. Als unmittelbar Betroffene können sie ihre Beweggründe am besten artikulieren. Um die betreffenden Personen zu schützen, habe ich darauf verzichtet, ihre Namen sowie die Institute zu nennen, für die sie tätig sind. Es befinden sich darunter Stimmen von Ukrainer:innen, die in der Ukraine oder im Ausland leben, sowie von Russ:innen, die entweder noch in der Heimat leben oder geflohen sind.

***

»Es ergibt Sinn, mit russischen Expert:innen Meinungen auszutauschen, um Positionen, Verhandlungsgrenzen und Argumente dafür in einem ehrlichen Gespräch darzulegen, um den Eindruck zu vermeiden, dass einige offizielle Erklärungen ›top-down‹ abgegeben werden oder nur politisch sind, und um klarzustellen, dass diese von der ukrainischen Öffentlichkeit unterstützt werden. Die Bedingungen dafür, dass Kontakte möglich und sinnvoll sind, sind folgende: 1) Es darf keinen Versuch oder eine versteckte Agenda geben, Gespräche über Versöhnung, Wiederaufbau der Brüderlichkeit oder Völkerfreundschaft voranzutreiben; 2) es muss sichergestellt werden, dass es sich um rein förmliche Gespräche handelt; 3) Einhaltung der ›Chatham House Rule‹[453].« – *Ukrainische Expertin*

***

»Es wird viele Jahre dauern, Vertrauen und normalen Dialog in Europa wieder aufzubauen. Russlands Invasion wurde zu einem Ereignis, das mit den drei weitgehend friedlichen Dekaden, die auf den Kalten Krieg folgten, abgeschlossen hat. Die Spaltung ist groß und wird sicher noch wachsen. Dennoch sollte der Samen für zukünftige Kooperation bereits jetzt gepflanzt werden. Die Krise wird eines Tages vorüber sein, und wenn es so weit ist, braucht es Leute, die einander vertrauen und die den Frieden von Neuem aufbauen können.« – *Russischer Experte*

***

»Jeder Krieg endet irgendwann, und in Zukunft werden beide Konfliktparteien Akteur:innen brauchen, die die Notwendigkeit verstehen, miteinander Kontakt aufzunehmen, um weitere Konflikte oder sogar Kriege zwischen denselben Nachbarstaaten zu verhindern. Diese Akteur:innen müssen auch fähig sein, sich gegen Kritik aus dem Inneren ihrer jeweiligen Gesellschaften zu wappnen. Gleichzeitig müssen einige wichtige Voraussetzungen dafür gegeben sein, dass eine solche Annäherung stattfinden kann:

Auf der ukrainischen Seite bezieht sich dies vor allem auf die Frage der Gerechtigkeit – Russland muss sein Aggressionsverbrechen eingestehen und diejenigen russischen Vertreter:innen, die den Angriffskrieg begonnen haben, eindeutig verurteilen. Es sollte unbedingt eine eigene Vision präsentieren, wie sich die russische Gesellschaft mit der Ukraine versöhnen und ihre eigenen Fehler akzeptieren kann.

Es erscheint heute wie ein unrealistisches Szenario, aber wir sollten nicht vergessen, dass eine solche Versöhnung zwischen Frankreich und Deutschland nach drei verheerenden Kriegen innerhalb von 80 Jahren stattfand, als das Maß an Hass aufeinander ausgesprochen groß war. Doch es gelang den beiden Nationen, zunächst Westeuropa zu versöhnen und zu stabilisieren und dann den europäischen Einigungsprozess insgesamt voranzutreiben.

Dieses ehrgeizige Ziel – der dauerhafte und gerechte Frieden zwischen zwei Nationen als Grundlage einer wahren Versöhnung und damit Normalisierung – ist eine Aufgabe für die jetzige und kommende Generation von Ukrainer:innen und Russ:innen.« – *Ukrainischer Experte*

***

»Die Entscheidungen Präsident Putins haben das politische Umfeld in Russland ernsthaft destabilisiert und alle Voraussetzungen für einen Staatsstreich oder sogar eine Revolution geschaffen. Es ist nicht das erste Mal in der russischen Geschichte, dass die Regierung die öffentliche Meinung unterdrückt und massive Repressionen gegen die Zivilgesellschaft einleitet. Vor genau 100 Jahren evakuierten mehrere sogenannte ›philosophische Dampfschiffe‹ Dutzende herausragender Schriftsteller:innen, Professor:innen und Wissenschaftler:innen, die sich offen mit der sowjetischen Politik nicht einverstanden zeigten. Auch während des Kalten Krieges, nach dem Zusammenbruch der Sowjetunion und in anderen Zeiten verließen die Menschen Russland.

Heute hat Russland eine Militärzensur eingeführt, und es ist buchstäblich unmöglich, soziologische Methoden zu verwenden, um die Haltung des russischen Volkes gegenüber der Regierungspolitik zu ergründen.

Doch anders als zu Zeiten der ›philosophischen Dampfschiffe‹ zu Beginn des 20. Jahrhunderts gibt es heute mächtige politische Figuren, die unter den im Land verbliebenen und vor allem unter den ins Ausland geflohenen Russ:innen eine bemerkenswerte Unterstützung genießen. Diese Oppositionsführer:innen setzen ihre öffentliche politische Aktivität über das Internet, YouTube und soziale Medien fort. Ihr Publikum wuchs im Jahr 2022 immens, wächst weiter und umfasst heute vermutlich über 20 Millionen Menschen. Sie arbeiten eng mit europäischen und amerikanischen Politiker:innen und Entscheidungsträger:innen zusammen, und es ist sehr verständlich, dass der Westen der Ukraine so viel Aufmerksamkeit schenkt.

Während jedoch das Ziel der Unterstützung der Ukraine offensichtlich ist, scheint das Ziel in Bezug auf Russland unklar zu sein.

Meiner Meinung nach sollte dieses Ziel darin bestehen, eine neue verantwortungsvolle Führung zu unterstützen, die rationale außen- und innenpolitische Entscheidungen treffen würde. Außerdem muss der Dialog in Forschungs- und Bildungsinitiativen zwischen dem Westen und Russland weitergeführt werden.« – *Russischer Experte*

***

»Als junge ukrainische Expertin ist es mir immer noch möglich, mit meinen russischen Kolleg:innen zu sprechen, weil ich verstehe, dass es eine beträchtliche Anzahl von ihnen gibt, die einsehen, dass der russische Imperialismus enden muss. Auch sie hoffen auf einen Sieg der Ukraine: Wir haben gemeinsame Ziele. Das Reden lohnt sich, weil ich hoffe, dass sich die russische Opposition endlich zusammenschließt, was das beste Szenario ist, auf das alle hoffen. Ich möchte bestimmte Dinge von russischen Oppositionsexpert:innen lernen, und ich hoffe, sie lernen von den Ukrainer:innen unsere Denkweise des Widerstands, die ihre Wurzeln in der Einheit von Bürger:innen, Intellektuellen und unserer Diaspora hat.« – *Ukrainische Expertin*

Fazit

Das Anliegen dieses Buches war es, einen breit gefächerten Überblick über die verschiedenen Herausforderungen zu geben, vor denen die euro-atlantische Gemeinschaft nach dem Beginn des illegalen russischen Angriffskrieges auf die Ukraine steht. Im Mittelpunkt stand nicht nur eine Analyse des Problems und seines Ausmaßes, sondern insbesondere die Frage, was die europäischen Staaten – und vor allem Deutschland – tun können, um sich in Zukunft besser gegen die Aggressionen von russischer Seite zu wappnen. Die zugrunde liegende Annahme ist, dass sich die euro-atlantische Region auf einen neuen Kalten Krieg zubewegt, der dem ersten Kalten Krieg zwar in Teilen ähnelt, sich in vielen Bereichen jedoch maßgeblich von diesem unterscheidet. Nukleare Abschreckung spielt heute wieder eine herausgehobene Rolle, insofern als Russland sich einer unverantwortlichen nuklearen Rhetorik bedient und damit auch die NATO einschließlich ihrer Mitgliedstaaten in der nuklearen Teilhabe zu einem Umdenken zwingt.

Abschreckung und Verteidigung stehen sowohl bei der NATO als auch in den Nationalstaaten wieder hoch oben auf der Agenda. Diese Entwicklung ist bedauernswert, und doch haben die europäischen Staaten keine andere Wahl, als in ihre Verteidigung zu investieren und damit sowohl ihre eigene Sicherheit zu garantieren als auch den durch Russlands Angriffskrieg neu gestärkten Zusammenhalt der NATO aufrechtzuerhalten. Gleichzeitig wird die euro-atlantische Region in Zukunft nicht nur mit Herausforderungen im nuklearen und konventionell-militärischen Spektrum konfrontiert sein. Insofern als sich Russlands Strategie in der Ukraine als trügerisch herausgestellt hat, werden hybride Maßnahmen noch mehr als bisher in den Fokus rücken. Die Bandbreite des russischen hybriden Instrumentenkastens ist groß, und manche Aktivitäten erscheinen zu harmlos, als dass sich die europäischen Staaten in der Vergangenheit adäquat damit beschäftigt hätten. Doch wir müssen damit rechnen, dass die Perfidität der russischen hybriden Taktiken steigen wird und dass das Spektrum breiter und die Angriffe intensiver werden.

Moskaus Aktivitäten können heute zudem kaum noch isoliert betrachtet werden. Die Verbindung zwischen China und Russland ist ein Problem, mit dem sowohl NATO als auch EU konfrontiert sind und das sich bis in den Rüstungskontrollbereich auswirkt. Gleichzeitig gibt es Bereiche, etwa den nuklearen, in denen Peking ein Interesse hat, Russlands Tendenz zur Blockade multilateraler Prozesse einzudämmen. Hier ist eine konstruktive Kooperation zwischen Europa und Peking möglich – und auch wenn sich solche Möglichkeiten nur punktuell eröffnen, müssen sie genutzt werden, um Russlands destruktive Position auf internationaler Ebene weiter zu isolieren. Trotz Moskaus Ablehnung multilateraler wie auch bilateraler Gespräche in der Rüstungskontrolle wird es in Zukunft wichtig sein, dass sich die euro-atlantischen Akteure in der Risikoreduktion engagieren. Diese Frage wird maßgeblich definieren, ob wir einem hoch gefährlichen neuen Kalten Krieg entgegensehen oder ob zumindest die nuklearen Risiken (teilweise) eingehegt werden können. Hierzu müssen auch weiterhin diplomatische Kanäle offenstehen, die im Sinne einer Kompartmentalisierung ausschließlich für Gespräche über nukleare Risikoreduktion genutzt werden und nicht für Verhandlungen über den Status der Ukraine. Dies ist ein separates Thema, das Kiew selbst verhandeln muss, während nukleare Risikoreduktion ein Feld ist, dem sich vor allem die Atommächte widmen müssen.

Auch und gerade in Kriegszeiten muss eine feministische Haltung in der Außen- und Sicherheitspolitik eine wichtige Rolle spielen. Das Beispiel der Ukraine lehrt uns, weshalb dies kein Randthema für Friedenszeiten ist. Und schließlich hat dieses Buch auch versucht zu zeigen, dass ein professioneller Austausch auf Expert:innen-Ebene gerade zwischen der jüngeren Generation von Ukrainer:innen und Russ:innen, gemeinsam mit ihren europäischen und amerikanischen Counterparts, immer noch möglich ist – und auch weiter gefördert werden sollte. Man kann das verbrecherische Regime in Moskau verurteilen, doch die Kontakte zu solchen Expert:innen in Russland und außerhalb, die den Krieg verurteilen, sollten dennoch bestehen bleiben – unter anderem deswegen, weil sie uns ein besseres Verständnis der Strategie des Kremls vermitteln können. Außerdem kann es nicht in unserem Interesse sein, die Kontakte zwischen der jüngeren Generation von Russ:innen und ihren europäischen und amerikanischen Kolleg:innen vollständig einzustellen. Selbst wenn sich der neue Kalte Krieg über Jahre oder gar Jahrzehnte erstrecken sollte, müssen Anknüpfungspunkte mit der jüngeren und zukünftigen Generation von russischen Expert:innen erhalten bleiben.

Danksagung

Dieses Buch wäre nicht ohne die Unterstützung von Margrit und Carolin entstanden, die mir bei diversen Schreibblockaden und in anderen Lebenskrisen immer verlässlich zur Seite standen. Margrit möchte ich insbesondere für die akribischen Korrekturen danken und für ihr ehrliches, kluges Feedback. Carolin danke ich fürs Mutmachen, ihre unerschütterliche Empathie und die regelmäßige (und sehr willkommene) Ablenkung beim Kaffeetrinken. Werner und Franziska möchte ich für alles danken, was sie mir mitgegeben haben.

Ein besonderer Dank geht außerdem an meine beiden ehemaligen Forschungsdirektoren und guten Freunde Andreas Persbo und Sir Graham Stacey, die immer an mich geglaubt, mich ermutigt und mir den Rücken freigehalten haben. Zudem danke ich meinem Kollegen und guten Freund Nikita Gryazin, der mich mit seinen Russischkenntnissen und seinem scharfen, analytischen Verstand ganz außerordentlich bei der Recherche unterstützt hat. Ein herzlicher Dank geht außerdem an Sir Adam Thomson und das Team des European Leadership Network (ELN), die es mir ermöglicht haben, dieses Buch zu schreiben. Insbesondere meine Kollegin Sophie Taylor war mir eine große Hilfe dabei, mit Interviewpartner:innen in Kontakt zu treten.

Auch mein persönliches Umfeld hat mich sehr im Schreibprozess unterstützt – auf unterschiedliche Weise. Kristina hat mich mit zahlreichen Nachrichten aufgebaut und aufgeheitert. Natascha hat mich mit ihren intelligenten Ansichten, durch viele Gesprache und mit Katzenvideos motiviert. Patrick hat mir »unsichtbare« Türen geöffnet und mit mir jeden noch so abwegigen Gedanken durchdiskutiert. Daniel danke ich für unsere zahllosen Unterhaltungen beim Dinner, die mich inspiriert haben, die Dinge aus einem anderen Blickwinkel zu betrachten. Monika hat mich über die vergangenen Jahre hinweg stets ermutigt, meine Meinung zu sagen – und zwar laut.

Meiner Agentin Christine Proske möchte ich Danke sagen für die exzellente Betreuung und dafür, dass sie mich trotz meiner anfänglichen Zweifel überzeugt hat, dieses Buch zu schreiben. Ebenso bedanke ich mich bei Ramona Jäger und Jan Haas für die Anregungen und das ausgezeichnete Lektorat.

Ich danke auch meinen zahlreichen Gesprächspartner:innen, deren Einblicke mein Buch bereichern, darunter dem ehemaligen NATO-Generalsekretär Jaap de Hoop Scheffer, Botschafter a. D. Adam Kobieracki, dem ehemaligen litauischen Außenminister Linas Linkevičius, dem ehemaligen lettischen Verteidigungsminister Imants Liegis, dem ehemaligen Ständigen Vertreter Italiens bei der NATO, Botschafter a. D. Stefano Stefanini, sowie vielen weiteren Personen, die es bevorzugen, namentlich nicht genannt zu werden.

Meinen Mentoren Lord Des Browne und Bob Berls (†) danke ich von Herzen dafür, dass sie mich auf der Münchner Sicherheitskonferenz »entdeckt« und in die YGLN-Familie aufgenommen haben. Beide haben mir erlaubt, meinen Horizont in ungeahnter Weise zu erweitern.

Beeindruckt und inspiriert haben mich außerdem meine YGLN-Kolleg:innen durch ihren moralischen Kompass, ihren Mut und ihre weisen Gedanken.

Karin Schneider-Henn danke ich für ihre Unterstützung in schwierigen Zeiten.

Und schließlich geht mein Dank an Menschen, die mir unwissentlich geholfen haben. Stefan, der meine Wohnung geflutet hat, ermöglichte mir unbeabsichtigt ein sehr effektives Schreib-Retreat in Estland. Und den Baristas in meinem estnischen Lieblingscafé danke ich, dass sie mir mit stets gleichbleibend-distanzierter Freundlichkeit morgens meinen Hafer-Cappuccino hingestellt und mich stundenlang ungestört haben schreiben lassen.

Glossar

Abschreckungsdispositiv: Die Gesamtheit der nuklearen Fähigkeiten, über die ein Akteur verfügt, sowie die damit verbundene Strategie.

Atomwaffensperrvertrag siehe Nichtverbreitungsvertrag (NVV)

Atomwaffenverbotsvertrag (AVV): Völkerrechtlicher Vertrag, den die Generalversammlung der Vereinten Nationen 2017 angenommen hat. Der AVV ist 2022 in Kraft getreten und wurde von 68 Staaten ratifiziert (Stand Juli 2023). Er verbietet die Entwicklung, das Testen, die Produktion, den Besitz und die Lagerung sowie die Weiterverbreitung von Atomwaffen. Keiner der neun Atomwaffenstaaten ist dem AVV bisher beigetreten, dasselbe gilt für die NATO-Mitglieder.

Bündnis- und Landesverteidigung (BV/LV): Nach dem Ende des Kalten Krieges konzentrierte sich das Aufgabenspektrum der Bundeswehr auf das internationale Konflikt- und Krisenmanagement. Mit den zunehmenden Spannungen zwischen Russland und der NATO sowie insbesondere nach dem Beginn des russischen Angriffskriegs im Februar 2022 hat sich der Fokus nochmals in Richtung Verteidigung Deutschlands und des NATO-Territoriums verschoben.

Charta von Paris für ein neues Europa: Internationales Abkommen, das 1990 von den 34 Staats- und Regierungschefs der KSZE-Staaten verabschiedet wurde und das Ende des

Kalten Krieges besiegelte. Die Charta ruft ein »neues Zeitalter der Demokratie, des Friedens und der Einheit« aus und betont Leitziele wie Menschenrechte, Demokratie, Rechtsstaatlichkeit oder soziale Gerechtigkeit.

Compatriots: Bezeichnung der russischen Regierung für ethnische Russ:innen und russischsprachige Menschen insbesondere in den postsowjetischen Ländern. Der Kreml definiert diese Mitglieder der Diaspora als Teil einer kulturell homogenen »Russischen Welt«, die unter besonderem Schutz des Kremls steht. Vieles spricht dafür, dass Moskau diese Menschen gezielt instrumentalisiert, um im Ausland ein positives Russlandbild zu propagieren und das Meinungsbild in der Zivilgesellschaft auf eine russlandfreundliche Weise zu beeinflussen.

Deep Fakes: Täuschend echt wirkende, manipulierte Bilder, Audio- oder Video-Aufnahmen sowie Texte, die es den Betrachter:innen schwer machen, zwischen Realität und Fälschung zu unterscheiden. Deep Fakes werden in den sozialen Medien teils zu Unterhaltungszwecken eingesetzt, können aber auch von malignen Akteur:innen dazu benutzt werden, Desinformation zu streuen oder Menschen zu diskreditieren.

Feministische Außenpolitik: Sie geht davon aus, dass außen- und sicherheitspolitische Entscheidungen unter Berücksichtigung von Frauen und marginalisierten Gruppen getroffen werden müssen, um die Gesamtheit der Bevölkerung eines Landes angemessen und gerecht zu repräsentieren. Feministische Außenpolitik zielt zum einen darauf ab, einer strukturellen Diskriminierung in den Entscheidungsprozessen selbst entgegenzuwirken. Zum anderen lenkt sie den Fokus auf globale politische, wirtschaftliche, gesundheitliche und klimapolitische Leerstellen, die besonders vulnerable Menschen betreffen und bisher zu wenig Beachtung gefunden haben.

Gemeinsame Sicherheits- und Verteidigungspolitik (GSVP): Bestandteil der Gemeinsamen Außen- und Sicherheitspolitik der EU (GASP). Sie bietet den Mitgliedstaaten einen Rahmen, um ihre sicherheitspolitische Kultur weiterzuentwickeln und gemeinsam ihre Prioritäten zu definieren. Aufgrund der angespannten Lage in Europa seit der illegalen russischen Annexion der Krim gehört die GSVP zu denjenigen Politikbereichen der EU, die sich besonders schnell weiterentwickelt haben.

Genfer Abrüstungskonferenz (Conference on Disarmament, CD): Einziges multilaterales Verhandlungsforum über Abrüstung im nuklearen, biologischen und chemischen Bereich. Die CD dient nicht nur dem Austausch von Perspektiven oder der Erarbeitung von Empfehlungen für Abrüstungsschritte, sondern hat in der Vergangenheit erfolgreich Rüstungskontroll-, Nonproliferations- und Abrüstungsabkommen verhandelt, darunter den Nichtverbreitungsvertrag (NVV) und den Kernwaffenteststopp-Vertrag (CTBT). 65 Staaten sind Mitglied der CD, darunter die USA und Russland. Trotz der erfolgreichen Verhandlung verschiedener Abkommen gilt die 1979 etablierte, konsensbasierte CD heute als weitgehend blockiert.

Gespräche über die Limitierung strategischer Waffen (SALT I und II): In den 1960er-Jahren nahm das Wettrüsten zwischen den USA und der Sowjetunion an Fahrt auf und führte zur Entwicklung von antiballistischen Raketenabwehrsystemen. Besorgt über diese Dynamik, initiierten Washington und Moskau 1969 SALT I in Helsinki. Die Gespräche fanden über einen Zeitraum von zweieinhalb Jahren statt und führten zur Unterzeichnung des →Vertrags über die Begrenzung antiballistischer Raketenabwehrsysteme sowie eines Interimabkommens. Ab 1972 fanden die SALT-II-Gespräche statt. Der 1979 unterzeichnete SALT-II-Vertrag, der unter anderem die Anzahl an Trägersystemen für strategische Nuklearwaffen auf beiden Seiten begrenzen sollte, trat nie in Kraft.

Hybride Kriegsführung: Es gibt keine einheitliche Definition von hybrider Kriegsführung. Allgemein versteht man darunter eine Verwebung unterschiedlicher militärischer und paramilitärischer Methoden, die parallel eingesetzt werden, um einen potenziellen Gegner auf unterschiedliche Weise zu destabilisieren. Diese Methoden können im politischen, geheimdienstlichen und wirtschaftlichen Bereich, in den Medien und im Cyberraum eingesetzt werden. Üblicherweise verwischen hybride Taktiken die klare Trennlinie zwischen Krieg und Frieden und erschweren eine moralische und völkerrechtliche Einschätzung von Handlungen.

Hyperschallraketen: Konventionell oder nuklear bestückte Langstreckenraketen, die mit einer Geschwindigkeit von mindestens Mach 5 (fünffache Schallgeschwindigkeit) fliegen. Sowohl die USA als auch Russland und China verfolgen entsprechende Aufrüstungsprogramme. Es wird vermutet, dass Moskau und Peking nuklear bestückte Hyperschallwaffen entwickeln. Dagegen fokussieren sich die USA bisher auf die konventionelle Variante.

INF-Vertrag: Vertrag von 1987 über das Verbot von Kurz- und Mittelstreckenraketen. Er wurde von den ehemaligen Präsidenten Reagan und Gorbatschow ausgehandelt und führte zu einer Entspannung zwischen der Sowjetunion und dem Westen. Der INF-Vertrag verbannte sowohl nukleare als auch konventionell bestückte, landgestützte Raketen mit einer Reichweite zwischen 500 und 5.500 km aus Europa.

Lawfare: Die Instrumentalisierung von Rechtsmitteln mit dem Ziel, der gegnerischen Seite zu schaden. Während es legitim ist, dass Akteur:innen Rechtsmittel zur Durchsetzung eigener Interessen nutzen, zielt Lawfare bewusst auf die Schädigung der anderen Seite ab und ist Teil eines größeren Sets an hybriden Methoden (siehe auch →Hybride Kriegsführung).

Nationale Sicherheitsstrategie: Dokument, in dem Staaten, die dies als sinnvoll erachten, ihre strategischen Prioritäten festhalten. Üblicherweise werden in einer derartigen Strategie die außen- und sicherheitspolitischen sowie die militärischen Ziele eines Staates skizziert, ebenso wie die Bedrohungslage, der sich ein Land ausgesetzt sieht.

New-START-Vertrag: Bilateraler Vertrag zwischen den USA und Russland, der 2011 in Kraft trat und 2026 ausläuft. New START legt quantitative Obergrenzen für die strategischen offensiven Nuklearwaffen beider Länder sowie deren Trägersysteme, wie zum Beispiel schwere Bomber und Interkontinentalraketen sowie deren Abschussvorrichtungen, fest. Diese Obergrenzen wurden durch gegenseitige Verifikationsmaßnahmen wie etwa Vor-Ort-Inspektionen und jährliche Datenaustausche überprüft. Im Februar 2023 verkündete Moskau, die Implementierung des Vertrags auszusetzen, ohne ihn formal zu kündigen.

Nichtverbreitungsvertrag (NVV): 1970 in Kraft getretener völkerrechtlicher Vertrag, dem heute 191 Staaten, darunter auch die Atomwaffenstaaten USA, Russland, China, Frankreich und Großbritannien, angehören. Der NVV stützt sich auf drei sogenannte Grundpfeiler: die Nichtverbreitung von Atomwaffen, die Abrüstung von Atomwaffen sowie die friedliche Nutzung von Kernenergie. Er wird von der Staatengemeinschaft als effektives Instrument angesehen, die Verbreitung von Atomwaffen zu verhindern; gleichzeitig wird vonseiten der Nicht-Atomwaffenstaaten kritisiert, dass der NVV keine Fortschritte in der Abrüstung erziele. Die Atomwaffenstaaten Indien, Israel und Pakistan sind dem Vertrag nie beigetreten, Nordkorea hat ihn 2003 verlassen, um ein eigenes Nuklearprogramm zu starten.

Nonproliferation: Die Nichtverbreitung von Atomwaffen. Üblicherweise ist hiermit die sogenannte horizontale Nonproliferation gemeint, die darauf abzielt zu verhindern, dass neue Atomwaffenbesitzer hinzukommen. Vertikale Nonproliferation dagegen hat zum Ziel, die Weiterentwicklung neuer Typen von Atomwaffen und ihrer Trägersysteme zu verhindern, beispielsweise durch Abrüstung oder das Verbot bestimmter Waffengattungen.

Nuclear Posture Review (NPR): Dokument, das der US-Regierung dazu dient, ihre Nuklearwaffenpolitik gegenüber ihrer eigenen Bevölkerung sowie nach außen zu kommunizieren. Üblicherweise wird die NPR kurz nach dem Amtsantritt einer neuen Regierung veröffentlicht, zuletzt 2022 von der Biden-Administration. Sie legt dar, welche Rolle die USA ihrem Nuklearwaffenarsenal zuschreiben und unter welchen Umständen ein Einsatz von Atomwaffen aus Sicht der Regierung denkbar wäre. Die NPR kann auch Anhaltspunkte darüber liefern, ob und inwiefern die USA ihr Arsenal modernisieren bzw. neue Waffentypen einführen.

Nukleare Teilhabe: Offizielle Praxis der NATO, der zufolge fünf Nicht-Atomwaffenstaaten in der Allianz (Belgien, Deutschland, Italien, die Niederlande und die Türkei) amerikanische Freifallbomben auf ihrem Territorium stationiert haben. Diese könnten im Ernstfall von denjenigen dieser Nationen, die über Doppelrollen-Kampfjets verfügen (alle bis auf die Türkei), ans Ziel transportiert werden. Schätzungen zufolge sind ca. 200 amerikanische B-61-Bomben in Europa stationiert. Die nukleare Teilhabe ist eine Komponente der NATO-Abschreckung neben der amerikanischen erweiterten Abschreckung sowie den eigenständigen nuklearen Fähigkeiten Frankreichs und Großbritanniens. Entgegen einer weitverbreiteten Annahme stellt die nukleare Teilhabe keinen Bruch des NVV dar.

P5-Format: Als P5 oder Permanent 5 werden die fünf ständigen Mitglieder des Sicherheitsrates der Vereinten Nationen bezeichnet. Die USA, Russland, China, Frankreich und Großbritannien treffen sich seit 2009 regelmäßig im P5-Format, um über Schritte der nuklearen Risikoreduktion zu diskutieren. Das Format fand selbst nach dem Beginn von Russlands Angriffskrieg auf die Ukraine weiterhin statt. Im August 2022 tagten die P5 während der Konferenz zum →Nichtverbreitungsvertrag (NVV) in New York.

Peacekeeping: Friedenssicherung oder Peacekeeping wird in der Regel durch UNO-Friedensmissionen durchgeführt, die Waffenstillstände zwischen den Konfliktparteien überwachen und/oder Friedensverhandlungen unterstützen. Beim Peacekeeping wirken verschiedene militärische und zivile Elemente zusammen.

Presidential Nuclear Initiatives (PNIs): Abfolge unilateraler, reziproker Maßnahmen nach dem Ende des Kalten Krieges. Sowohl der amerikanische als auch der russische Präsident ordneten im Zuge dieser Initiativen die Abrüstung ganzer Kategorien von Nuklearwaffen aus ihren jeweiligen Arsenalen an. So führten die PNIs zum Beispiel dazu, dass es heute keine nukleare Artillerie und nuklearen Granaten mehr gibt. Die PNIs waren zum einen eine gute Gelegenheit, teure Waffen loszuwerden, und sorgten zum anderen für eine weitere Verbesserung des Klimas zwischen West und Ost in den frühen 1990er-Jahren.

Schlussakte von Helsinki: Abschlussdokument der Konferenz über Sicherheit und Zusammenarbeit in Europa (KSZE, ab 1995 Organisation für Sicherheit und Zusammenarbeit in Europa, OSZE), das 1975 von 35 Teilnehmerstaaten unterzeichnet wurde. Zu den Signataren zählten sämtliche europäische Staaten (außer Albanien und Andorra) sowie die Sowjetunion, die USA und Kanada. Die Schlussakte dokumentierte den Willen zur Zusammenarbeit in unterschiedlichen Bereichen. Hierzu zählten vertrauensbildende Maßnahmen und Zusammenarbeit in Wirtschaft, Wissenschaft, Technik und Umwelt sowie im humanitären Bereich.

START-Verträge: START I wurde 1991 von den USA und der Sowjetunion unterzeichnet und trat 1994 mit fünf Vertragsparteien (USA und Russland sowie den drei damals nuklearwaffenfähigen Nachfolgestaaten Belarus, Ukraine und Kasachstan) in Kraft. Es handelte sich um den ersten Vertrag, mit dem sich beide Seiten dazu verpflichteten, ihre strategischen offensiven Nuklearwaffen zu reduzieren. START I lief 2009 aus und wurde 2011 von →New START ersetzt. Der 1993 unterzeichnete START-II-Vertrag trat nie in Kraft.

Strategische Nuklearwaffen: Es gibt keine einheitliche Definition, die besagt, wann einer Nuklearwaffe ein strategischer oder nichtstrategischer Charakter zugeschrieben wird. Die Atomwaffenstaaten haben hier zum Teil unterschiedliche Auffassungen: Frankreich beispielsweise macht dies von der französischen Abschreckungsdoktrin und deren Zielen abhängig, während Russland eher die technischen Aspekte der Waffen in den Vordergrund stellt. In der Regel werden Nuklearwaffen meist dann strategische Charakteristika zugeschrieben, wenn sie eine interkontinentale Reichweite (über 5.500 km) und große Sprengkraft besitzen (über 100 Kilotonnen TNT-Äquivalent). Hierzu gehören beispielsweise die landgestützten amerikanischen und russischen ballistischen Interkontinentalraketen (ICBMs).

Strategischer Kompass (EU): 2022 verabschiedeter Aktionsplan für die Stärkung der europäischen Sicherheit und Verteidigung, der gleichzeitig eine gemeinsame Bewertung des strategischen Umfeldes vornimmt, in dem sich die EU-Staaten befinden. Er sieht eine größere militärische Mobilität der EU sowie eine neue Schnelleingreiftruppe vor. Außerdem strebt der Kompass ein besseres EU-Instrumentarium gegen hybride Bedrohungen an und will die EU im Bereich der Cybergefahren, im maritimen Bereich und im Weltraum stärken.

Strategisches Konzept (NATO): Öffentlich zugängliches Kerndokument der Allianz, in dem die strategische Ausrichtung und sicherheitspolitische Prioritäten festgelegt werden. Darüber hinaus beschreibt das Konzept das strategische Umfeld, in dem sich die NATO verortet. Durchschnittlich alle zehn Jahre gibt die Allianz ein neues Strategisches Konzept heraus, zuletzt im Sommer 2022.

Taktische Nuklearwaffen: Als taktische (oft auch sub-/nichtstrategische) Nuklearwaffen werden diejenigen Waffen bezeichnet, die eine Reichweite von höchstens 500 km sowie eine kleinere Sprengkraft haben und in der Regel für den Einsatz gegen taktische Ziele auf dem Gefechtsfeld gedacht sind. Die Bezeichnung ist umstritten: So kann beispielsweise nach französischer Lesart die Unterscheidung taktisch/strategisch nicht an der Reichweite festgemacht werden. Einige Expert:innen argumentieren, dass in Europa stationierte Nuklearwaffen kleinerer Reichweite einen strategischen Effekt haben – beispielsweise, wenn sie Hauptstädte erreichen könnten.

Vertrag über die Begrenzung antiballistischer Raketenabwehrsysteme (ABM-Vertrag): Der ABM-Vertrag zwischen den USA und der Sowjetunion (später Russland) trat 1972 in Kraft und wurde 2002 von der Bush-Regierung aufgekündigt. Er begrenzte auf beiden Seiten die Möglichkeiten zur Stationierung von Raketenabwehrsystemen und sollte damit die Anreize vermindern, mit strategischen offensiven Waffen aufzurüsten, um die Zweitschlagsfähigkeit zu erhalten.

Vertrag über die Nichtverbreitung von Kernwaffen → siehe Nichtverbreitungsvertrag (NVV)

Vertrag über Konventionelle Streitkräfte in Europa (KSE-Vertrag): Vertrag, der 1990 zwischen den damaligen NATO-Staaten und den Mitgliedern des Warschauer Paktes geschlossen wurde und 1992 in Kraft trat. Kernziel des Vertrags war die Herstellung eines konventionellen militärischen Gleichgewichts in Europa auf einem niedrigen Niveau. Der KSE-Vertrag ebnete zunächst erfolgreich den Weg für die Abrüstung von 60.000 schweren Waffensystemen. Er hat in den vergangenen zwei Jahrzehnten und somit bereits vor Russlands formalem Austritt im Juni 2023 sukzessive an Bedeutung verloren.

Vertrag über den Offenen Himmel (OH): Der Vertrag wurde 1992 von 27 NATO-Staaten und den Mitgliedern des ehemaligen Warschauer Paktes unterzeichnet und trat 2002 in Kraft. Vor dem Austritt der USA (2020) und Russlands (2021) hatte der OH zuletzt 34 Mitgliedstaaten. Der OH regelt eine jährlich vereinbarte Anzahl an Beobachtungsflügen zwischen den Vertragsstaaten, welche der Vertrauensbildung und Transparenz dienen. Mit dem Austritt der USA und Russlands hat der OH signifikant an Bedeutung verloren.

Anmerkungen

1 Vgl. Twitter-Kanal des ukrainischen Verteidigungsministeriums (@DefenceU) am 21.04.2023, https://twitter.com/DefenceU/status/1649246577205350400

2 Andrei Kolesnikov: *Putin's War Has Moved Russia From Authoritarianism to Hybrid Totalitarianism*, Carnegie Endowment, 19.04.2022, https://carnegieendowment.org/2022/04/19/putin-s-war-has-moved-russia-from-authoritarianism-to-hybrid-totalitarianism-pub-86921

3 Vgl. University Consortium: *The UC Interview Series: Sir Roderic Lyne*, https://uc.web.ox.ac.uk/article/the-uc-interview-series-sir-roderic-lyne

4 Vgl. Centre for Science and Policy: *Sir Tony Brenton*, https://www.csap.cam.ac.uk/network/tony-brenton/

5 Vgl. University Consortium: *The UC Interview Series: Sir Roderic Lyne*, https://uc.web.ox.ac.uk/article/the-uc-interview-series-sir-roderic-lyne

6 Tony Brenton: *Russia/Ukraine What Next?* Asia Leaders Series, https://asialeadersseries.blob.core.windows.net/uploads/a999ab2f-0b44-42ad-b777-f85d5f25b2c8-Sir_Tony_Brenton_-_Russia_Ukraine_Crisis.pdf

7 Die Anspielung des Akronyms »MAD« auf das englische Adjektiv »mad« – »verrückt« oder »wahnsinnig« – ist sicherlich kein Zufall.

8 Diese Lücke zwischen dem sowjetischen und dem amerikanischen Arsenal gegen Ende der 1980er-Jahre erklärt sich aus der Entwicklung der jeweiligen Bestände seit den 1940er-Jahren. Den amerikanischen Vorsprung in der Atomwaffenproduktion holte die Sowjetunion zunächst nur langsam auf. Während die USA Mitte der 1960er-Jahre um die 30.000 Sprengköpfe in ihrem Arsenal hatten, war das sowjetische Arsenal zu dieser Zeit nur etwa ein Zehntel

so groß. Erst 1977 hatte Moskau Washington eingeholt und bald auch überholt. Die USA waren in den 1970er-Jahren bereits dabei, ihr Arsenal zu verkleinern, während Moskau weiterhin quantitativ aufrüstete. 1986, drei Jahre nach der »Able Archer«-Übung der NATO, welche die Sowjetunion als Vorbereitung auf einen nuklearen Angriff missinterpretiert hatte, hatte Moskaus Arsenal einen Höchststand von 40.000 Sprengköpfen erreicht. Erst ab Mitte der 1980er-Jahre schrumpfte das sowjetische Arsenal ebenfalls. Siehe Hans M. Kristensen & Robert S. Norris (2013): *Global nuclear weapons inventories, 1945–2013*, Bulletin of the Atomic Scientists, 69:5, 75–81, DOI: 10.1177/0096340213501363.

9 Aktuell betragen die Verteidigungsausgaben etwas über drei Prozent. Vgl. The World Bank Data: *Military expenditure (% of GDP) – United States*, https://data.worldbank.org/indicator/MS.MIL.XPND.GD.ZS?locations=US

10 Federation of the American Scientists, *Russian Military Budget*, https://nuke.fas.org/guide/russia/agency/mo-budget.htm

11 Alle Zahlen sind folgendem Beitrag entnommen: Hans M. Kristensen & Robert S. Norris (2013): *Global nuclear weapons inventories, 1945–2013*, Bulletin of the Atomic Scientists, 69:5, 75–81, DOI: 10.1177/0096340213501363.

12 Diese sind natürlich auch heute noch irrsinnig groß, mit jeweils über 5.000 Sprengköpfen; siehe Hans M. Kristensen & Matt Korda (2022*): United States nuclear weapons, 2022*, Bulletin of the Atomic Scientists, 78:3, 162–184, DOI: 10.1080/00963402.2022.2062943 sowie Hans M. Kristensen & Matt Korda (2022): *Russian nuclear weapons, 2022*, Bulletin of the Atomic Scientists, 78:2, 98–121, DOI: 10.1080/00963402.2022.2038907. Unter diese Gesamtzahlen fallen allerdings neben stationierten und nichtstationierten Sprengköpfen auch diejenigen Waffen, die bereits ausrangiert sind, aber noch nicht den technischen Prozess der Abrüstung durchlaufen haben. Auf amerikanischer Seite sind dies über 1.700 Sprengköpfe, auf russischer Seite 1.500.

13 Es gibt unterschiedliche Bezeichnungen für diese Art von Atomwaffen mit kurzer Reichweite (bis 500 km). Teilweise werden sie als taktische, teils aber auch als nichtstrategische Atomwaffen oder auch im Englischen als »theatre nuclear weapons« bezeichnet. Letzterer Begriff legt den Einsatz innerhalb des »Schlachtfeldes« (in diesem Fall potenziell Europa) nahe.

14 NATO: *Das strategische Konzept des Bündnisses (1999)*, www.nato.int/cps/de/natohq/official_texts_27433.htm

15 Hierzu können beispielsweise Gespräche zwischen Expert:innen,

Diplomat:innen und/oder Vertreter:innen der Außen- und Verteidigungsministerien gehören, die sich über ihre jeweiligen strategischen Dokumente austauschen und Fragen, mögliche Ambiguitäten und unklare Punkte erörtern.

[16] Vgl. OSZE: *Konferenz über Sicherheit und Zusammenarbeit in Europa, Schlussakte*, www.osce.org/files/f/documents/6/e/39503.pdf

[17] https://1997-2001.state.gov/regions/eur/fs_nato_whitehouse.html

[18] The Guardian: *Nato expels eight members of Russia's mission for spying*, 06.10.2021, www.theguardian.com/world/2021/oct/06/nato-expels-eight-members-of-russias-mission-for-spying

[19] Deutscher Bundestag: *Wortprotokoll der Rede Wladimir Putins im Deutschen Bundestag am 25.09.2001*, www.bundestag.de/parlament/geschichte/gastredner/putin/putin_wort-244966

[20] Die europäische strategische Autonomie im Sinne einer weitgehenden Abkopplung von den USA ist auch heute noch ein Konzept, das diejenigen russischen Analyst:innen, die immer noch in Kontakt mit ihren westlichen Counterparts stehen, gerne bemühen.

[21] In Medien wie dem *Spiegel* und dem Deutschlandfunk wurde dagegen zu Recht auf den eigentlichen Zweck der Rede hingewiesen – nämlich darauf, das brutale Vorgehen der russischen Führung in Tschetschenien zu rechtfertigen.

[22] Deutscher Bundestag: *Wortprotokoll der Rede Wolfgang Thierses anlässlich des Putin-Besuchs vom 25.09.2001*, www.bundestag.de/parlament/geschichte/gastredner/putin/thierse_wort-244970

[23] Uwe Halbach (2004): *Gewalt in Tschetschenien – Ein gemiedenes Problem internationaler Politik*, SWP-Studie S 04, www.swp-berlin.org/publikation/gewalt-in-tschetschenien-gemiedenes-thema

[24] Estland, Lettland, Litauen, Bulgarien, Rumänien, die Slowakei und Slowenien.

[25] NATO: *Rede von Außenminister Antanas Valionis vor dem Nordatlantikrat, 2. April 2004*, www.nato.int/docu/speech/2004/s040402i.htm

[26] NATO: *Rede von Außenministerin Kristiina Ojuland vor dem Nordatlantikrat, 2. April 2004*, www.nato.int/docu/speech/2004/s040402f.htm

[27] NATO: *Rede von Außenminister Rihards Piks vor dem Nordatlantikrat, 2. April 2004*, www.nato.int/docu/speech/2004/s040402a.htm

[28] Gespräch zwischen dem ehemaligen Verteidigungsminister Litauens, Linas Linkevičius, und der Autorin (online) am 28. September 2022.

[29] Vgl. Sabine Fischer (2016): Die russische Politik in den ungelösten Konflikten. In: Sabine Fischer (Hg.): *Nicht eingefroren! Die ungelösten Konflikte um Transnistrien, Abchasien, Südossetien und Berg-Karabach im Lichte der Krise um die Ukraine*, SWP-Studie S 13, www.swp-berlin.org/publications/products/studien/2016S13_fhs.pdf

[30] Elf, wenn man Ostdeutschland dazuzählt.

[31] NATO: *Declaration of the Heads of State and Government*, 11.01.1994, www.nato.int/cps/en/natohq/official_texts_24470.htm?mode=pressrelease

[32] OSZE: *Konferenz über Sicherheit und Zusammenarbeit in Europa, Schlussakte*, www.osce.org/files/f/documents/6/e/39503.pdf

[33] Vgl. OSZE: Charta von Paris für ein Neues Europa, 21.11.1990, www.osce.org/de/mc/39518

[34] Litauen erlangte am 11. März 1990 seine Unabhängigkeit, Lettland am 4. Mai 1990, Estland erst am 20. August 1991.

[35] Vgl. Ralf Fücks & Christoph Becker: *Factcheck: Encirclement of Russia?* 07.05.2018, https://libmod.de/en/factcheck-encirclement-of-russia/

[36] Dabei handelt es sich um die Übungen »Vostok«, »Tsentr«, »Zapad« und »Kavkaz«, die jeweils im vierjährigen Turnus in unterschiedlichen Militärdistrikten Russlands sowie in Kooperation mit wechselnden Partnernationen stattfinden. 2023 steht eine »Zapad«-Übung im Westlichen Militärdistrikt an, 2024 wird »Kavkaz« im Südlichen Militärdistrikt durchgeführt.

[37] Dave Johnson: *ZAPAD 2017 and Euro-Atlantic security*, NATO Review, 14.12.2017, www.nato.int/docu/review/articles/2017/12/14/zapad-2017-and-euro-atlantic-security/index.html

[38] The Guardian, *Ukraine has offered neutrality in talks with Russia – what would that mean?* 30.03.2022, www.theguardian.com/world/2022/mar/30/ukraine-offer-neutrality-meaning-constitution-russia-what-does-neutral-status-country-mean-how-would-it-work

[39] Vgl. Ralf Fücks & Christoph Becker: *Factcheck: Encirclement of Russia?* 07.05.2018, https://libmod.de/en/factcheck-encirclement-of-russia/

[40] Den Vertrag über den Offenen Himmel, der in Kapitel 6 noch Thema sein wird, hat Russland gebrochen, indem es bestimmte Vertragsregularien mit seiner Anerkennung der beiden Regionen Südossetien und Abchasien als unabhängige Staaten in Verbindung brachte. So beharrte Moskau auf einer Flugverbotszone zwischen dem Vertragsstaat Georgien und den beiden Regionen, die Moskau nicht als Vertragspartner ansah.

41 NATO: *Bucharest Summit Declaration*, 2008, www.nato.int/cps/en/natolive/official_texts_8443.htm. Der Wortlaut im englischen Original (Paragraph 23 der Erklärung) ist wie folgt: »NATO welcomes Ukraine's and Georgia's Euro-Atlantic aspirations for membership in NATO. We agreed today that these countries will become members of NATO.«

42 Deutsche Welle: *Merkel ›stands by‹ 2008 NATO decision after Zelenskyy jab*, 04.04.2022, www.dw.com/en/merkel-stands-by-past-ukraine-nato-decision-after-zelenskyy-criticism/a-61359003

43 Nils Schmid: *Nord Stream 2 – Why the US-German agreement is the right way forward*, European Leadership Network, 15.09.2021, www.europeanleadershipnetwork.org/commentary/nord-stream-2-why-the-us-german-agreement-is-the-right-way-forward/

44 Ivana Kottasová & Anna Chernova: *Putin signs expanded anti-LGBTQ laws in Russia, in latest crackdown on rights*, CNN aktualisiert am 05.12.2022, https://edition.cnn.com/2022/12/05/europe/russia-lgbtq-propaganda-law-signed-by-putin-intl/index.html

45 Tatsächlich handelt es sich bei den Kämpfern in der Ukraine fast ausnahmslos um männliche Soldaten. Wie sich das Verhältnis von männlichen und weiblichen Soldat:innen in den russischen Streitkräften darstellt, wird in Kapitel 7 diskutiert.

46 MDR: *Atomare Bedrohung durch Moskau – Sowjetische Atombombenziele in der Bundesrepublik*, 27.09.2022, www.mdr.de/geschichte/ddr/kalter-krieg/russland-udssr-atombombe-bundesrepublik-100.html

47 Vgl. Center for Arms Control and Non-Proliferation: *Fact Sheet – U.S. Nuclear Weapons in Europe*, 18.08.2021, https://armscontrolcenter.org/fact-sheet-u-s-nuclear-weapons-in-europe/

48 Das Thema Reduzierung nuklearer Risiken wird in Kapitel 6 ausführlicher diskutiert.

49 Vgl. Otfried Nassauer (2005): *50 Jahre Nuklearwaffen in Deutschland.* In: Bundeszentrale für Politische Bildung, APuZ »50 Jahre Bundeswehr«, www.bpb.de/shop/zeitschriften/apuz/29044/50-jahre-nuklearwaffen-in-deutschland/

50 Ebd.

51 Vgl. Ralph Dietl (2006): *In Defence of the West – General Lauris Norstad, NATO Nuclear Forces and Transatlantic Relations 1956–1963.* In: Diplomacy & Statecraft Vol. 17, DOI: 10.1080/09592290600695334.

52 Agnes Steinbauer: *Aufstand des Gewissens*, Deutschlandfunk,

09.04.2007, www.deutschlandfunk.de/aufstand-des-gewissens-100.html

53 20 Prozent waren unentschieden. Vgl. Bundesarchiv: *Entwurf einer Antwort der Bundesregierung auf die Große Anfrage der SPD betr. Atomwaffen (Bundestagsdrucksache Nr. 3347), BMVtg*, www.bundesarchiv.de/cocoon/barch/0000/k/k1957k/kap1_2/kap2_20/para3_1.html#d8e85_rueck

54 Georg-August-Universität Göttingen: *Text des Göttinger Manifests der Göttinger 18*, www.uni-goettingen.de/de/text+des+göttinger+manifests/54320.html

55 Bundesarchiv: *Entwurf einer Antwort der Bundesregierung auf die Große Anfrage der SPD betr. Atomwaffen (Bundestagsdrucksache Nr. 3347), BMVtg*, www.bundesarchiv.de/cocoon/barch/0000/k/k1957k/kap1_2/kap2_20/para3_1.html#d8e85_rueck

56 Deutscher Bundestag: *209. Sitzung*, 10.05.1957, https://dserver.bundestag.de/btp/02/02209.pdf

57 Traditionell hatte die öffentliche Meinung in Deutschland wenig Einfluss auf politische Entscheidungen bzgl. Nuklearwaffen. Vgl. Manuel Lafont Rapnouil, Tara Varma & Nick Witney (2018): *Eyes tight shut – European attitudes towards nuclear deterrence*, European Council on Foreign Relations, https://ecfr.eu/special/eyes_tight_shut_european_attitudes_towards_nuclear_deterrence/#

58 NATO: *Strategic Concept 2022*, www.nato.int/strategic-concept/

59 Diese werden in den kommenden Jahren durch neue Bomben des Typs B61-12 ersetzt.

60 Matthias Gebauer & John Goetz: *USA haben Nuklear-Arsenal in Ramstein geräumt*, Spiegel Online, 09.07.2022, www.spiegel.de/wissenschaft/mensch/atomwaffen-in-deutschland-usa-haben-nuklear-arsenal-in-ramstein-geraeumt-a-493451.html

61 Bundesregierung: *Weißbuch 2016*, www.bmvg.de/resource/blob/13708/015be272f8c0098f1537a491676bfc31/weissbuch2016-barrierefrei-data.pdf

62 NATO: *Speech by NATO Secretary General Jens Stoltenberg at the German Atlantic Association ›NATO Talk‹ Conference 2021, 19.11.2021*, www.nato.int/cps/en/natohq/opinions_188772.htm (eigene Übersetzung).

63 NATO: *Founding Act*, 27.05.1997, www.nato.int/cps/su/natohq/official_texts_25468.htm

64 Vgl. John R. Deni: *The NATO-Russia Founding Act – A Dead Letter*, Carnegie Europe, 29.06.2017, https://carnegieeurope.eu/strategiceurope/71385

65 Bundesregierung: *Regierungserklärung der Kanzlerin*, 07.07.2016,

www.bundesregierung.de/breg-de/service/archiv/alt-inhalte/merkel-nato-fuer-abschreckung-und-dialog-270392

66 Lediglich das Weißbuch stellt halbherzig fest, dass Deutschlands Rolle in der nuklearen Teilhabe der NATO einhergeht »mit dem Bekenntnis Deutschlands zu dem Ziel, die Bedingungen für eine nuklearwaffenfreie Welt zu schaffen«. Eine echte Debatte, wie man konstruktiv mit diesem inhärenten Widerspruch umgehen kann, fehlte jedoch.

67 The White House: *Remarks By President Barack Obama In Prague As Delivered*, 05.04.2009.

68 Abgeordnetenwatch.de: *Wahlprogramm zur Bundestagswahl 2009 der Freien Demokratischen Partei*, www.abgeordnetenwatch.de/sites/default/files/election-program-files/fdp_wahlprogramm_btw2009.pdf

69 Abgeordnetenwatch.de: *Wahlprogramm zur Bundestagswahl 2005 der Freien Demokratischen Partei*, www.abgeordnetenwatch.de/sites/default/files/election-program-files/fdp_wahlprogramm_btw2005.pdf

70 Abgeordnetenwatch.de: *Das Regierungsprogramm der SPD 2009*, www.abgeordnetenwatch.de/sites/default/files/election-program-files/spd_wahlprogramm_btw2009.pdf

71 Abgeordnetenwatch.de: *Regierungsprogramm 2009-2013 der CDU/CSU*, www.abgeordnetenwatch.de/sites/default/files/election-program-files/cdu-csu_wahlprogramm_btw2009.pdf

72 Faz.net: *Westerwelle will atomwaffenfreies Deutschland*, aktualisiert am 24.10.2009, www.faz.net/aktuell/politik/wahljahr-2009/bundestagswahl/designierter-aussenminister-westerwelle-will-atomwaffenfreies-deutschland-1865895.html

73 Bundestag: *Antrag der Fraktionen CDU/CSU, SPD, FDP und BÜNDNIS 90/DIE GRÜNEN – Deutschland muss deutliche Zeichen für eine Welt frei von Atomwaffen setzen*, 24.03.2010, https://dserver.bundestag.de/btd/17/011/1701159.pdf

74 Mit Global Zero ist eine Abrüstung aller weltweit stationierten Atomwaffen gemeint. Der Begriff wird seit Obamas Rede in Prag gerne von der Friedensbewegung und der Zivilgesellschaft verwendet.

75 Die Tatsache, dass Russland beide Regionen als unabhängige Staaten begreift – eine Ansicht, die lediglich von einer Handvoll weiterer Staaten geteilt wird –, war ein wichtiger Aspekt, der zur Erosion eines bedeutenden Abkommens zwischen Russland und dem Westen, dem Vertrag über den Offenen Himmel, führte. Dieses Abkommen wird in Kapitel 6 thematisiert.

[76] Diese Annahme würde nicht nur den Einfluss Deutschlands überschätzen, sondern auch die größeren geopolitischen Ambitionen Russlands und seine Interessen in der von Russland selbst definierten Einflusssphäre.

[77] Der ca. 80 km lange Suwalki-Korridor befindet sich an der Grenze zwischen Polen und Litauen und verbindet zugleich Belarus mit der russischen Exklave Kaliningrad. Er gilt als einer der verwundbarsten Punkte der NATO.

[78] NATO: *The Alliance's Strategic Concept (1999)*, Abs. 64, 24.04.1999, www.nato.int/cps/en/natolive/official_texts_27433.htm

[79] Die NATO verabschiedet etwa alle zehn Jahre ein neues Strategisches Konzept, das die strategische Ausrichtung der Allianz in der aktuellen Sicherheitslage reflektiert und die Prioritäten der NATO hervorhebt. Das letzte Strategische Konzept wurde 2022 verabschiedet, hierauf wird in Kapitel 5 noch eingegangen.

[80] Im engl. Original: »If Germany Goes Nuclear, Blame Trump Before Putin«.

[81] Maximilian Terhalle: *If Germany Goes Nuclear, Blame Trump Before Putin*, Foreign Policy, 03.04.2017, http://foreignpolicy.com/2017/04/03/if-germany-goes-nuclear-blame-trump/

[82] Constanze Stelzenmüller: *Germany faces its worst security dilemma since the 1950s*, 05.08.2018, www.ft.com/content/de7fcc78-964f-11e8-95f8-8640db9060a7

[83] Vgl. Ulrich Kühn, Tristan Volpe & Bert Thompson: *Tracking the German Nuclear Debate*, 15.08.2018, https://carnegieendowment.org/2018/08/15/tracking-german-nuclear-debate-pub-72884

[84] Dennoch weicht er die Haltung nicht auf, denn ein Beitritt zum Atomwaffenverbotsvertrag ist nach wie vor nicht vorgesehen.

[85] Die Türkei besitzt derzeit kein nuklearwaffenfähiges Trägersystem. Aufgrund der Sanktionen, die von den USA nach dem Kauf des russischen Raketensystems S-400 durch die türkische Regierung verhängt wurden, ist die Türkei aus dem F-35-Programm ausgestiegen.

[86] Tagesschau: *Erstmals Mehrheit für Atomwaffen-Verbleib*, 02.06.2022, www.tagesschau.de/investigativ/panorama/umfrage-atomwaffen-deutschland-101.html

[87] AfD-Anhänger:innen sprachen sich dagegen mehrheitlich für einen Abzug aus. Es gab zudem einen deutlichen Unterschied zwischen Ost- und Westdeutschen: Unter den Ostdeutschen fand sich weiterhin eine knappe Mehrheit, die sich für einen Abzug der Atomwaffen aus Büchel aussprachen, während die Westdeutschen in die entgegengesetzte Richtung tendierten.

88 Klaus Remme: *Die Sicht der Deutschen auf die Außenpolitik*, Deutschlandfunk, 26.11.2019, www.deutschlandfunk.de/umfrage-der-koerber-stiftung-die-sicht-der-deutschen-auf-100.html

89 Jürgen Trittin: *Atomwaffen befeuern Wettrüsten*, 11.05.2020, www.trittin.de/2020/05/11/atomaffen-befeuern-wettruesten/. Die logischen Mängel dieser Argumentation einmal hintangestellt, entscheidet der/die amerikanische Präsident:in nicht im Alleingang über den Einsatz von Atomwaffen, die der nuklearen Teilhabe zugerechnet werden. Diese Entscheidung würde gemeinsam mit den Alliierten innerhalb der NATO getroffen. Der/die deutsche Kanzler:in könnte zudem einen Einsatz mit einem Veto belegen, indem die Trägersysteme nicht freigegeben würden.

90 Jürgen Trittin: Zeitenwende bei der NATO, 30.06.2022, www.trittin.de/2022/06/30/zeitenwende-bei-der-nato/

91 Die NATO-Strategie unterscheidet zwischen Abschreckung und Verteidigung, wobei Erstere nicht nur, aber auch unter dem nuklearen Aspekt betrachtet wird, Letztere hingegen in der Regel als konventionelles Instrument.

92 The Pioneer: »Man muss aufpassen, Putins Erzählung nicht zu bestärken«, Interview mit Jürgen Trittin, aktualisiert am 05.01.2023, www.thepioneer.de/originals/others/articles/man-muss-aufpassen-putins-erzaehlung-nicht-zu-bestärken

93 Allocution de M. François Mitterrand, Président de la République, notamment sur la modification de la constitution et la ratification du traité de Maastricht, Paris, 10.01.1992, http://discours.vie-publique.fr/notices/927001200.html

94 Déclaration de M. Alain Juppé, Premier ministre, sur l'avenir de la dissuasion nucléaire dans le cadre de l'élargissement de l'Europe et de la reprise des essais nucléaires par la France, Paris, 07.09.1995, www.vie-publique.fr/discours/156074-declaration-de-m-alain-juppe-premier-ministre-sur-lavenir-de-la-diss

95 Blätter: *Gemeinsames deutsch-französisches Sicherheits- und Verteidigungskonzept vom 9. Dezember 1996 (Wortlaut)*, www.blaetter.de/ausgabe/1997/maerz/gemeinsames-deutsch-franzoesisches-sicherheits-und-verteidigungskonzept-vom-9-dezember-1996-wortlaut

96 Discours de M. Jacques Chirac, Président de la République, sur la politique de défense de la France, la stratégie militaire, le désarmement nucléaire, la défense européenne, la réforme du système de défense, les interventions militaires extérieures de la France et la force de dissuasion française, Paris, 08.06.2001, http://discours.vie-publique.fr/notices/017000120.html

[97] Déclaration de M. Jacques Chirac, Président de la République, sur la politique de défense de la France, notamment la dissuasion nucléaire, Brest, 19.01.2006, http://discours.vie-publique.fr/notices/067000234.html

[98] Ralf Beste & Stefan Simons: *Thanks but No thanks: Sarko's Nuke Offer Bombs with Berlin*,17.09.2007, www.spiegel.de/international/europe/thanks-but-no-thanks-sarko-s-nuke-offer-bombs-with-berlin-a-506124.html

[99] Déclaration de M. François Hollande, Président de la République, sur la dissuasion nucléaire, Istres, 19.02.2015, www.vie-publique.fr/discours/193954-francois-hollande-19022015-dissuasion-nucleaire

[100] Deutscher Bundestag Wissenschaftliche Dienste (2019): *Die Beistandsklausel im Aachener Vertrag über die deutsch-französische Zusammenarbeit und Integration*, www.bundestag.de/resource/blob/645868/dc4693de6aaff54d814b7a4e9a4a524c/WD-2-036-19-pdf-data.pdf

[101] Gouvernement: *Traité d'Aix-la-Chapelle : qu'en est-il vraiment ? Le vrai du faux*, 22.01.2019, www.gouvernement.fr/actualite/traite-d-aix-la-chapelle-qu-en-est-il-vraiment-le-vrai-du-faux

[102] Elysée: Discours du Président Emmanuel Macron sur la stratégie de défense et de dissuasion devant les stagiaires de la 27ème promotion de l'école de guerre, 07.02.2020, www.elysee.fr/emmanuel-macron/2020/02/07/discours-du-president-emmanuel-macron-sur-la-strategie-de-defense-et-de-dissuasion-devant-les-stagiaires-de-la-27eme-promotion-de-lecole-de-guerre

[103] Bundesministerium der Verteidigung: *»Defending the West« – Rede der Bundesministerin der Verteidigung*, 15.02.2020, www.bmvg.de/resource/blob/182726/82e686b41c624f562e34d59b156884c1/20200215-download-rede-akk-data.pdf; Auswärtiges Amt: *Rede von Außenminister Heiko Maas bei der 56. Münchner Sicherheitskonferenz*, 14.02.2020, www.auswaertiges-amt.de/de/newsroom/maas-muesiko/2306680

[104] www.elysee.fr/front/pdf/elysee-module-15200-fr.pdf

[105] Auf den Begriff der »vitalen Interessen« beziehen sich französische Expert:innen und Entscheidungsträger:innen, um die Sicherheitsinteressen des Landes konzeptionell zu beschreiben. Der Begriff bleibt dabei allerdings für Außenstehende absichtlich im Vagen: Ein potenzieller Gegner kann also nicht wissen, was genau die vitalen Interessen ausmacht und in welchem Falle Frankreich Atomwaffen einsetzen würde. Damit behält sich die französische Strategie ein gewisses »Überraschungsmoment« vor.

[106] René Pfister, Britta Sandberg & Christoph Schult: *Debate over*

Nuclear Deterrence Heats Up in the EU, 14.04.2022, www.spiegel.de/international/europe/a-european-bomb-debate-over-nuclear-deterrence-heats-up-in-the-eu-a-88ab0869-67c6-4bc9-bdff-75c32340b56c

107 Die Bundesregierung: *Nationale Sicherheitsstrategie – Integrierte Sicherheit für Deutschland*, www.nationalesicherheitsstrategie.de/Sicherheitsstrategie-DE.pdf

108 Wikipedia: *Zeitenwende speech*, https://en.wikipedia.org/wiki/Zeitenwende_speech

109 Nimrod Goren, *The German »Zeitenwende« still goes unnoticed in Israel*, MEI@75, 01.03.2023, www.mei.edu/blog/german-zeitenwende-still-goes-unnoticed-israel

110 Konrad Adenauer Stiftung: *Auch im Iran findet eine Zeitenwende statt*, www.kas.de/de/web/die-politische-meinung/blog/detail/-/content/auch-im-iran-findet-eine-zeitenwende-statt

111 »Nearly a year later, however, a clear vision from the chancellor about what that means remains incomplete.« Vgl. Erika Solomon: *A Bittersweet First Year for Germany's New Chancellor*, The New York Times, 31.12.2022, www.nytimes.com/2022/12/31/world/europe/germany-scholz-anniversary.html

112 Bundesregierung: *Reden zur Zeitenwende*, www.bundesregierung.de/resource/blob/992814/2131062/78d39dda6647d7f835bbe76713d30c31/bundeskanzler-olaf-scholz-reden-zur-zeitenwende-download-bpa-data.pdf?download=1

113 Auf Grundlage der Änderung des Artikels 87a des Grundgesetzes wurde der Bund ermächtigt, zur Stärkung der Bündnis- und Verteidigungsfähigkeit ein Sondervermögen mit eigener Kreditermächtigung in Höhe von einmalig bis zu 100 Milliarden Euro zu errichten. Vgl. Bundesregierung: *100 Milliarden Euro für eine leistungsstarke Bundeswehr*, 10.06.2022, www.bundesregierung.de/breg-de/themen/sicherheit-und-verteidigung/sondervermoegen-bundeswehr-2047518

114 Bundesregierung: *Regierungserklärung von Bundeskanzler Olaf Scholz am 27. Februar 2022*, www.bundesregierung.de/breg-de/suche/regierungserklaerung-von-bundeskanzler-olaf-scholz-am-27-februar-2022-2008356

115 Weil Gesetzesbeschlüsse, die das Grundgesetz ändern, eine Zweidrittelmehrheit erfordern und die Fraktion der Linken dem Sondervermögen grundsätzlich kritisch gegenüberstand, ergab sich für die Union eine Gelegenheit, das Thema zu politisieren und erheblichen Druck auf die Debatte auszuüben. So drohte der CDU-Vorsitzende Friedrich Merz mit einer Ablehnung

des Sondervermögens, sollte das Geld nicht ausschließlich der Aufrüstung der Bundeswehr zugutekommen, sondern z. B. auch Maßnahmen im Cyberbereich und der Entwicklungspolitik finanzieren.

[116] Insbesondere die Grüne Partei hat dafür plädiert, einen erweiterten Sicherheitsbegriff bei der Definition des Sondervermögens anzuwenden.

[117] Die Autorin hatte das Vergnügen, an der Anhörung am 9. Mai 2022 als von der grünen Bundestagsfraktion eingeladene Expertin teilzunehmen.

[118] Das Bundesverfassungsgericht erkannte in dem Urteil vom 12. Juli 1994 eine »Verpflichtung der Bundesregierung, für jeden Einsatz bewaffneter deutscher Streitkräfte die konstitutive Zustimmung des Deutschen Bundestages einzuholen«, an. Siehe Bundesverfassungsgericht: *Pressemitteilung Nr. 29/1994 vom 12. Juli 1994*, www.bundesverfassungsgericht.de/SharedDocs/Pressemitteilungen/DE/1994/bvg94-029.html

[119] Vgl. Rainer L. Glatz, Wibke Hansen, Markus Kaim & Judith Vorrath (2018): *Die Auslandseinsätze der Bundeswehr im Wandel*, SWP-Studie 7, www.swp-berlin.org/publications/products/studien/2018S07_kim_EtAl.pdf

[120] Bundesministerium der Verteidigung: *Weißbuch*, http://archives.livreblancdefenseetsecurite.gouv.fr/2008/IMG/pdf/weissbuch_2006.pdf

[121] Vgl. Rainer L. Glatz, Wibke Hansen, Markus Kaim & Judith Vorrath (2018): *Die Auslandseinsätze der Bundeswehr im Wandel*, SWP-Studie 7, www.swp-berlin.org/publications/products/studien/2018S07_kim_EtAl.pdf

[122] Auswärtiges Amt: *»Die Kultur der militärischen Zurückhaltung ist zeitgemäßer denn je«*, Interview mit Außenminister Guido Westerwelle, 30.03.2012, www.auswaertiges-amt.de/de/newsroom/120330-bm-waz/249436. Mit »Bellizismus« ist Kriegstreiberei gemeint.

[123] NTV: *Bartels befürwortet militärische Zurückhaltung Deutschlands*, 28.01.2014, www.n-tv.de/ticker/Bartels-befuerwortet-militaerische-Zurueckhaltung-Deutschlands-article12158731.html

[124] Bundesministerium der Verteidigung: *Rede der Bundesministerin der Verteidigung*, 31.01.2014, https://securityconference.org/assets/02_Dokumente/03_Materialien/MSC_2014_Rede_von_der_Leyen.pdf

[125] Bundesregierung: *Weißbuch* 2016, www.bmvg.de/resource/blob/13708/015be272f8c0098f1537a491676bfc31/weissbuch2016-barrierefrei-data.pdf

126 Bundeswehr: *Landes- und Bündnisverteidigung – Kernauftrag der* Bundeswehr, www.bundeswehr.de/de/landes-buendnisverteidigung-kernauftrag

127 Bundesgesetzblatt: Gesetz zur Finanzierung der Bundeswehr und zur Errichtung eines »Sondervermögens Bundeswehr« und zur Änderung der Bundeshaushaltsordnung, 01.07.2022, www.bgbl.de/xaver/bgbl/start.xav?startbk=Bundesanzeiger_BGBl&start=//*%5B@attr_id=%27bgbl122s1030.pdf%27%5D#__bgbl__%2F%2F*%5B%40attr_id%3D%27bgbl122s1030.pdf%27%5D__1679063495359

128 Insbesondere soll der Eurofighter ECR z. B. für die Unterdrückung/Zerstörung feindlicher Luftabwehr (SEAD/DEAD) eingesetzt werden, aber auch für das Stören feindlicher Radarsysteme.

129 Bundesregierung: Regierungspressekonferenz vom 14. November 2022, www.bundesregierung.de/breg-de/suche/regierungspressekonferenz-vom-14-november-2022-2142934

130 Bundesministerium der Verteidigung: *Ministerin: F-35A wird in Rekordzeit für die Bundeswehr beschafft*, 14.12.2022, www.bmvg.de/de/aktuelles/f-35a-wird-in-rekordzeit-fuer-die-bundeswehr-beschafft-5540968

131 Ebd.

132 Alle Beschaffungs- und Entwicklungsprojekte der Bundeswehr mit einem Investitionsvolumen von 25 Millionen Euro oder mehr bedürfen vor Vertragsschluss der gesonderten Zustimmung des Haushaltsausschusses des Deutschen Bundestages

133 Lars Hoffmann: *Marine von Streichungen im Sondervermögen besonders betroffen*, 03.11.2022, Europäische Sicherheit & Technik (ESUT), https://esut.de/2022/11/fachbeitraege/37817/marine-von-streichungen-im-sondervermoegen-besonders-betroffen/

134 Finnland ist der NATO im April 2023 beigetreten. Schwedens Beitritt steht (Stand Juni 2023) aufgrund der fehlenden Zustimmung Ungarns und der Türkei noch aus.

135 Ebd. Laut dem Artikel in der ESUT war nicht eindeutig klar, ob überhaupt zwölf Maschinen vorgesehen waren. Allerdings gebe es Anzeichen, dass Deutschland diese Zahl der NATO zugesagt habe.

136 Europäische Sicherheit & Technik: *58,5 Milliarden Euro für die Bundeswehr*, 11.11.2022, https://esut.de/2022/11/meldungen/37955/585-milliarden-euro-fuer-die-bundeswehr/

137 Tagesschau: *Munitionsbedarf der Ukraine – Hohe Nachfrage, geringes Angebot*, 10.03.2023, www.tagesschau.de/inland/innenpolitik/munitionsmangel-deutschland-101.html

138 Bundeswehr: *35 Mal neueste Generation – Die Luftwaffe fliegt bald*

den F-35 Kampfjet, www.bundeswehr.de/de/organisation/luftwaffe/aktuelles/f-35-fuer-deutschland-5539830

139 ZEIT Online: *Verteidigungsministerium sieht Risiken beim Kauf neuer Tarnkappenjets*, 04.12.2022, www.zeit.de/politik/deutschland/2022-12/tarnkappenjets-f-35-luftwaffe-verteidigungsministerium-krisensitzung

140 Eigene Recherche, die Zeitleisten sind den jeweiligen Länderprofilen der Website www.lockheedmartin.com entnommen. Dänemark, das 2023 die erste F-35 erhalten wird, ist eingerechnet. Polen, Belgien, Kanada und Singapur rechnen mit einer Inbetriebnahme nach 2023. Die USA sind nicht berücksichtigt. In Italien und Südkorea hat der Prozess weniger als sieben Jahre in Anspruch genommen.

141 Andere Modelle sind der Senkrechtstarter F-35B sowie das Modell, das auf Flugzeugträgern zum Einsatz kommt, die F-35C.

142 Flugzeug Lexikon: *Luftfahrtausstellung Le Bourget in Frankreich F-35 Lightning II*, www.flugzeug-lexikon.de/Le_Bourget_2007/Military-Aviation/F-35_Lightning_II/f-35_lightning_ii.html

143 Valerie Insinna: *Pentagon won't lift F-35A lightning restrictions after hardware and software fix*, Breaking Defense, 11.11.2022, https://breakingdefense.com/2022/11/pentagon-wont-lift-f-35a-lightning-restrictions-after-hardware-and-software-fix/

144 Clement Charpentreau: *Risk of explosion: Dutch F-35As must stay away from thunderstorms*, 22.09.2020, Aerotime, www.aerotime.aero/articles/25957-risk-of-explosion-dutch-f-35as-must-stay-away-from-thunderstorms

145 Office of the Secretary of Defense: *FY19 DOD Programs – F-35 Joint Strike Fighter (JSF)*, www.dote.osd.mil/Portals/97/pub/reports/FY2019/dod/2019f35jsf.pdf?ver=2020-01-30-115432-173

146 Bundesgesetzblatt: *Haushaltsgesetz 2023.*

147 Bundesrechnungshof: *Bericht nach § 88 Absatz 2 BHO an den Haushaltsausschuss des Deutschen Bundestages*, 30.08.2022, www.bundesrechnungshof.de/SharedDocs/Downloads/DE/Berichte/2022/entwicklung-einzelplan-14-bundeshaushalt-2023.pdf?__blob=publicationFile&v=2

148 Europäische Sicherheit & Technik: *Pistorius sieht Zwei-Prozent-Ziel der NATO als Untergrenze*, 15.02.2023, https://esut.de/2023/02/meldungen/40001/pistorius-sieht-zwei-prozent-ziel-der-nato-als-untergrenze/

149 Reuters: *Trump says NATO countries must pay 2 percent of GDP immediately*, 11.07.2018, www.reuters.com/article/us-nato-summit-trump-deadline-idUSKBN1K12HV

150 Nolan D. Mccaskill: *Obama urges NATO members to pull their*

weight, Politico, 15.11.2016, www.politico.com/story/2016/11/obama-nato-pay-fair-share-231405

[151] NATO Public Diplomacy Division: *Defence Expenditure of NATO Countries (2014-2022)*, 27.06.2022, www.nato.int/nato_static_fl2014/assets/pdf/2022/6/pdf/220627-def-exp-2022-en.pdf

[152] Deutscher Bundestag Wissenschaftliche Dienste (2017): *Entwicklung der Militärausgaben in Deutschland von 1925 bis 1944 und in der Bundesrepublik Deutschland von 1950 bis 2015*, www.bundestag.de/resource/blob/503294/493c4e3a31e0705bd3b62a77d449bc76/wd-4-025-17-pdf-data.pdf; Statista: *Anteil der Militärausgaben am Bruttoinlandsprodukt (BIP) in Deutschland von 1953 bis* 2022, https://de.statista.com/statistik/daten/studie/183106/umfrage/anteil-der-militaerausgaben-am-bip-in-deutschland/

[153] Hubertus Bardt & Klaus-Heiner Röhl: *Bundeswehr und Inflation – was bleibt von der Zeitenwende?* Institut der Deutschen Wirtschaft, 05.12.2022, www.iwkoeln.de/studien/hubertus-bardt-klaus-heiner-roehl-was-bleibt-von-der-zeitenwende.html

[154] Ebd.

[155] Die Bundesregierung: *Nationale Sicherheitsstrategie – Integrierte Sicherheit für Deutschland*, www.nationalesicherheitsstrategie.de/Sicherheitsstrategie-DE.pdf

[156] Ebd.

[157] Bundesregierung: *Regierungserklärung »Ein Jahr Zeitenwende«*, 02.03.2023, www.bundesregierung.de/breg-de/aktuelles/kanzler-regierungserklaerung-ein-jahr-zeitenwende-2168950

[158] Die Bundesregierung: *Nationale Sicherheitsstrategie – Integrierte Sicherheit für Deutschland*, www.nationalesicherheitsstrategie.de/Sicherheitsstrategie-DE.pdf

[159] Personalkosten machten im Verteidigungshaushalt 2022 den größten Posten aus, so der aktuelle Wehrbericht (rund 17,4 Milliarden Euro, das bedeutet ein Plus von rund 300 Millionen Euro gegenüber 2021). Siehe Deutscher Bundestag: *Unterrichtung durch die Wehrbeauftragte*, 28.02.2023, https://dserver.bundestag.de/btd/20/057/2005700.pdf

[160] Ebd.

[161] Jan Joel Andersson & Thierry Tardy: *Hybrid: what's in a name?* EUISS, Oktober 2015, www.iss.europa.eu/sites/default/files/EUISSFiles/Brief_32_Hybrid_warfare.pdf

[162] www.nato.int/cps/en/natohq/topics_156338.htm

[163] George Kennan: *Policy Planning Staff Memorandum*, Washington, 04.05.1948, http://academic.brooklyn.cuny.edu/history/johnson/65ciafounding3.htm

[164] Vgl. CSIS: *Gray Zone Project*, www.csis.org/programs/gray-zone-project; Mary Ellen Connell & Ryan Evans: *Russia's »Ambiguous Warfare« and Implications for the U.S. Marine Corps*, Mai 2015, www.cna.org/archive/CNA_Files/pdf/dop-2015-u-010447-final.pdf

[165] Peter Layton: *Responding to China's Unending Grey-Zone Prodding*, RUSI, 11.08.2021, www.rusi.org/explore-our-research/publications/commentary/responding-chinas-unending-grey-zone-prodding

[166] Frank Hoffman: *On Not-So-New Warfare – Political Warfare vs Hybrid Threats*, War on the Rocks, 28.07.2014, https://warontherocks.com/2014/07/on-not-so-new-warfare-political-warfare-vs-hybrid-threats/

[167] Frank Hoffman: *Conflict in the 21st Century – The Rise of Hybrid Wars*, Potomac Institute, Airlington, 2007, www.potomacinstitute.org/images/stories/publications/potomac_hybridwar_0108.pdf

[168] Ebd.

[169] NATO: *Wales Summit Declaration*, 05.09.2014, www.nato.int/cps/en/natohq/official_texts_112964.htm

[170] NATO: *Strategic Concept 2010*, www.nato.int/nato_static_fl2014/assets/pdf/pdf_publications/20120214_strategic-concept-2010-eng.pdf

[171] NATO: *Brussels Summit Declaration*, 11.07.2018, www.nato.int/cps/en/natohq/official_texts_156624.htm

[172] NATO: *Strategic Concept 2022*, www.nato.int/nato_static_fl2014/assets/pdf/2022/6/pdf/290622-strategic-concept.pdf

[173] EEAS: *Countering hybrid threats*, 31.03.2022, www.eeas.europa.eu/eeas/countering-hybrid-threats_en

[174] Christian Wirth (2020): *»Lawfare« im Südchinesischen Meer: Der Kampf um die Freiheit der Schifffahrt*, GIGA Focus Asien, www.giga-hamburg.de/de/publikationen/giga-focus/lawfare-suedchinesischen-meer-kampf-freiheit-schifffahrt

[175] Mark Voyger (2018): *Russian Lawfare – Russia's Weaponisation Of International And Domestic Law: Implications For The Region And Policy Recommendations*, Journal on Baltic Security, 4:2, 35–45.

[176] European Centre of Excellence for Countering Hybrid Threats: *Hybrid threats as a concept*, www.hybridcoe.fi/hybrid-threats-as-a-phenomenon/

[177] Kingdom of Belgium: *A strategy to make Belgium more resilient*, 04.02.2022, https://diplomatie.belgium.be/en/policy/policy-areas/highlighted/strategy-make-belgium-more-resilient

[178] République Française: *National strategic review 2022*, www.sgdsn.gouv.fr/files/files/rns-uk-20221202.pdf

[179] Ministerstvo obrany a Armáda České republiky: *National Strategy for Countering Hybrid Interference*, Prag, 2021, www.army.cz/assets/en/ministry-of-defence/basic-documents/national-strategy---aj-final.pdf

[180] Slovak Information Service: *SIS 2020 Annual Report*, www.sis.gov.sk/for-you/sis-annual-report-2020.html#bezpecnostna-oblast

[181] Republic of Croatia: *National Security Strategy*, 2017, www.morh.hr/wp-content/uploads/2018/04/strategy_18012018.pdf

[182] Estonian Foreign Intelligence Service: *International Security and Estonia 2022*, www.valisluureamet.ee/doc/raport/2022-en.pdf

[183] State Security Department of Lithuania: *National Threat Assessment 2021*, www.vsd.lt/wp-content/uploads/2021/03/2021-EN-el_.pdf

[184] General Intelligence and Security Service: *AVID Annual Report 2021*, https://english.aivd.nl/publications/annual-report/2022/11/09/aivd-annual-report-2021

[185] Norwegian Intelligence Service: *Focus 2022*, www.forsvaret.no/aktuelt-og-presse/publikasjoner/fokus/rapporter/Focus%20 2022%20%20-%20english.pdf

[186] Bundesregierung: *Was ist Desinformation?* www.bundesregierung.de/breg-de/themen/umgang-mit-desinformation/was-ist-desinformation-1875148

[187] Paul Charon: *Herausforderungen und Bedrohungen für die Funktionsfähigkeit und Legitimität der Europäischen Union*, Hanns Seidel Stiftung, 07.09.2021, www.hss.de/fileadmin/user_upload/HSS/Dokumente/Themenportale/Frankreich.pdf

[188] Natascha Rietdijk (2021): *Post-truth Politics and Collective Gaslighting*, Cambridge University Press, www.cambridge.org\\core\\journals\\episteme\\article\\posttruth-politics-and-collective-gaslighting\\88BDC6B5D1540817086E1027A0FF1B5A

[189] Rafael Behr: *On Brexit, the Tories are gaslighting half the country*, The Guardian, 08.10.2018, www.theguardian.com/commentisfree/2018/oct/08/brexit-tories-gaslighting-britain-pro-european

[190] Merriam Webster: *Gaslighting*, www.merriam-webster.com/dictionary/gaslighting

[191] Paul Charon: *Herausforderungen und Bedrohungen für die Funktionsfähigkeit und Legitimität der Europäischen Union*, Hanns Seidel Stiftung, 07.09.2021, www.hss.de/fileadmin/user_upload/HSS/Dokumente/Themenportale/Frankreich.pdf

[192] Hiervon wird in Kapitel 6 noch ausführlicher die Rede sein.

[193] So behauptete Moskau, die Reichweite der Rakete liege bei lediglich 480 km. Eine Reichweite von 500 bis 5.500 km stellte zum damaligen Zeitpunkt einen Vertragsbruch dar.

[194] Deutscher Bundestag: *Plenarprotokoll 19/61*, 08.11.2018, https://dserver.bundestag.de/btp/19/19061.pdf#P.6872

[195] Ebd.

[196] Ebd.

[197] Deutscher Bundestag: *Plenarprotokoll 19/78*, https://dserver.bundestag.de/btp/19/19078.pdf#P.9194

[198] Deutscher Bundestag: *Plenarprotokoll 19/61*, 08.11.2018, https://dserver.bundestag.de/btp/19/19061.pdf#P.6872

[199] Deutscher Bundestag: *Antrag »Keine Stationierung neuer Nuklearwaffen in der Bundesrepublik – INF-Vertrag erhalten«*, 20.03.2018, https://dserver.bundestag.de/btd/19/012/1901299.pdf

[200] 2007 hat Präsident Putin letztmalig die Münchner Sicherheitskonferenz besucht. Die Bemühungen Wolfgang Ischingers, des damaligen Vorsitzenden, den russischen Präsidenten insbesondere 2017 einmal mehr nach München einzuladen, blieben erfolglos.

[201] Kreml: *Speech and the Following Discussion at the Munich Conference on Security Policy*, 10.02.2007, http://en.kremlin.ru/events/president/transcripts/copy/24034. Putin bemängelte damals den fehlenden »universellen Charakter« des INF-Vertrags und merkte an, Russland müsse unter diesen Umständen an seine eigene Sicherheit denken.

[202] U.S. Department of State: *Adherence to and Compliance with Arms Control, Nonproliferation and Disarmament Agreements and Commitments*, August 2019, https://2017-2021.state.gov/wp-content/uploads/2019/08/Compliance-Report-2019-August-19-Unclassified-Final.pdf

[203] Deutsche Welle: *Der »Fall Lisa« ein Jahr danach. War da was?* 11.01.2017, www.dw.com/de/der-fall-lisa-ein-jahr-danach-war-da-was/a-37079923

[204] Benjamin Bidder, Frank Patalong & Ansgar Siemens: *Wie russische Medien Angst vor Flüchtlingen schüren*, Spiegel Online, 21.01.2016, www.spiegel.de/panorama/justiz/russland-wie-die-medien-angst-vor-fluechtlingen-schueren-a-1073031.html

[205] Martin Niewendick: *Russia Today Deutsch – Die Stimme des Kremls in Deutschland*, Tagesspiegel Online, 06.03.2016, www.tagesspiegel.de/gesellschaft/medien/die-stimme-des-kremls-in-deutschland-3702823.html

[206] Stefan Meister: *The »Lisa case« – Germany as a target of Russian disinformation*, NATO Review, 25.07.2016, www.nato.int/docu/review/articles/2016/07/25/the-lisa-case-germany-as-a-target-of-russian-disinformation/index.html

[207] Bundesregierung: *Regierungspressekonferenz vom 6. Januar 2017*, www.bundesregierung.de/breg-de/aktuelles/pressekonferenzen/regierungspressekonferenz-vom-6-januar-2017-843494

[208] Stefan Meister: *The »Lisa case« – Germany as a target of Russian disinformation*, NATO Review, 25.07.2016, www.nato.int/docu/review/articles/2016/07/25/the-lisa-case-germany-as-a-target-of-russian-disinformation/index.html

[209] Deutscher Bundestag Wissenschaftliche Dienste (2016): *Russlanddeutsche in der Bundesrepublik: Zahlen, Rechtsgrundlagen und Integrationsmaßnahmen*, www.bundestag.de/resource/blob/424502/e534deaef41f3f1f1efcf098f64cb013/wd-3-036-16-pdf-data.pdf

[210] Natalie Klauser: *Russlanddeutsche im Generationenkonflikt?* Konrad Adenauer Stiftung, 19.04.2022, www.kas.de/de/kurzum/detail/-/content/russlanddeutsche-im-generationenkonflikt

[211] Vgl. Ostklick: *»Die Russlanddeutschen haben ein bestimmtes Image als ›rechts‹«*, Interview mit Jannis Panagiotidis, www.ost-klick.de/wahlverhalten/

[212] In Lettland und Estland leben um die 25 Prozent ethnische Russ:innen, in Litauen nur circa fünf Prozent; vgl. Sarah Coolican (2021): *The Russian Diaspora in the Baltic States: The Trojan Horse that never was*, LSE Ideas, https://eprints.lse.ac.uk/114500/1/Coolican_the_trojan_horse_in_the_baltic_states_published.pdf. Coolican betont in diesem Beitrag, dass es dennoch sinnvoll sei, Litauen als einer von drei Staaten, die aneinander und an Russland grenzen, in die Analyse einzubeziehen.

[213] Estonian Foreign Intelligence Service: *International Security and Estonia 2021*, www.valisluureamet.ee/doc/raport/2021-en.pdf

[214] Vom Englischen »compatriot« = Landsfrau/-mann.

[215] Sarah Coolican (2021): *The Russian Diaspora in the Baltic States: The Trojan Horse that never was*, LSE Ideas, https://eprints.lse.ac.uk/114500/1/Coolican_the_trojan_horse_in_the_baltic_states_published.pdf

[216] DGAP: *Russkiy Mir: »Russian World«*, Zusammenfassung eines Events am 03.05.2016, https://dgap.org/en/events/russkiy-mir-russian-world

[217] Latvian State Security Service: Annual Report 2021, https://vdd.gov.lv/uploads/materials/30/en/annual-report-2021.pdf

[218] State Security Department of Lithuania: *National Threat Assessment 2021*, www.vsd.lt/wp-content/uploads/2021/03/2021-EN-el_.pdf

[219] Medwedew träumt auf seinem Telegram-Kanal unter anderem vom Zusammenbruch der EU, einem »Vierten Reich« um Deutschland

herum sowie einem Krieg zwischen dem »Vierten Reich« und Frankreich, einem amerikanischen Bürgerkrieg und dem Sieg des Präsidentschaftskandidaten Elon Musk und resümiert: »Wir werden unseren Teil beitragen.«

220 Wikipedia: *Rossotrudnitschestwo*, https://de.wikipedia.org/wiki/Rossotrudnitschestwo

221 Peter Althaus: *Russisches Haus in Berlin verbreitet Putin-Propaganda trotz EU-Sanktionen*, Berliner Kurier, 29.11.2022, www.berliner-kurier.de/berlin/zwischen-ballett-und-sprachkurs-russisches-haus-in-berlin-verbreitet-putin-propaganda-li.280330

222 Liudmila Kotlyarova: *Das Wort »Krieg« nimmt der Direktor nicht in den Mund*, Cicero Online, 19.10.2022, www.cicero.de/kultur/russisches-haus-in-berlin-besuch-angebot-pavel-izvolskiy

223 Bigasia.ru: *The head of Rossotrudnichestvo spoke about the agency's projects in the CIS countries*, 08.10.2018, https://bigasia.ru/en/content/news/society/the-head-of-rossotrudnichestvo-spoke-about-the-agency-s-projects-in-the-cis-countries/

224 https://ui.org.ua/wp-content/uploads/2022/09/case-study-rossotrudnichestvo-eng.pdf

225 Studyinrussia.ru: *Representations of Rossotrudnichestvo*, https://studyinrussia.ru/upload/embassy/Appendix-1.pdf

226 Nadiia Koval, Maryna Irysova, Serhiy Tytiuk & Denys Tereshchenko (2022): Rossotrudnichestvo: *The Unbearable Harshness of Soft Power*, Ukrainian Institute, https://ui.org.ua/wp-content/uploads/2022/09/case-study-rossotrudnichestvo-eng.pdf

227 US Department of Justice: *Russian Public Diplomacy Advocate Charged With Acting As Agent of Russian Federation in the United States*, 18.04.2023, www.justice.gov/usao-dc/pr/russian-public-diplomacy-advocate-charged-acting-agent-russian-federation-united-states

228 Mark Voyger (2019): *Waging Lawfare – Russia's Weaponization of International and Domestic Law*, https://perconcordiam.com/waging-lawfare/

229 Charles J. Dunlap, Jr. (2009): *Lawfare: A Decisive Element of 21st-Century Conflicts?* Joint Force Quarterly 54:3, 34–39, https://ndupress.ndu.edu/portals/68/Documents/jfq/jfq-54.pdf

230 Vgl. Arms Control Association: *Russia's Military Doctrine*, www.armscontrol.org/act/2000-05/russias-military-doctrine sowie Mark Voyger (2019): *Waging Lawfare – Russia's Weaponization of International and Domestic Law*, https://perconcordiam.com/waging-lawfare/

231 Zakhar Tropin (2021): *Lawfare as part of hybrid wars: The experience*

of Ukraine in conflict with Russian Federation, Security and Defence Quarterly 33:1, DOI: 10.35467/sdq/132025, www.researchgate.net/publication/350326473_Lawfare_as_part_of_hybrid_wars_The_experience_of_Ukraine_in_conflict_with_Russian_Federation

[232] Charles J. Dunlap, Jr. (2009): *Lawfare: A Decisive Element of 21st-Century Conflicts?* Joint Force Quarterly 54:3, 34–39, https://ndupress.ndu.edu/portals/68/Documents/jfq/jfq-54.pdf

[233] Zakhar Tropin (2021): *Lawfare as part of hybrid wars: The experience of Ukraine in conflict with Russian Federation*, Security and Defence Quarterly 33:1, DOI: 10.35467/sdq/132025, www.researchgate.net/publication/350326473_Lawfare_as_part_of_hybrid_wars_The_experience_of_Ukraine_in_conflict_with_Russian_Federation

[234] Sascha DOV Bachmann (2016): *Understanding Lawfare in a Hybrid Warfare Context*, NATO Legal Gazette 37, www.academia.edu/31353275/Understanding_Lawfare_in_a_Hybrid_Warfare_Context

[235] Arms Control Association: *Russia's military Doctrine*, www.armscontrol.org\\act\\2000-05\\russias-military-doctrine

[236] Siehe République Française: *National strategic review 2022*, www.sgdsn.gouv.fr/files/files/rns-uk-20221202.pdf

[237] Doris Liebermann: *Als Gorbatschow nach Litauen griff*, Deutschlandfunk, 13.02.2021, www.deutschlandfunk.de/vor-30-jahren-der-blutsonntag-von-vilnius-als-gorbatschow-100.html

[238] European Parliament: *Resolution of 28 November 2019 on recent actions by the Russian Federation against Lithuanian judges, prosecutors and investigators involved in investigating the tragic events of 13 January 1991 in Vilnius*, www.europarl.europa.eu/doceo/document/TA-9-2019-0081_EN.html

[239] Siehe CCDCoE, https://ccdcoe.org/library/publications/cyberspace-definition-and-implications/

[240] https://ccdcoe.org/uploads/2018/10/Ottis2008_AnalysisOf2007FromTheInformationWarfarePerspective.pdf

[241] www.cfr.org/cyber-operations/estonian-denial-service-incident

[242] www.nato.int/cps/en/natohq/official_texts_19552.htm

[243] NATO: www.nato.int/cps/en/natohq/official_texts_112964.htm

[244] Deutsche Atlantische Gesellschaft: *NATO Talk Konferenz 2022*, https://ata-dag.de/nato-talk-2022/

[245] Advanced Persistent Threat (APT) bedeutet im Deutschen so viel wie »fortgeschrittene, andauernde Bedrohung«.

[246] Cybersecurity & Infrastructure Security Agency: *Russian State-Sponsored and Criminal Cyber Threats to Critical Infrastructure*, www.cisa.gov/news-events/cybersecurity-advisories/aa22-110a

[247] https://therecord.media/estonia-prime-minister-russia-cyberattacks-continue-after-war

[248] Wie estnische Behörden bereits 2018 in einem Bericht festgestellt haben, siehe Estonian Foreign Intelligence Agency: *International Security and Estonia 2018*, https://valisluureamet.ee/doc/raport/2018-en.pdf

[249] Pawel Knapczyk: *Overview of the Cyber Weapons Used in the Ukraine – Russia War*, Trustwave, 18.08.2022, www.trustwave.com/en-us/resources/blogs/spiderlabs-blog/overview-of-the-cyber-weapons-used-in-the-ukraine-russia-war/

[250] Luke Harding, Stiliyana Simeonova, Manisha Ganguly & Dan Sabbagh: *›Vulkan files‹ leak reveals Putin's global and domestic cyberwarfare tactics*, The Guardian, 30.03.2023, www.theguardian.com/technology/2023/mar/30/vulkan-files-leak-reveals-putins-global-and-domestic-cyberwarfare-tactics

[251] NATO: *NATO's annual nuclear exercise gets underway*, 14.10.2022, www.nato.int/cps/en/natohq/news_208399.htm

[252] Michael Weiss & Holger Roonemaa: *Exclusive – Russia's secret document for destabilizing Moldova*, Yahoo News, 15.03.2023.

[253] Siehe Kreml: *Joint Statement of the Russian Federation and the People's Republic of China on the International Relations Entering a New Era and the Global Sustainable Development*, 04.02.2022, www.en.kremlin.ru\\supplement\\5770 sowie Ministry of Foreign Affairs of the People's Republic of China: *President Xi Jinping and Russian President Vladimir Putin Sign Joint Statement*, 22.03.023, www.fmprc.gov.cn/eng/zxxx_662805/202303/t20230322_11046088.html

[254] Hintergrundgespräch mit Jaap de Hoop Scheffer am 22.03.2023.

[255] Vgl. Zhao Huasheng (2021): *Russia and Its Near Abroad – Challenges and Prospects*, Valdai Club, https://valdaiclub.com/a/highlights/russia-and-its-near-abroad-challenges-and-prospect/

[256] Patrick Wintour: *Russia strives to avoid G20 isolation as China and India distance themselves*, The Guardian, 15.11.2022, www.theguardian.com/world/2022/nov/15/g20-russia-ukraine-war-global-economic-suffering

[257] Sistema di informazione per la sicurezza della Repubblica (2020): *Relazione sulla politica dell'informazione per la sicurezza*, www.sicurezzanazionale.gov.it/sisr.nsf/wp-content/uploads/2021/02/RELAZIONE-ANNUALE-2020.pdf

[258] Die Autorin hat über 2021 hinweg eine Reihe von öffentlich zugänglichen Geheimdienstberichten analysiert, darunter die jährlichen »Focus«-Berichte des Norwegian Intelligence Service.

[259] Zur Gemeinschaft Unabhängiger Staaten (GUS) gehören heute

neben Russland beispielsweise Belarus, Armenien, Aserbaidschan und Moldau. Die Ukraine und Georgien sind ehemalige GUS-Mitglieder.

260 https://rusi.org/explore-our-research/publications/commentary/understanding-russias-great-games-zapad-2013-zapad-2021

261 The Swedish Security Service 2020, www.sakerhetspolisen.se/download/18.310a187117da376c66016dd/1638963437953/Swedish%20security%20service%20annual%20report2020.pdf

262 NATO: *Strategic Concept 2022*, www.nato.int/strategic-concept/

263 Insgesamt sind um die 80 Geheimdienste der NATO-Mitgliedstaaten durch Mitarbeiter:innen in Brüssel vertreten, darunter Inlands- und Auslandsgeheimdienste, Militärgeheimdienste etc.

264 UN General Assembly: *A/RES/ES-11/1*, 02.03.2022, https://documents-dds-ny.un.org/doc/UNDOC/GEN/N22/293/36/PDF/N2229336.pdf?OpenElement sowie UN General Assembly: A/ES-11/L.7, 16.02.2023, https://documents-dds-ny.un.org/doc/UNDOC/LTD/N23/048/58/PDF/N2304858.pdf?OpenElement/

265 United Nations: *General Assembly Overwhelmingly Adopts Resolution Demanding Russian Federation Immediately End Illegal Use of Force in Ukraine, Withdraw All Troops*, 02.03.2022, https://press.un.org/en/2022/ga12407.doc.htm

266 Kreml, *Joint Statement of the Russian Federation and the People's Republic of China on the International Relations Entering a New Era and the Global Sustainable Development*, 04.02.2022, www.en.kremlin.ru\\supplement\\5770

267 Vgl. Nectar Gan: *Xi makes ›journey of friendship‹ to Moscow days after Putin's war crime warrant issued*, CNN, aktualisiert am 20.03.2023, https://edition.cnn.com/2023/03/20/china/china-xi-putin-russia-visit-analysis-intl-hnk-mic/index.html

268 Ministry of Foreign Affairs of the People's Republic of China: *China's Position on the Political Settlement of the Ukraine Crisis*, 24.02.2023, www.fmprc.gov.cn/mfa_eng/zxxx_662805/202302/t20230224_11030713.html

269 Chris Devonshire-Ellis: *The Putin-Xi Summit – Their Joint Statement and Analysis*, 22.03.2023, www.china-briefing.com/news/the-putin-xi-summit-their-joint-statement-and-analysis/. Eine gekürzte Version der Erklärung findet sich auf der Website des chinesischen Außenministeriums: Ministry of Foreign Affairs of the People's Republic of China: *President Xi Jinping and Russian President Vladimir Putin Sign Joint Statement*, 22.03.2023, www.fmprc.gov.cn/mfa_eng/zxxx_662805/202303/t20230322_11046088.html

270 James Gregory: *Putin – Russia to station nuclear weapons in Belarus*, BBC, 26.03.2023, www.bbc.com/news/world-europe-65077687

271 www.tandfonline.com/doi/full/10.1080/00963402.2023.2178713

272 Diese fehlende Transparenz ist kein notwendiges Charakteristikum von Nuklearprogrammen. So sind die USA sehr transparent, was ihr Arsenal angeht – welche Fähigkeiten existieren und wie viele Sprengköpfe und Trägersysteme etc. stationiert sind. Russland ist diesbezüglich wesentlich weniger offen, und im Falle Chinas herrscht eine hohe Unsicherheit, wie das existierende Arsenal zusammengesetzt ist und welche Modernisierungsschritte in den kommenden Jahren unternommen werden sollen. Daher sind Schätzungen schwierig. Ein Trend zur Expansion des Arsenals ist jedoch definitiv zu beobachten.

273 Diese drei Dokumente sind natürlich nicht die einzigen strategischen Papiere, welche die USA, Russland und Großbritannien verabschiedet haben. Die russische Nationale Sicherheitsstrategie 2021, die amerikanische »Biden NPR« 2022 und die britische Integrated Review 2021 gehören jedoch zu den in den vergangenen zwei Jahren am meisten diskutierten nationalen strategischen Dokumenten.

274 NATO: *Strategic Concept 2022*, www.nato.int/strategic-concept/

275 NATO: *Strategic Concept 2010*, www.nato.int/nato_static_fl2014/assets/pdf/pdf_publications/20120214_strategic-concept-2010-eng.pdf

276 NATO: *Strategic Concept 1999*, www.nato.int/cps/en/natohq/official_texts_27433.htm

277 Valdai Club: *A Predictable NATO Summit in an Unpredictable World*, Club Event, 04.07.2022, https://valdaiclub.com/events/posts/articles/a-predictable-nato-summit-in-an-unpredictable-world/

278 Wohl nicht ganz vorhersehbar, denn der Valdai Club selbst sah es in einer Event-Ankündigung als eher unwahrscheinlich an, dass Finnland und Schweden auf dem Gipfel in Madrid eine Einladung in die Allianz erhalten würden – was jedoch so geschah. Vgl. Valdai Club: *Valdai Club to Discuss NATO's New Strategic Concept*, Announcement, 01.07.2022, https://valdaiclub.com/events/announcements/valdai-club-to-discuss-nato-s-new-strategic-concept/?sphrase_id=1474828

279 Valdai Club: *A Predictable NATO Summit in an Unpredictable World*, Club Event, 04.07.2022, https://valdaiclub.com/events/posts/articles/a-predictable-nato-summit-in-an-unpredictable-world/

[280] Die Autorin hat aufgrund nationaler Quotenregelungen, die sich zu ihren Ungunsten ausgewirkt haben, leider keinen Platz ergattern können.

[281] ZEIT Online: *Erdoğan spricht über Atomwaffen für die Türkei*, 04.09.2019, www.zeit.de/politik/ausland/2019-09/militaer-tuerkei-recep-tayyip-erdogan-atomwaffen

[282] Der französische Präsident Macron nannte die NATO 2019 »braindead«. Zuvor hatte der amerikanische Präsident Trump sie 2017 als »obsolete« bezeichnet.

[283] Jonathan Power: *Trump hat recht – Die NATO ist obsolet*, IPG Journal, 27.02.2017, www.ipg-journal.de/rubriken/aussen-und-sicherheitspolitik/artikel/trump-hat-recht-die-nato-ist-obsolet-1871/

[284] FAZ.net, *Nato verliert in Bündnisstaaten an Rückhalt*, 04.04.2019, www.faz.net/aktuell/politik/umfrage-nato-verliert-in-buendnisstaaten-an-rueckhalt-16124173.html

[285] So rief die NATO im März 2022 eine »NATO Future Leaders Conference« ins Leben, an der die Autorin teilgenommen hat.

[286] NATO: *Strategic Concept* 2022, www.nato.int/strategic-concept/

[287] Dieses Verständnis teilen nicht alle Alliierten: Für Frankreich, das nicht Teil der Nuklearen Planungsgruppe (NPG) der NATO ist, ist Abschreckung stets nuklear.

[288] Vgl. Sean Monaghan: *Resetting NATO's Defense and Deterrence: The Sword and the Shield Redux*, CSIS, 28.06.2022, www.csis.org/analysis/resetting-natos-defense-and-deterrence-sword-and-shield-redux

[289] Ebd.

[290] Die »flexible Antwort« stieß nicht bei allen Alliierten auf Zustimmung. Manche europäischen Hauptstädte sahen sie als Indikator dafür, dass die USA im Ernstfall möglicherweise nicht bereit wären, zur Verteidigung europäischer Interessen Nuklearwaffen einzusetzen. Vgl. Carl H. Amme: *NATO Strategy and Flexible Response*, U.S. Naval Institute, May 1967, www.usni.org/magazines/proceedings/1967/may/nato-strategy-and-flexible-response

[291] Vgl. Sean Monaghan: *Resetting NATO's Defense and Deterrence: The Sword and the Shield Redux*, CSIS, 28.06.2022, www.csis.org/analysis/resetting-natos-defense-and-deterrence-sword-and-shield-redux

[292] www.nato.int/nato_static_fl2014/assets/pdf/2022/3/pdf/2203-map-det-def-east.pdf

[293] NATO: *NATO's Eastern Flank – Air Domain*, www.nato.int/nato_

static_fl2014/assets/pdf/2022/6/pdf/2204-map-nato-eastern-flank-air-domain.pdf

294 Russisches Eindringen in den Luftraum von NATO-Staaten sowie Finnlands und Schwedens (vor dem Beitritt zur NATO) sind keine Seltenheit. Eine Studie des Thinktanks RAND hat im Jahr 2022 die Häufigkeit und möglichen Intentionen dieses Verhaltens vonseiten des russischen Militärs untersucht. Die Gründe sind vielfältig: Möglich sind sowohl unprofessionelles Verhalten einzelner Piloten als auch bewusste Provokationen, um beispielsweise das (militärische) Vorgehen des Gegners zu beeinflussen. Vgl. Samuel Charap, Andrew Stravers, John J. Drennan, Dara Massicot, Sean M. Zeigler, Gregory Weider Fauerbach, Mark Stalczynski, & Melissa Shostak (2022): *Understanding Russian Coercive Signaling*, RAND. Siehe dazu auch den Abschnitt »Der ›kleinste gemeinsame Nenner‹ zwischen West und Ost: Strategische Risikoreduktion und Krisenmanagement« in Kapitel 6.

295 Wie beispielsweise die Belagerung des Atomkraftwerks Zaporizhzhia und die Anschuldigungen gegen die Ukraine, den Einsatz einer »schmutzigen« Atombombe zu planen. Im März 2023 hat Präsident Putin zudem angekündigt, Atomwaffen in Belarus stationieren zu wollen.

296 France 24: *NATO's Stoltenberg – ›Likelihood of use of nuclear weapons in Ukraine remains low‹*, 12.12.2022, www.france24.com/en/tv-shows/the-interview/20221212-nato-s-stoltenberg-likelihood-of-use-of-nuclear-weapons-in-ukraine-remains-low

297 Es sei denn, ein Atomwaffenstaat verlegt zum Beispiel während einer Krise Atomwaffen, was jedoch schon als eskalatorischer Schritt gesehen wird, den die NATO vermeidet.

298 NATO: *Strategic Concept 2022*, www.nato.int/strategic-concept/

299 Vgl. Sven Biscop (2019): *From Global Strategy to Strategic Compass: Where Is the EU Heading?* Egmont Institute, Security Policy Brief 121, www.egmontinstitute.be/app/uploads/2019/12/SPB121_FINAL.pdf

300 Vgl. Constantine Atlamazoglou & Jason C. Moyer: *v A Strategic Compass: The European Union expands its toolbox*, Wilson Center, 01.07.2022, www.wilsoncenter.org/article/strategic-compass-european-union-expands-its-toolbox

301 Vgl. Sven Biscop (2019): *From Global Strategy to Strategic Compass: Where Is the EU Heading?* Egmont Institute, Security Policy Brief 121, www.egmontinstitute.be/app/uploads/2019/12/SPB121_FINAL.pdf

302 Zusammenfassung des Events »The Implementation of the EU

Strategic Compass« am Egmont Institute in Brüssel am 06.04.2022, www.egmontinstitute.be/events/international-conference-the-implementation-of-the-eu-strategic-compass/

[303] Im engl. Original: »It is clear that if you want dialogue, diplomacy and multilateralism to succeed, you need to put power behind it.«

[304] EEAS: *A Strategic Compass for Security and Defence*, www.eeas.europa.eu/eeas/strategic-compass-security-and-defence-1_en

[305] Ebd.

[306] Sven Biscop (2018): *EU-NATO Relations – A Long-Term Perspective*, Egmont Institute, www.egmontinstitute.be/app/uploads/2018/11/NeD150.pdf

[307] European Council, *Joint Declaration on EU-NATO Cooperation*, 10 January 2023, www.consilium.europa.eu/en/press/press-releases/2023/01/10/eu-nato-joint-declaration-10-january-2023/

[308] Congressional Research Service, *Russia's War Against Ukraine: European Union Responses and U.S.-EU Relations*, aktualisiert am 30.03.2023, https://crsreports.congress.gov/product/pdf/IN/IN11897

[309] EEAS, *The EU establishes a Military Assistance Mission to support Ukrainian Armed Forces and endorses additional funding under the European Peace Facility*, 17.10.2022, www.eeas.europa.eu/eeas/eu-establishes-military-assistance-mission-support-ukrainian-armed-forces-and-endorses_en

[310] European Council, *Joint Declaration on EU-NATO Cooperation*, 10 January 2023, www.consilium.europa.eu/en/press/press-releases/2023/01/10/eu-nato-joint-declaration-10-january-2023/

[311] Georgien ist ein weiterer potenzieller Beitrittskandidat. Auf die mannigfaltigen Herausforderungen, die mit einer EU-Erweiterung einhergehen, inklusive der Notwendigkeit von Reformen und der einer verbesserten Reformfähigkeit der EU, kann an dieser Stelle nicht eingegangen werden.

[312] Vor dem Ende des Kalten Krieges war die Allianz, die ursprünglich von zwölf Staaten gegründet worden war, mit dem Beitritt Spaniens 1982 auf 16 Mitglieder angewachsen. Erst 1999 nahm die NATO mit Ungarn, Polen und der Tschechischen Republik weitere Staaten auf.

[313] SALT steht für Strategic Arms Limitation Talks.

[314] SALT II mündete in einen Vertrag, bei SALT I handelte es sich lediglich um Gespräche.

[315] Das einprägsame Akronym leitet sich von der englischen Bezeichnung Arms Control, Disarmament and WMD Non-Proliferation Centre ab. Fun Fact: Wer bei ACDC nicht an die Band,

sondern an die NATO denkt, hat den Sprung zum Nerd/Geek geschafft.

316 Arms Control Association: *The Presidential Nuclear Initiatives (PNIs) on Tactical Nuclear Weapons at a Glance*, www.armscontrol.org/factsheets/pniglance

317 CVCE: *Address given by Mikhail Gorbachev to the Council of Europe (6 July 1989)*, www.cvce.eu/content/publication/2002/9/20/4c021687-98f9-4727-9e8b-836e0bc1f6fb/publishable_en.pdf

318 Die Begriffe »Abkommen« und »Verträge« (bzw. im Englischen »agreements« und »treaties«) werden teilweise synonym verwendet. Die Unterscheidung ist jedoch wichtig: Während bilaterale oder multilaterale Abkommen rechtlich bindend oder nur politisch bindend sein können, handelt es sich bei Verträgen um rechtlich bindende Maßnahmen.

319 Kreml: *Speech and the Following Discussion at the Munich Conference on Security Policy*, 10.02.2007, http://en.kremlin.ru/events/president/news/43335

320 Während ein Austritt aus dem KSE-Vertrag in Artikel XIX (2) geregelt ist, sieht der Vertrag eine »Aussetzung« von Verpflichtungen nicht vor. Russland hatte damit für sich unilateral einen neuen Status im Vertragsgefüge eingeführt. Siehe President of Russia, »President Vladimir Putin signed a law suspending Russia's participation in the Treaty on Conventional Forces in Europe«, 30.11.2007, http://en.kremlin.ru/events/president/transcripts/copy/24034

321 US State Department: *Statement Regarding Russian ›Suspension‹ of the CFE Treaty*, 12.12.2007, https://2001-2009.state.gov/r/pa/prs/ps/2007/dec/97151.htm

322 Außenministerium der Russischen Föderation: *Deputy Foreign Minister Sergey Ryabkov's answer to a media question on launching the denunciation of the CFE*, 10.05.2023.

323 US State Department: *On the Treaty on Open Skies*, Press Statement, Michael R. Pompeo, Secretary of State, 21.05.2020, https://2017-2021.state.gov/on-the-treaty-on-open-skies/index.html

324 Der englische Terminus, vom dem sich das üblicherweise gebrauchte Akronym ableitet, lautet Anti-Ballistic Missile Treaty.

325 White House: *President Discusses National Missile Defense*, 13.12.2001, https://georgewbush-whitehouse.archives.gov/news/releases/2001/12/20011213-4.html

326 Rose Gottemoeller (2021): *Negotiating the New START Treaty*, Amherst: Cambria Press (eigene Übersetzung).

[327] Die englische Bezeichnung, von der sich das Akronym ableitet, lautet Intermediate-Range Nuclear Forces Treaty. Der Terminus ist irreführend, da auch nichtnukleare Fähigkeiten verboten wurden.

[328] US Department of State: *Adherence to and Compliance with Arms Control, Nonproliferation, and Disarmament Commitments and Agreements*, 2014, https://2009-2017.state.gov/documents/organization/230108.pdf

[329] CSIS: *9M729 (SSC-8)*, https://missilethreat.csis.org/missile/ssc-8-novator-9m729/

[330] Der INF-Vertrag war auf Raketen mit einer Reichweite zwischen 500 und 1.500 km anwendbar. Nachdem die russische Regierung die Existenz der 9M729 zugegeben hatte, verlegte sie sich darauf zu behaupten, die Reichweite läge bei maximal 480 km.

[331] Das üblicherweise genutzte Akronym leitet sich von der englischen Bezeichnung New Strategic Arms Reduction Treaty ab.

[332] So verbietet beispielsweise der Treaty of Tlatelolco 33 Ländern in Lateinamerika und der Karibik den Besitz von Atomwaffen. In gleicher Weise hat der Treaty of Pelindaba auf dem afrikanischen Kontinent eine nuklearwaffenfreie Zone etabliert. Eine umfassende Liste der atomwaffenfreien Zonen führt die UN auf, siehe United Nations: *Overview of Nuclear-Weapon-Free Zones*, www.un.org/nwfz/content/overview-nuclear-weapon-free-zones

[333] Wegen der COVID-19-Pandemie fand die Konferenz zwei Jahre später als ursprünglich geplant statt.

[334] Die Autorin war bis 2017 Mitglied der Kampagne und im Vorstand des deutschen Zweigs tätig.

[335] United Nations: *Treaty on the Prohibition of Nuclear Weapons*, https://treaties.un.org/pages/ViewDetails.aspx?src=TREATY&mtdsg_no=XXVI-9&chapter=26

[336] Nuclear Weapons Ban Monitor: *The status of the TPNW*, https://banmonitor.org/tpnw-status

[337] Associated Press: *US urges countries to withdraw from UN nuke ban treaty*, 22.10.2020, https://apnews.com/article/nuclear-weapons-disarmament-latin-america-united-nations-gun-politics-4f109626a1cdd6db10560550aa1bb491

[338] www.icanw.org/united_states

[339] Embassy of the Russian Federation in the USA: *Director of the Foreign Ministry Department for Non-Proliferation and Arms Control Mikhail Ulyanov's interview with the newspaper Kommersant*, 13.09.2017, https://washington.mid.ru/en/press-centre/news/director_of_the_foreign_ministry_department_for_non_proliferation_and_arms_control_mikhail_ulyanov_s/

[340] Beide Regierungen haben den Vertrag letztendlich nicht unterschrieben.

[341] US Department of State: *Treaty between the United States of America and the Russian Federation on Measures for the Future Reduction and Limitation of Strategic Offensive Arms*, https://2009-2017.state.gov/documents/organization/140035.pdf

[342] Center for Arms Control and Non-Proliferation: *3+1 Top Arms Control Quotes*, https://armscontrolcenter.org/31-top-arms-control-quotes/

[343] Die vollständige Liste an Verifikationsmaßnahmen ist noch länger. Siehe US State Department: *New START Treaty*, www.state.gov/new-start/

[344] Rose Gottemoeller (2021): *Negotiating the New START Treaty*, Amherst: Cambria Press.

[345] Kreml: *Presidential Address to the Federal Assembly*, 01.03.2018, http://en.kremlin.ru/events/president/news/56957

[346] Laut NATO-Expert:innen ist das von den USA in Rumänien und Polen (geplant im Laufe des Jahres 2023) stationierte System Aegis Ashore nicht dazu geeignet, russische Raketen abzufangen. Von Russland werden diese technischen Details regelmäßig ignoriert, und es wird behauptet, dass die NATO-Raketenabwehr gegen Russland gerichtet sei.

[347] Die USA haben für »Burevestnik« die Designation »Skyfall« eingeführt.

[348] Die Videos, welche die Simulationen zeigen, sind auf der Website des Kremls nicht mehr verfügbar. Die Autorin hat die Rede und die Simulationen 2018 im Livestream gesehen.

[349] National Air and Space Intelligence Center: *Ballistic and Cruise Missile Threat 2020*, 2021, https://media.defense.gov/2021/Jan/11/2002563190/-1/-1/0/2020%20BALLISTIC%20AND%20CRUISE%20MISSILE%20THREAT_FINAL_2OCT_REDUCEDFILE.PDF

[350] The Moscow Times, *Russia Pays Tribute to Dead Nuclear Workers, Vows to Develop New Weapons*, 12.08.2019, www.themoscowtimes.com/2019/08/12/russia-pays-tribute-to-dead-nuclear-workers-vows-to-develop-new-weapons-a66809

[351] CSIS Missile Threat: *Avangard*, https://missilethreat.csis.org/missile/avangard/

[352] Norwegian Intelligence Service: *Focus* 2022, www.forsvaret.no/aktuelt-og-presse/publikasjoner/fokus/rapporter/Focus%202022%20%20-%20english.pdf

[353] Die Autorin hat hierfür die Seite www.notammap.net verwendet.

[354] Insbesondere der Twitter-Account @CovertShores von H I Sutton hat hier wertvolle Erkenntnisse geliefert.

[355] Der Begriff »Weltuntergangs-Torpedo« bzw. »Doomsday Torpedo« ist in zahlreichen deutschen und englischsprachigen Medien in diesem Zusammenhang aufgetaucht.

[356] Wohingegen ballistische Raketen, die in ihrer Initialphase nach Abschuss ebenfalls Hyperschallgeschwindigkeit erreichen, abkühlen, nachdem sie den Scheitelpunkt ihrer Flugbahn erreicht haben und in ihre finale Flugphase übergehen.

[357] Cameron L. Tracy & David Wright: *Don't Believe the Hype About Hypersonic* Missiles, IEEE Spectrum, 05.02.2021, https://spectrum.ieee.org/hypersonic-missiles-are-being-hyped

[358] Hans M. Kristensen, Matt Korda & Eliana Reynolds (2023): *Chinese nuclear weapons, 2023*, www.tandfonline.com/doi/full/10.1080/00963402.2023.2178713

[359] Die Datenlage ist sehr lückenhaft. Das European Leadership Network (ELN) ist eine der wenigen NGOs, die derartige Vorfälle in der Vergangenheit gesammelt und analysiert haben. Siehe Łukasz Kulesa, Thomas Frear & Denitsa Raynova (2016): *Managing Hazardous Incidents in the Euro-Atlantic Area – A New Plan of* Action, European Leadership Network, www.europeanleadershipnetwork.org/wp-content/uploads/2017/10/ELN-Managing-Hazardous-Incidents-November-2016.pdf

[360] NATO: *The Secretary General's Annual Report 2021*, www.nato.int/nato_static_fl2014/assets/pdf/2022/3/pdf/sgar21-en.pdf

[361] Charap et al. (2022): *Understanding Russian Coercive Signaling*, RAND.

[362] Vgl. Abraham Mahshie: *NATO Scrambling More Often in Response to Russian Jets Near Poland*, Air & Space Forces Magazine, 14.04.2022, www.airandspaceforces.com/nato-intercepts-of-russian-aircraft-near-polands-skies-increasing/

[363] Euronews: *US accuses Russia of ›recklessness‹ after jet collides with US drone over the Black Sea*, aktualisiert am 15.03.2023, www.euronews.com/2023/03/14/breaking-russian-jet-collides-with-us-drone-over-the-black-sea

[364] Priyanka Shankar: *How NATO sees the recent Russian jet incidents*, Deutsche Welle, 15.03.2023, www.dw.com/en/how-nato-sees-the-recent-russian-jet-incidents/a-64996563

[365] Eric Schlosser: *Command and Control: die Atomwaffenarsenale der USA und die Illusion der Sicherheit*, München: Beck, 2013.

[366] Nuclear Threat Initiative: *Close Calls with Nuclear Weapons*, 17.09.2014, www.nti.org/analysis/articles/close-calls/

367 1983 gab es einen weiteren Fehlalarm auf sowjetischer Seite, der nur mit viel Glück nicht in eine nukleare Eskalation geführt hat.

368 Atomic Heritage Foundation: *Nuclear* Briefcases, 12.06.2018, https://ahf.nuclearmuseum.org/ahf/history/nuclear-briefcases/

369 Nuclear Threat Initiative: *Close Calls with Nuclear Weapons*, 17.09.2014, www.nti.org/analysis/articles/close-calls/

370 Michael Krepon: *Nuclear Risk Reduction: Is Cold War Experience Applicable to Southern Asia?* Stimson Center, www.stimson.org/wp-content/files/NRRMKrepon.pdf

371 Joseph S. Nye (1984): *U.S.-Soviet Relations and Nuclear-Risk Reduction*, Political Science Quarterly, 99:3, 401–414.

372 Wilfred Wan (2019): *Nuclear Risk Reduction – The State of Ideas*, UNIDIR, https://unidir.org/sites/default/files/publication/pdfs//nuclear-risk-reduction-the-state-of-ideas-en-767.pdf

373 Corentin Brustlein (2021): *Strategic Risk Reduction between Nuclear-Weapons Possessors*, Études de l'Ifri, Proliferation Papers, www.ifri.org/sites/default/files/atoms/files/brustlein_risk_reduction_nuclear_weapons_possessors_2021.pdf

374 Ebd.

375 Dieses Thema wurde insbesondere bei der Überprüfungskonferenz zum Nichtverbreitungsvertrag 2022 diskutiert.

376 Corentin Brustlein (2021): *Strategic Risk Reduction between Nuclear-Weapons Possessors*, Études de l'Ifri, Proliferation Papers, www.ifri.org/sites/default/files/atoms/files/brustlein_risk_reduction_nuclear_weapons_possessors_2021.pdf

377 In unterschiedlichen diplomatischen Foren wird versucht, rechtlich bindende sogenannte »negative Sicherheitsgarantien« der Atomwaffenstaaten gegenüber Nicht-Atomwaffenstaaten zu erwirken. Damit ist eine Versicherung der Atomwaffenstaaten gemeint, unter keinen Umständen Nuklearwaffen gegen Nicht-Atomwaffenstaaten einzusetzen. Die Atomwaffenstaaten im NVV (USA, Russland, China, Großbritannien und Frankreich) haben öffentlich solche Zusicherungen abgegeben, allerdings nicht in Form eines Vertrags und in den meisten Fällen mit Vorbehalten.

378 Hyperschallwaffen besitzen an sich keine destabilisierenden Charakteristika, wie bereits an anderer Stelle erklärt. Doch die weitverbreitete Annahme, dass Hyperschallwaffen einen »Game-Changer«-Effekt haben könnten, führt unter Umständen zu einer Destabilisierung des Verhältnisses zwischen den Atommächten. Ebenso kann man dem Raketenabwehrsystem in Europa, wenngleich es aus technischer Sicht nicht gegen russische Raketen einsetzbar ist, destabilisierende Charakteristika nachsagen.

[379] Joseph S. Nye (1984): *U.S.-Soviet Relations and Nuclear-Risk Reduction*, Political Science Quarterly, 99:3, 401–414.

[380] Arms Control Association: *Fact Sheet – Ballistic vs. Cruise Missiles*, https://armscontrolcenter.org/wp-content/uploads/2017/04/Ballistic-vs.-Cruise-Missiles-Fact-Sheet.pdf

[381] Linn I. Sennott: *Overlapping False Alarms: Reason for Concern?* https://ee.stanford.edu/~hellman/Breakthrough/book/chapters/sennott.html#Failure

[382] Vgl. Daryl Kimball (2019): *Nuclear False Warnings and the Risk of Catastrophe*, Arms Control Association, www.armscontrol.org/act/2019-12/focus/nuclear-false-warnings-risk-catastrophe

[383] Die Liste enthält eine Reihe von Elementen, die sich im Wiener Dokument von 2011, der Schlussakte von Helsinki von 1975, dem Arbeitspapier der Stockholm Initiative (NPT/CONF.2020/WP.9), dem Entwurf eines Abschlussdokuments zur NVV-Überprüfungskonferenz von 2022 (NPT/CONF.2020/CRP.1) sowie im Aktionsplan der NVV-Überprüfungskonferenz von 2010 (NPT/CONF.2010/50 (Vol. I) finden. Vgl. auch Scott D. Sagan (1991): *Reducing the Risks: A New Agenda for Military-to-Military Talks*, Arms Control Today, 16–21.

[384] Man muss jedoch beachten, dass hinter Schritten hin zu mehr Transparenz nicht immer ein Entgegenkommen gegenüber dem Opponenten steht. Mehr Transparenz hinsichtlich der eigenen Nuklearwaffenarsenale ist immer auch Teil des sogenannten »nuclear signaling«: Damit legen Atomwaffenstaaten fest, wie viel ihre Kontrahenten über ihr Nuklearprogramm wissen sollen. Diese Signalwirkung spielt eine maßgebliche Rolle in der Abschreckung. Ihr Stellenwert und ihre Ausgestaltung werden jedoch von Atomwaffenstaat zu Atomwaffenstaat ganz unterschiedlich definiert.

[385] Auch wenn die chinesische Delegation auf der Konferenz zum Nichtverbreitungsvertrag etwas mehr Bereitschaft als sonst zeigte, solche Maßnahmen zumindest theoretisch zu diskutieren.

[386] Sinngemäße Zusammenfassung auf Basis eigener Notizen.

[387] Arms Control Association: *Hotline Agreements*, www.armscontrol.org/factsheets/Hotlines

[388] James Reston: *U.S. Hotline to Soviet – Little Use for 20 Years*, The New York Times, 05.04.1983, www.nytimes.com/1983/04/05/us/us-hot-line-to-soviet-little-use-for-20-years.html

[389] Nancy A. Youssef: *U.S., Russia Establish Hotline to Avoid Accidental* Conflict, The Wall Street Journal, 04.03.2023, www.wsj.com/livecoverage/russia-ukraine-latest-news-2022-03-03/

card/u-s-russia-establish-hotline-to-avoid-accidental-conflict-hPUjy4NlEcA2SE6kCwHO

[390] Phil Stewart: *U.S., Russia have used their military hotline once so far during Ukraine war*, Reuters, www.reuters.com/world/us-russia-have-used-deconfliction-line-once-so-far-during-ukraine-war-source-2022-11-28/

[391] Ronald Reagan Presidential Library and Museum: *Joint Soviet-United States Statement on the Summit Meeting in Geneva*, 21.11.1985, www.reaganlibrary.gov/archives/speech/joint-soviet-united-states-statement-summit-meeting-geneva

[392] The White House: *Joint Statement of the Leaders of the Five Nuclear-Weapon States on Preventing Nuclear War and Avoiding Arms Races*, 03.01.2022, www.whitehouse.gov/briefing-room/statements-releases/2022/01/03/p5-statement-on-preventing-nuclear-war-and-avoiding-arms-races/

[393] https://2009-2017.state.gov/t/isn/4692.htm

[394] US State Department: *Agreement Between the Government of The United States of America and the Government of The Union of Soviet Socialist Republics on the Prevention of Incidents on and over the High Seas*, https://2009-2017.state.gov/t/isn/4791.htm

[395] US State Department: *Agreement Between The United States of America and The Union of Soviet Socialist Republics on Notifications of Launches of Intercontinental Ballistic Missiles and Submarine-Launched Ballistic Missiles*, https://2009-2017.state.gov/t/avc/trty/187150.htm

[396] YouTube: *#RIP GORBACHEV: REAGAN:* »Trust, but verify.« *GORBACHEV: »You repeat that at every meeting.« 1987*, www.youtube.com/watch?v=qwh2w7osIp4

[397] Michael Krepon: *Nuclear Risk Reduction: Is Cold War Experience Applicable to Southern Asia?* Stimson Center, www.stimson.org/wp-content/files/NRRMKrepon.pdf

[398] US State Department: *The New START Treaty: An Overview of the Verification Regime*, https://2009-2017.state.gov/documents/organization/208183.pdf

[399] Darüber hinaus ist zum Teil auch nicht klar, ob und in welchem Ausmaß weiterhin existierende Abkommen, wie beispielweise das Incidents at Sea Agreement, umgesetzt werden.

[400] Heinrich Böll Stiftung: *Feminist Foreign Policy*, www.boell.de/en/feminist-foreign-policy

[401] Siehe Claudia Zilla (2022): *Feminist Foreign Policy*, SWP Comment No. 48, www.swp-berlin.org/publications/products/comments/2022C48_FeministForeignPolicy.pdf

[402] Momentan sind nur etwa 25 Prozent der Spitzenpositionen im deutschen Auswärtigen Dienst mit Frauen besetzt, darunter fallen 36 Botschafterinnen, 14 Generalkonsulinnen und drei Konsulinnen, die auf 226 deutsche Vertretungen im Ausland verteilt sind (Stand 2022). Siehe Auswärtiges Amt: *Gleichstellung im Auswärtigen Amt*, 13.12.2022, www.auswaertiges-amt.de/de/aamt/auswdienst/gleichstellung-im-aa/214934#content_0

[403] Dieser kann für Menschen, die menstruieren, neben gesundheitlichen Risiken ein Hindernis für Bildung und Karriere darstellen.

[404] Doch auch wenn die Gruppe weißer heterosexueller Cis-Männer in der Überzahl wäre, gäbe es gute Gründe, Frauen und marginalisierte Personengruppen angemessen zu repräsentieren.

[405] www.swp-berlin.org/publications/products/comments/2022C48_FeministForeignPolicy.pdf

[406] Ministry of Foreign Affairs of Sweden: *Sweden's feminist foreign policy*, www.swedenabroad.se/globalassets/ambassader/zimbabwe-harare/documents/handbook_swedens-feminist-foreign-policy.pdf

[407] Lyric Thompson & Rachel Clement: *Defining Feminist Foreign Policy*, www.icrw.org/wp-content/uploads/2019/03/Defining-Feminist-Foreign-Policy-Brief-revised.pdf

[408] Jasamin Ulfat-Seddiqzai: *Leitlinien ohne notwendigen Kurswechsel*, 06.03.2023, Deutschlandfunk Kultur, www.deutschlandfunkkultur.de/feministische-aussenpolitik-feminismus-afghanistan-frauenrechte-100.html

[409] Siehe Auswärtiges Amt: *Feministische Außenpolitik gestalten*, www.auswaertiges-amt.de/blob/2585008/d444590d5a7741acc6e37a142959170e/ll-ffp-data.pdf
sowie Bundesministerium für wirtschaftliche Zusammenarbeit und Entwicklung: *Feministische Entwicklungspolitik*, www.bmz.de/resource/blob/146200/strategie-feministische-entwicklungspolitik.pdf

[410] Beispielsweise sind Begriffe wie »Gleichberechtigung«, »Gender«, »patriarchal« mit Links hinterlegt, die zu einem gut verständlichen Glossar führen.

[411] Vgl. Andrea Böhm: *Kann ein Marder feministisch sein?* Zeit Online, 19.05.2022, www.zeit.de/zustimmung?url=https%3A%2F%2Fwww.zeit.de%2Fpolitik%2Fausland%2F2022-05%2Ffeministische-aussenpolitik-russland-ukraine-krieg-5vor8

[412] Sandesh Sivakumaran (2007): *Sexual Violence Against Men in Armed Conflict*, The European Journal of International Law, 18:2, 253–276, www.ejil.org\\pdfs\\18\\2\\224.pdf

[413] UN Security Council: *Report of the Commission of Experts Established Pursuant to United Nations Security Council Resolution 780 (1992)*, 27.05.1994, www.refworld.org/docid/582060704.html

[414] Anette Bringedal Houge (2017): *Subversive Victims?* Nordicom Review, 29, 63–78, DOI: 10.1515/nor-2017-0162.

[415] UN Women: *Rapid Gender Analysis of Ukraine – Secondary Data Review*, 29.03.2022, https://eca.unwomen.org/sites/default/files/2022-04/RGA%20of%20Ukraine.pdf

[416] Ukrinform: *Ukraine marks Day of Defenders and Defendresses*, 14.10.2022, www.ukrinform.net/rubric-ato/3592918-ukraine-marks-day-of-defenders-and-defendresses.html

[417] Tamara Martsenyuk: *To be or not to be: Attitudes of Ukrainian society about gender equality and diversity after Russia's invasion of Ukraine*, Forum for Ukrainian Studies, 06.09.2022, https://ukrainian-studies.ca/2022/09/06/to-be-or-not-to-be-attitudes-of-ukrainian-society-about-gender-equality-and-diversity-after-russias-invasion-of-ukraine/?fbclid=IwAR32FAnJ9VdWSMj-mbWev2KmVThWdXFHsVkcukf_YLnsUD-i5JgNQJqTTQ-c

[418] Miriam Berger: *A majority of Ukrainians support armed resistance and oppose concessions to Russia, poll finds*, Washington Post, 10.03.2022, www.washingtonpost.com/world/2022/03/10/ukraine-poll-majority-ukrainians-support-armed-resistance-oppose-concessions-russia-new-poll-finds/

[419] United Nations, *Launch of the Updated Ukraine National Action Plan for Women Peace and Security (CSW67 Side Event)*, 06.03.2023, https://media.un.org/en/asset/k1t/k1t551ac2p

[420] Jennifer Mathers & Anna Kvit: *Ukraine war – attitudes changing to women soldiers*, Social Europe, 01.02.2023, www.socialeurope.eu/ukraine-war-attitudes-changing-to-women-soldiers

[421] Charli Carpenter: *Male-Only Conscription Will Undermine Ukraine's War Effort*, World Politics Review, 11.03.2022, www.worldpoliticsreview.com/male-only-conscription-won-t-help-ukraine-in-invasion-by-russia/?one-time-read-code=6585716781881436 9484

[422] Jennifer Mathers & Anna Kvit: *Ukraine war – attitudes changing to women soldiers*, Social Europe, 01.02.2023, www.socialeurope.eu/ukraine-war-attitudes-changing-to-women-soldiers

[423] Siehe Invisible Battalion: *Who Are We?* https://invisiblebattalion.org/en/about-2/#story

[424] Invisible Battalion: *Projects*, https://invisiblebattalion.org/en/invisbat-2/

[425] Link zur Website: https://lgbtmilitary.org.ua/eng

[426] Marc Bennetts: *Russia moves to ban discussion of ›childfree lifestyles‹*, 19.07.2022, www.thetimes.co.uk/article/russia-moves-to-ban-public-discussion-of-homosexuality-t3nmrtdzf#:~:text=Discussing%20a%20childfree%20lifestyle%20and,as%20extremism%20and%20drug%20use

[427] Ivana Kottasová & Anna Chernova: *Putin signs expanded anti-LGBTQ laws in Russia, in latest crackdown on rights*, CNN, aktualisiert am 05.12.2022, https://edition.cnn.com/2022/12/05/europe/russia-lgbtq-propaganda-law-signed-by-putin-intl/index.html

[428] J. Lester Feder: *How Russia's War Against Ukraine Is Advancing LGBTQ Rights*, 03.07.2023, www.politico.com/news/magazine/2023/03/07/russias-war-ukraine-advancing-lgbtq-rights-00085841

[429] Alasdair Sandford: *Ukraine's same-sex marriage campaign: ›Russia is homophobic; we want to be different‹*, Euronews, aktualisiert am 11.03.2023, www.euronews.com/2023/03/11/ukraines-same-sex-marriage-campaign-russia-is-homophobic-we-want-to-be-different

[430] Sophie Perry: *Ukrainian MP submits bill to legally recognise same-sex partnerships: ›There is no time for hesitation‹*, Pink News, www.thepinknews.com/2023/03/09/ukraine-same-sex-partnerships-inna-sovsun-lgbtq/

[431] CSIS: *Women in the Russian* Military, 18.09.2020, www.csis.org/blogs/post-soviet-post/women-russian-military

[432] Ebd.

[433] Human Rights Watch hat einen 88-seitigen, detaillierten Bericht über die Praxis der Dedowschtschina zusammengestellt, in dem die unterschiedlichen Straf- und Folterpraktiken, über die Betroffene berichtet haben, zusammengetragen wurden. Der Bericht ist abrufbar unter Human Rights Watch: *The Wrongs of Passage – Inhuman and Degrading Treatment of New Recruits in the Russian Armed Forces*, www.hrw.org/reports/2004/russia1004/index.htm

[434] Vgl. Elena Lysak (2016): *Servir ou combattre : que les femmes cherchent-elles dans l'armée russe ?* The Journal of Power Institutions in Post-Soviet Societies, 17, https://journals.openedition.org/pipss/4187

[435] Um die Teilnehmer:innen des Treffens zu schützen, habe ich darauf verzichtet, den Ort des Treffens sowie ihren Beruf und weitere persönliche Details zu nennen.

[436] Human Rights Watch: *Russia: Government Shuts Down Human Rights Watch Office*, 08.04.2022, www.hrw.org/news/2022/04/08/russia-government-shuts-down-human-rights-watch-office

[437] Freedom House: *Factsheet – Russia's NGO* Laws, https://freedomhouse.org/sites/default/files/Fact%20Sheet_0.pdf

[438] Ebd.

[439] Radio Free Europe: *Putin Signs Off On Harsher ›Foreign Agent‹ Law*, 14.07.2022, www.rferl.org/a/putin-signs-off-harsher-foreign-agent-law/31943645.html

[440] Markus Wehner: *Dialog gescheitert, Forum aufgelöst*, aktualisiert am 24.11.2022, Faz.net, www.faz.net/aktuell/politik/inland/projekt-von-schroeder-und-putin-petersburger-dialog-wird-aufgeloest-18482780.html

[441] Mit ein paar Ausrutschern wie beispielsweise Christoph Herzog von Oldenburg, dessen Verein »Deutschland-Russland – Neue Generation«, der von dem ehemaligen Hauptgeschäftsführer der Gazprom Germania GmbH, Wladimir Kotenjow, gegründet wurde, offenbar Verbindungen zu radikalen russischen Jugendvereinigungen hatte, siehe Deutscher Bundestag: *Rolle von Bundesregierung und Auswärtigem Amt bei der Unterstützung des Vereins »Deutschland-Russland – Die neue Generation«*, 14.06.2011, https://dserver.bundestag.de/btd/17/062/1706226.pdf

[442] Die Recherche zu den im Folgenden genannten Mitgliedern des Petersburger Dialogs wurde maßgeblich von meinem Kollegen Nikita Gryazin unterstützt.

[443] Primakow, Pushkow und Simonjan stehen auf der Sanktionsliste der EU: https://sanctionsmap.eu/

[444] Gazprom Neft steht auf der EU-Sanktionsliste, Golubew selbst nicht. https://sanctionsmap.eu/#/main?search=%7B%22value%22:%22GAZPROM%20NEFT%22,%22searchType%22:%7B%22id%22:1,%22title%22:%22regimes,%20persons,%20entities%22%7D%7D

[445] Diese steht ebenfalls auf der EU-Sanktionsliste.

[446] Patruschew steht unter anderem auf der Sanktionsliste der Ukraine, siehe https://sanctions.nazk.gov.ua/en/sanction-person/199/

[447] Gabrielle Tétrault-Farber: *Doping – CAS lifts Olympic ban on former Russian Sports Minister Mutko*, Reuters, 11.07.2019, www.reuters.com/article/sport-doping-russia-mutko/update-1-doping-cas-lifts-olympic-ban-on-former-russian-sports-minister-mutko-idUKL8N24C2DI

[448] Ria.ru: *Швыдкой назвал санкции против российской культуры срежиссированными*, 05.05.2022, https://ria.ru/20220505/sanktsii-1787015923.html

[449] Ich verzichte hier bewusst auf das Gendern.

[450] Gazprom Germania ist auf der Website des Petersburger Dialogs als Unterstützer bis einschließlich 2016 gelistet.

[451] Петр Топычканов (ИМЭМО РАН): *гость передачи «Сегодня утром» телеканала «Звезда»*, www.youtube.com/watch?v=UyS9S64cj38. Das Gespräch wurde im Studio des Senders Zvezda aufgezeichnet. Der Sender wird vom russischen Verteidigungsministerium betrieben. Ein russischsprachiger Kollege hat das Video für mich übersetzt.

[452] Der Kanal heißt @NATOpoRusski.

[453] In Gesprächen, die unter »Chatham House Rule« – benannt nach der einflussreichen britischen Denkfabrik Chatham House – stattfinden, dürfen die Teilnehmer:innen die Informationen, die geteilt werden, verwenden, beispielsweise in den sozialen Medien oder in anderen Gesprächsformaten. Sie dürfen allerdings weder die Identität und die Berufsbezeichnung des Sprechers oder der Sprecherin noch die Namen und Positionen anderer Teilnehmer:innen an Dritte weitergeben. Im Gegensatz dazu dürfen Informationen, die in sogenannten »off-the-record meetings« geteilt werden, überhaupt nicht weitergegeben werden. Informationen aus »on-the-record meetings« dagegen dürfen gemeinsam mit der Identität von Sprecher:innen und Teilnehmer:innen ohne Einschränkung in anderen Kontexten verwendet werden.